동대문 패션타운의 역사와 현황

지은이 **박찬욱**
감수 **박혁준 임선미**

History and current status of Dongdaemun Fashion Town

도서출판 청람

머리말

PREFACE

1962년 평화시장의 건립과 함께 시작된 동대문패션타운의 역사가 어느덧 60년이 되었다. 동대문패션타운은 우리나라 패션산업의 출발지였으며, 발전과 고난극복 과정을 거듭하면서 지금도 여전히 우리나라 패션산업의 큰 축으로 자리하고 있다. 특히 동대문패션타운은 젊은층, 서민층의 적극적인 지지를 받으면서 성장해 왔고, 한국의 패션을 세계에 알리는 선두주자로서의 역할을 하여 왔으며, 또한 젊은 창업자들의 일터로서도 큰 역할을 담당해 오고 있다. 그 결과 동대문패션타운은 시장의 규모, 종사자 수 등에서 우리나라 경제에서 차지하는 중요성을 인정받고 있으며, 많은 실무자나 전문가들은 물론 지방자치단체 등의 정부기관들도 동대문패션타운의 독특한 의류 생태계를 유지하고 발전시키기 위한 방안을 다각도로 모색하고 있다.

그런데 동대문패션타운이 지니고 있는 중요성에 비해 동대문패션타운에 대한 기록은 매우 적은 편이다. 사실 동대문패션타운에 대한 자료를 체계적으로 관리하는 기관도 없고, 동대문패션타운에 대해 진지하게 연구활동을 하는 사람을 찾기도 어렵다. 그래서 정작 동대문패션타운의 역사에 대해 알기 위해서는 고문서를 뒤지

듯 오래된 신문을 찾아보거나 동대문패션타운에서 일을 하셨거나 혹은 현재 일을 하고 계신 분들에게 문의하는 방법밖에 없다. 그런데 동대문패션타운의 발전을 위한 전략을 만들어내고 더욱 효과적인 홍보활동을 전개하기 위해서는 동대문패션타운이 어떠한 과정을 거쳐 형성되었고 또한 현재 어떠한 모습을 지니고 있는지를 폭넓고 정확하게 인식하는 것은 매우 중요하다. 즉, 동대문패션타운이 어떠한 과정을 거쳐 현재의 모습을 갖추고 있는가를 이해하는 것은 미래의 모습을 설계함에 있어서 필수적인 요인이 아닐 수 없다.

본 저서는 본격적인 역사서도 아니고 체계적인 기록물도 아니다. 다만 주로 동대문패션타운 구성원들과의 심도 있는 대화를 통해 동대문패션타운의 형성시부터 현재까지의 모습을 가능한 한 객관적으로 서술하고자 시도한 서적이라고 할 수 있다. 이를 통해 동대문패션타운에 대해 관심을 가지고 있는 분들이 조금 더 심도 있게 동대문패션타운을 이해할 수 있도록 하는데 그 목적을 두고 있다. 저자는 본 저서에서 동대문패션타운의 형성과정은 물론 도매상가, 소매상가, 원부자재상가 등 각 분야의 상가 하나하나에 대해 상술하고자 하였으며, 도매상인의 유형이나 도매상가에서 활동하는 여러 유형의 구매대행인들에 대해서도 기술하였다. 또한 동대문패션타운의 경기변동, 상가의 운영방식, 봉제공장 의류의 제작과정과 유통경로, 동대문패션타운 의류의 원산지, B2B 온라인 패션 플랫폼 등에 대해서도 비교적 상세하게 기술하였다.

본 서적을 기획한 것은 2018년으로 2020년 상반기에 출간할 예정이었으나 2020년 초에 코로나19가 발생하면서 코로나 이후의 이야기를 담기 위해 출간을 연기하였다. 2018년에서 2021년에 이르는 짧지 않은 기간 동안 동대문패션타운과 관련을 맺고 있는 많은 분들과 면담을 하면서 알게 되었던 내용들을 중심으로 2022년 5월에 출간을 하게 되었다. 면담에 응해주셨던 분들의 성함을 일일이 나열하기는 어렵지만 아무런 대가 없이 면담에 응해주셨던 많은 분들께 이 자리를 빌려 깊은 감사의 말씀을 드리고 싶다. 이 분들의 도움이 없었다면 이 책은 기획부터가 불가능했을 것이다. 특히 'CLUSTERING corp.'의 박혁준 대표와 '문화살롱 경성㈜'의 임선미 대표는 본 서적에 대한 감수를 통해 본 서적의 내용을 풍부하게 해주었음은 물론 잘못되었거나 불확실한 부분들을 교정해주는 중요한 역할을 담당해주었다. 이 자리를 빌려 심심한 감사의 말씀을 드린다. 또한 어려운 환경에서도 본 서적을 출간해주신 도서출판 청람의 이수영 대표께도 감사의 말씀을 드린다.

2022년 4월 18일
박찬욱

CONTENTS

4장 도매상가의 구매대행인

5장 소매상가

6장 원부자재상가

7장 동대문신발도매상가

8장 동대문패션타운의 경기변동

9장 상가의 운영

10장 봉제공장 의류의 제작 과정

11장 봉제공장 의류의 유통경로

12장 동대문패션타운 의류의 원산지

13장 B2B 온라인 패션 플랫폼

1장

동대문패션타운의 연혁과 형성과정

1장 동대문패션타운의 연혁과 형성과정

1절 동대문패션타운의 연혁(沿革)

동대문패션타운의 역사는 1962년에 건립된 평화시장으로부터 시작된다. 6 · 25전쟁이 발발한 후 1951년 1 · 4후퇴 때 많은 피난민들이 청계천 주변으로 몰려들면서 거대한 난민촌과 노점거리가 형성되었다. 1958년에 발생한 대형화재를 계기로 청계천변에서 노점을 운영하던 상인들의 주도로 서울시로부터 부지를 제공받아 상가 건축을 추진하였으며, 그 결과 1962년 2월에 3층에 전장이 610m에 달하는 평화시장이 건립되었다. 1960년대 초에 시작된 우리나라의 급속한 경제발전에 따라 의류에 대한 수요가 폭증하면서 평화시장은 큰 성공을 거두게 되었고 이에 자극을 받아 현 동대문패션타운 일대에는 1960년대~1980년대에 상가의 설립이 활발히 진행되었다.

1968년 동대문상가아파트(현재의 동대문신발도매상가), 1969년 통일상가, 동화시장(현재의 동화상가), 성동상가(현재의 신평화패션타운),

1970년 동대문종합시장(원단 및 의류부자재 전문 도매상가), 동문상가아파트(현재의 동문상가), 1976년 동평화시장(현재의 동평화패션타운), 1979년 제일평화시장(현재의 제일평화), 1980년 흥인시장, 덕운시장(흥인시장과 덕운시장은 2010년에 함께 재건축되면서 현재의 맥스타일이 됨), 남평화시장(현재의 패션남평화), 광희시장(현재의 광희패션몰), 운동장평화시장(현재의 벨포스트), 1984년 청평화시장(현재의 청평화패션몰) 등이 설립되었다. 동대문패션타운의 형성 초기에는 수도권의 소비자들을 대상으로 하는 소매가 주를 이루었으나 1970년의 경부고속도로 개통과 1973년의 동대문 고속버스터미널의 입주를 계기로 전국의 소비자와 소매상을 대상으로 소매와 도매를 병행하는 의류시장으로 성장하였다.

1990년대에 들어서는 현대적 시설을 갖춘 상가가 건립되면서 동대문패션타운은 현대적인 패션상가로 변모하기 시작하였다. 1990년에 설립된 아트프라자는 동대문패션타운 최초로 숙녀용 영캐주얼 의류를 주력 상품으로 삼았으며, 당시의 관례였던 새벽 5시 개점 시간을 새벽 3시로 바꾸고 지방거주 소매상들을 적극적으로 유치하는 등의 전략을 구사하면서 대대적인 성공을 거두었다. 이러한 아트프라자의 성공을 계기로 동대문은 신형상가의 설립이 붐을 이루게 되었다. 1994년 디자이너클럽, 1996년 우노꼬레(현재의 스튜디오W), 팀204, 테크노상가, 1997년 혜양엘리시움(현재의 엘리시움), 1999년 apM, 2000년 누죤, 2006년 디오트와 유어스(현재의 DDP 패션몰), 2012년 apM럭스, 2016년 apM플레이스, 2017년 DWP 등이 설립되었다. 이러한 상가들로 이루어진 신흥 도매상권은 2000년대 들어서면서 상점의 수는 물론, 매출규모 등의 측면에서 전통 도매상권을 능가하면서 동대문을 대표하는 도매상권으로 부상하였다.

동대문이 패션타운으로 자리잡으면서 일반소비자의 유치를 위해 소매상권도 자연스럽게 형성되었다. 1996년 거평프레야(현재의 현대시티아울렛)가 동대문패션타운 서쪽에 처음으로 설립되었고, 뒤이어 그 인근 지역을 중심으로 1998년 밀리오레, 1999년 두타, 2002년 헬로 apM, 2006년 라모도(현재의 apM 플레이스), 2007년 패션TV, 2008년 굿모닝시티 등의 대형 소매상가가 등장하였다. 거평프레야는 설립시에는 도매상가로 출발하였으나 시간이 지나면서 도매와 소매를 병행하였고, 1998년에 밀리오레의 대대적인 성공을 지켜본 후에 비로소 완전한 소매상가로 전환하였기 때문에 실질적으로 동대문 최초의 본격적인 소매상가는 밀리오레라고 할 수 있다.

2014년에 동대문운동장이 있었던 자리에 동대문디자인플라자(DDP)가 설립되었는데 이를 중심으로 상권의 입지를 살펴보면, DDP 북부의 전통 도매상권(평화시장, 통일상가, 신평화패션타운, 패션남평화, 동평화패션타운, 제일평화, 청평화패션몰 등), DDP 동부의 현대식 도매상권(아트프라자, 디자이너클럽, 스튜디오W, 팀204, 엘리시움, apM, apM럭스, 누죤, DDP 패션몰, 테크노, DWP 등), DDP 서부의 현대식 소매상권(현대시티아울렛, 두산타워, 밀리오레, 헬로apM, 굿모닝시티, 패션TV 등) 등이 자리잡게 되었다. 이와 함께 봉제공장, 원단 및 부자재 상가(동대문종합시장, 동화시장, 통일상가, 우일프라자 등), 패턴/샘플실(신당동 지역에 밀집), 봉제기계상가(DDP 서부에 밀집) 등 의류의 생산에서 도매, 소매에 이르기까지의 모든 과정이 반경

5km 이내에서 이루어질 수 있는 생태계가 조성되어 있다. 여기에는 공장노동자, 도매상인, 소매상인뿐만 아니라 생산, 도매, 소매의 각 단계를 연결시켜주는 디자이너, 물류사업자, 구매대행인 등이 활동하고 있다. 이러한 생태계는 인위적으로 조성된 것이 아니라 시간의 흐름에 따라 시장의 원리에 순응하며 형성된 것으로 세계 어느 곳에서도 찾아볼 수 없는 사례이다.

2절 동대문패션타운의 형성과정

2-1 광장시장과 동대문패션타운의 전통상가

동대문패션타운 형성의 역사는 주변의 광장시장 및 남대문시장과 깊이 연관되어 있다. 청계천 북쪽의 종로4가와 종로5가 일대에 위치한 광장시장은 1905년 종로의 거상이자 두산그룹의 설립자인 박승직을 포함한 종로 및 동대문 일대의 상인 26명이 '광장주식회사'를 설립하면서 국내 최초의 근대적 시장으로 탄생되었다. 이 시장을 설립한 주목적은 일본상인들의 침입을 막아냄으로써 조선상인들의 권익을 보호하는 데 있었다. 1960년 시장법이 개정되면서 공식명칭은 광장시장(廣藏市場)이 되었다. 이름이 광장으로 붙여진 것은 광장시장이 당시에는 존재했던 광교(廣橋)와 장교(藏橋) 사이에 위치해 있었기 때문이다. 그렇지만 광장시장은 서울의 동쪽에 위치하고 있었기 때문에 설립시부터 '동대문시장'으로 불렸고 이러한 관행은 1970대 후반까지 지속되었다.

광장시장은 1950년대까지는 미곡, 어물, 청과 등과 같은 식료품을 많이 취급하였지만 1950년대 말~1960년대 초에 이 지역이 서울의 중심지역으로 성장하면서 식료품을 취급하던 상점들은 경동시장이나 용산시장 등의 외곽지역으로 이전하거나 직물, 의류 등으로 업종을 변경하였다. 지금의 광장시장은 특히 각종 먹거리로 유명하며, 한복, 직물, 구제, 의류부자재, 침구 등을 많이 취급하고 있다. 광장시장은 설립 이래 점차 동쪽으로 시장을 확장시켜 왔다. 지금은 광장시장을 동대문시장으로 부르는 사람이 없지만 1970년대 말까지도 광장시장은 곧 동대문시장이었고, 동대문시장은 또한 당연히 광장시장을 의미했다.

광장시장의 세력은 1962년 평화시장의 건립에도 큰 영향을 미쳤다. 동대문패션타운의 서쪽이면서 청계천변에 위치하고 있었던 평화시장이 1962년에 건립되었는데, 당시로서는 현대식 대규모의 상점 겸 공장이었던 평화시장이 들어서자 광장시장에 있던 봉제공장들이 대거 평화시장으로 이전했다. 그 후의 상가의 건립도 서쪽에서 동쪽으로 이루어졌다. 가장 서쪽이면서 평화시장 바로 아래에 위치한 통일상가가 1969년, 평화시장 바로 동쪽 옆에 있는 성동상가(현재의 신평화상가)도 1969년, 또 그 바로 동쪽에 있는 동평화시장(현재의 동평화패션타운)이 1976년의 순으로 건립되었고, 전통상가 중에서 맨 마지막으로 건립된 청평화시장이 1984년에 동평화시장 동쪽 옆에 건립되었다.

청계천변에 전통상가가 늘어서게 된 것은 도로 사정과도 연관이 있다. 특히 1971년에 건립되어 2003년에 해체된 청계고가도로는 동대문패션타운과 광장시장 간의 이동시간을 단축시켜 줌으로써 청계천변 전통상가의 설립과 발전에 기여하였다. 즉, 광장시장의 입장에서 보면 현재 동대문패션타운의 전통상가는 새로운 시장이기보다는 광장시장의 연장선상에 있었다. 하지만 시간이 지나면서 동대문패션타운의 규모와 지명도가 엄청나게 커지자 광장시장은 '동대문시장'이라는 이름을 상실하였으며, 그 결과 이제는 그냥 광장시장으로만 불리고 있다. 결론적으로 광장시장의 인력, 자본, 노하우 등은 오랜 시간에 걸쳐 동쪽으로 이동하면서 동대문패션타운의 형성에 영향을 미쳤다고 할 수 있고, 지금도 특히 직물, 부자재 등의 분야에서 양 시장은 상당히 밀접한 관계를 가지고 있다.

평화시장 등의 전통상가들은 설립 초기에는 소매를 위주로 하는 상가였는데 점차 도매를 위주로 하는 상가로 변모해갔다. 그 이유는 1970년 경부고속도로가 개통되면서 이동시간이 단축되었고, 더욱이 1972년에 운송회사별로 흩어져 있던 고속버스터미널들이 통폐합되면서 현재 JW 메리어트 동대문스퀘어 호텔이 들어서 있는 부지(지하철 동대문역과 동대문종합시장 사이)에 통합고속버스터미널이 건립되었기 때문이다. 이 통합고속버스터미널에서 내리면 바로 옆에 있는 동대문종합시장은 물론, 걸어서 10분 이내에 청계천 건너편에 있는 평화시장, 통일상가, 동화시장(현재의 동화상가), 성동상가(현재의 신평화패션타운) 등으로 갈 수 있었다. 이로 인해 동대문 상가들은 서울지역에 한정되어 있던 상권을 전국으로 확대할 수 있었고, 이에 따라 자연스럽게 주력 거래 대상이 낱개로 구매하는 일반소비자에서 옷가게 등을 운영하는 소매상으로 바뀌게 되었다.

또한 1982년에는 해방 이후 수십 년간 지속되어 온 야간 통행금지가 해제되면서 새벽시장의 개설이 가능해졌고, 이로 인해 동대문시장에 24시간 쇼핑이 가능한 환경이 조성되면서 낮에는 장사를 하고 밤에 물건을 구매하기 위해 지방에서 올라오는 상인들과 야간에 쇼핑하려는 일반소비자들이 크게 증가하였다. 이러한 과정을 거쳐 소매를 위주로 하고 있던 평화시장 등 전통상가들은 1970년대 초를 전후로 밤중에 고속버스를 타고 지방에서 올라오는 옷가게 사장님들에게 옷을 파는 도매 위주의 상가로 바뀌어 갔다.

2-2 남대문시장과 동대문패션타운의 신흥상가

광장시장이 동대문패션타운의 전통상가 형성과 밀접하게 연관되어 있다면, 남대문시장은 신흥상가의 설립에 많은 영향을 미쳤다. 남대문시장은 형성된지 100년이 넘는 유서 깊은 시장이다. 설립 초기에는 곡물류가 주거래 품목이었고, 그 외에도 매우 다양한 품목들이 취급되어 왔지만 1960년대부터는 점차 의류, 액세서리 등의 제품이 주류를 이루게 되었다.

의류는 특히 1980년대에 전성기를 누렸다. 1983년에 실시된 교복자율화와 1988년의 서울올림픽은 남대문 의류시장의 성장의 중요한 계기가 되었다. 왜냐하면 이를 계기로 특히 젊은층의 패션에 대한 인식과 관심이 높아졌기 때문이다. 당시에 남대문시장에서 의류를 판매하는 상인들의 상당수가 직접 공장을 운영하고 있었기 때문에 싼 가격에 물건을 공급할 수 있었고, 그 덕에 많은 사람들이 옷을 사기 위해 남대문시장을 찾았다. 즉, 현재 동대문패션타운에서 도매상인과 봉제공장과의 밀접한 관계를 근간으로 형성되어 있는 의류생태계가 남대문시장에서는 이미 1980년대에 실현되고 있었다.

장사가 잘 되자 남대문시장 상인들은 사업의 확장을 위해 상가의 개발에 나서게 되었다. 이러한 과정에서 1985년에 지하 5층, 지상 10층 규모의 삼익패션타운과 같은 신흥상가가 들어서기도 했다. 하지만 기본적으로 남대문에서 새로운 건물을 신축하기는 매우 힘들었다. 왜냐하면 남대문시장에는 이미 상권이 확실하게 자리잡고 있었기 때문에 땅값이 매우 비쌌을 뿐만 아니라, 건축부지를 확보하기 위해서는 점포들을 매입해야 하는데 장사가 잘 되는 점포의 소유주들 중에는 점포를 절대로 팔지 않으려는 사람들이 많이 있었기 때문이다. 새로운 건물의 신축이 힘들어지자 상인들은 창고, 사무실 등으로 쓰이고 있던 바닥면적 200~300평 정도의 건물들을 상가로 리모델링하여 사업을 확장했다.

그러던 와중에 남대문시장에서 자본을 축적한 상인들 중 일부는 개발이 어려운 남대문시장을 벗어나 동대문시장에 진출하려는 생각을 갖게 되었다. 왜냐하면 동대문시장은 당시에 남대문시장에 비해 땅값이 훨씬 쌌고, 청계천변의 전통상가 이외의 지역에는 상권이 형성되어 있지 않아서 건축부지의 확보도 훨씬 쉬웠기 때문이다. 또한 당시 남대문시장에는 이미 숙녀복 중심의 시장이 강하게 형성되어 있었는데,

수요가 늘어나고 있는 여성 영캐주얼을 중심으로 동대문시장에 진출하면 이미 자리를 잡고 있는 동대문시장의 전통상가들과 치열한 경쟁을 하지 않아도 될 뿐만 아니라, 여성 영캐주얼은 트렌드를 타고 있기 때문에 동대문시장에서도 많은 돈을 벌 수 있다는 확신이 있었기 때문이다.

남대문시장 상인들은 특히 분양과 입점 과정에서 주도적인 역할을 수행하였다. 건축주가 상가를 지어서 돈을 벌기 위해서는 분양도 원활하게 이루어져야 하고, 또한 장사를 잘하는 상인들을 입점시켜야 하는데, 당시에 남대문시장 지역에는 자본도 있고 고객 기반도 튼튼한 거상들이 대거 포진하고 있었기 때문에 자본과 인력을 조달받기가 용이했다. 그래서 동대문시장 신흥상가의 건축주는 남대문으로 눈을 돌렸고, 남대문시장 상인들 중의 일부가 이에 적극 호응하면서 남대문시장 상인들의 대규모 이주가 시작되었다. 이 시기에는 건축주가 땅을 매입하기도 전에 분양을 해서 돈을 모은 뒤 건물을 짓는 이른바 '선분양'이 이루어지는 경우가 많았다. 즉, 건축주는 먼저 건축부지 소유자들로부터 '매도의향서'를 받은 뒤 이를 근거로 잘 알고 있는 남대문시장 상인들로부터 돈을 거둔 뒤, 이 돈을 가지고 땅도 매입하고 상가건물도 지었다. 남대문시장의 거상 중에는 특히 삼익패션타운 출신들이 많았다.

1985년에 설립된 삼익패션타운은 남대문시장 최초의 신흥상가인데, 시설 등이 가장 좋았기 때문에 실력 있는 거상들이 많이 입점해 있었다. 건축주는 상인들의 입점 과정에서는 특히 상인회장 등 남대문에서 영향력이 있는 사람들을 포섭하여 대규모로 상인들을 이주시키는 방법을 주로 사용하였다. 즉, 영향력이 있는 사람들에게 A급 점포위치 보장은 물론, 점포무상제공, 매점운영권제공 등을 약속하면서 많은 수의 상인들을 한꺼번에 이주시키도록 독려하였다. 그 결과 어떤 경우에는 남대문시장의 한 상가 전체의 상인들이 야반도주를 하듯 한꺼번에 동대문시장 신흥상가로 이주하기도 하였다. 이러한 과정에서 당연히 상권을 빼앗기는 남대문시장의 극렬한 반발이 있었고 이는 쌍방 간의 격렬한 싸움으로 이어지기도 하였다.

양 시장의 갈등이 표면화한 것은 동대문의 우노꼬레 상가(현재의 스튜디오W)가 설립된 1996년부터이다. 1990년 동대문에 아트프라자가 설립될 때 상당수의 상인들이 남대문에서 동대문으로 이동하였지만 아트프라자의 성공이 불확실한 상황이었기 때문에 남대문시장 측의 큰 반발은 없었다. 그런데 아트프라자가 남대문시장의 주력 제품인 여성 영캐주얼로 큰 성공을 거두자 경계심을 크게 갖기 시작했다. 1994년에 디자이너클럽이 신설될 때에는 남대문시장이 상인 방어에 나서면서 디자이너클럽은 상인을 구하기 어려워 점포를 구하고 있던 청년 디자이너들을 대거 영입할 수밖에 없었다. 1996년에 상가를 설립한 우노꼬레는 남성복 전문 매장에 남대문시장의 남성복 전문상가인 시티보이상가의 상인 1백여 명을 집단으로 이주시켰으며, 이로 인해 양 시장은 격렬하게 대립하였다. 동대문시장 신축상가의 건축주들은 분양사무소를 남대문시장에 설치하는 경우가 많았는데 남대문시장 상가의 점포소유자와 관리사무소 직원들과의 몸싸움 끝에 분양사무소가 동대문으로 쫓겨나기도 하였다.

앞에서 언급한 바와 같이 남대문의 자본, 인력, 노하우, 고객기반을 바탕으로 가장 먼저 동대문에 등장한 상가는 바로 1990년에 설립된 아트프라자이다. 즉, 아트프라자는 남대문시장의 30대 젊은 도매상인들이 대거 이주하면서 시작되었다. 여성 영캐주얼을 표방한 아트프라자가 인기를 끌면서 여기에 입점한 상인들은 장사를 통해서도 많은 돈을 벌고, 점포의 가격이 올라가서도 많은 돈을 벌었다. 이러한 아트프라자의 대대적인 성공은 남대문시장 상인들을 더욱 자극시켰으며, 그 결과 1990년대에 동대문에는 신흥상가의 설립이 붐을 이루게 되었다. 신흥상가의 건립 붐은 상가의 건립을 '수지맞는 부동산사업'으로 여기는 상가개발업자들이 많아진 것도 주요한 원인 중의 하나였다.

예를 들어 임대분양의 경우 점포당 임대분양비를 3,000만원을 받는다고 하면 점포가 1,000개인 경우 상가개발자는 300억원의 임대보증금을 단숨에 확보할 수 있었고, 등기분양의 경우에는 점포 가격이 1억원이면 당시로서는 천문학적 숫자였던 1,000억원을 2~3년 사이에 벌 수 있었다. 분양만 잘 된다면 상가건립은 그야말로 황금알을 낳는 거위인 셈이었으며, 아트프라자의 성공은 신흥상가의 분양 성공을 강력히 담보해주는 요인으로 작용했다. 그 결과 1994년 디자이너클럽, 1996년 우노꼬레(현재의 스튜디오W), 팀204, 테크노, 거평프레야(현재의 현대시티아울렛 동대문점), 1998년 밀리오레, 1999년 apM 등 지금 동대문을 대표하는 많은 신흥상가들이 들어섰는데 이러한 상가들의 설립에서도 남대문의 자본과 인력은 매우 중요한 역할을 수행하였다. 이러한 흐름은 2000년대에도 이어져 2000년 누죤, 2006년 라모도(현재의 apM 플레이스), 유어스(현재의 DDP 패션몰), 2007년 패션TV 등도 모두 남대문 출신의 상인들의 적극적인 참여를 바탕으로 설립되었다.

그런데 2000년대는 이미 많은 상가가 설립되어 우수한 상인 자원이 고갈된 시기였기 때문에 패션TV와 라모도는 입점할 상인들을 확보하지 못해 개점을 해보지도 못하고 오랜 세월을 빈 건물로 방치되는 운명을 겪었다. 이처럼 동대문패션타운의 신흥상가는 남대문시장의 자본과 인력, 그리고 상인의 이동에 따른 고객 집단의 이동이 이루어지면서 조성되었다. 이 과정에서 남대문시장의 강점이었던 여성 영캐주얼 분야의 인력, 노하우, 고객기반 등이 동대문으로 흘러가게 되었고, 그 결과 남대문시장은 이 분야에서의 경쟁력을 상실하고 아동복, 액세서리, 수입잡화 등의 분야에 특화하는 경향을 띠게 되었다.

2장

도매상가

2장 도매상가

1절 도매상가의 의의

동대문패션타운의 도매상가는 도매상가, 소매상가, 원부자재상가 등이 공존하는 동대문패션타운에서 가장 중요한 위치를 차지하고 있다. 그 이유는 도매상가가 동대문패션타운의 권역을 넘어서 '메이드인동대문 의류'를 만들고 유통시키는 '동대문패션 생태계'에서 가장 중심적인 역할을 하고 있기 때문이다. '동대문패션 생태계'는 동대문패션타운의 구성원뿐만 아니라 동대문패션타운의 인근을 중심으로 산재해 있는 봉제공장, 원단과 의류부자재를 생산하는 공장, 원단과 의류부자재를 취급하는 상가, 동대문 의류를 판매하는 오프라인과 온라인의 소매상 등을 모두 포괄하는 개념이다.

도매상인이 자신의 매장에서 판매할 의류를 조달하는 방법은 세 가지 정도로 요약될 수 있다. 첫째는 자신의 책임하에 디자인을 만들고, 원단과 의류부자재를 구입하고, 봉제공장에 생산을 의뢰하여 상품을 조달하는 방법이다. 둘째는 다른 곳에서 이미 만들어진 의류를 구입하는 방법이다. 도매상인이 국내에서 의류를 구입하는 경우는 거의 없고 2010년대에 들어서면서부터 중국으로부터 수입하는 물량이 급격히 늘어나고 있다. 셋째는 디자인은 자신의 책임하에 만들고, 외국의 의류공장에서 생산하여 수입하는 방법이다. 도매상인이 어떠한 방법을 선택하느냐에 따라 동대문패션 생태계 전체가 성장해 나갈 수도 있고, 반대로 생산기반이 와해되면서 동대문패션타운이 단순히 물건을 가져다 마신을 붙여 피는 장소로 전락할 수도 있다. 디자인과 생산이 모두 국내에서 이루어지는 첫번째 방법이 원활히 이루어지면 국내에서 의류 생산이 꾸준히 이루어지면서 봉제공장이 번성할 수 있고, 원단과 원단부자재를 만드는 공장이나 취급하는 상가들도 번성할 수 있다. 또한 우수한 디자이너를 양성할 수 있는 토양이 조성되면서 많은 우수한 디자이너들이 출현하면서 한국이 세계의 패션계를 이끌어 나가는 앞날을 기약할 수 있다.

동대문패션타운을 유명하게 만든 '패스트 패션'은 바로 첫번째의 생산방식을 채택한 도매상인들의 주도하에 만들어진 것이다. 그렇지 않고 두번째 방법을 선택하면 도매상가는 단순한 유통상가가 되고, 봉제공장과 원부자재공장 등의 생산기반이 사라지면서 동대문패션 생태계는 와해된다. 또한 디자이너들의 입지가 없어지면서 참신하고 창의성 있는 디자인의 의류를 만들어 낼 수 있는 능력은 사라진다. 세 번째 방법도 디자인 부문에 대한 타격은 적겠지만 역시 동대 패션 생태계는 와해될 수 있다. 이러한 의미에서 도매상가의 도매상인들은 동대문패션 생태계의 운명을 결정하는 데 있어서 가장 중요한 역할을 하고 있다고 할 수 있다.

2절 도매상가의 유형

2-1 전통상가와 신흥상가

동대문패션타운의 의류도매상가는 설립된 시기를 기준으로 DDP(동대문디자인플라자) 북쪽의 전통상가와 DDP 동쪽의 신흥상가로 나누어질 수 있다. 전통상가는 1962년(평화시장)에 만들어지기 시작하여 1984년(청평화시장)에 이르는 시기에 형성되었으며, 신흥상가는 1990년(아트프라자)에 시작하여 2017년(DWP)에 이르는 시기에 형성되었다. 형성된 시기뿐만 아니라 판매하는 상품의 측면에서는 전통상가는 여성복, 남성복, 잡화(패션잡화 및 피혁잡화) 등을 고루 갖춘 상가로 출발하였던 반면, 신흥상가는 젊은 여성 대상의 숙녀복에 특화된 상가로 출발하였다는 점에 도 큰 차이가 있다.

이러한 기준에서 보면 동대문패션타운에 있는 23개 도매상가 가운데 9개의 도매상가를 전통상가, 14개의 도매상가를 신흥상가로 구분할 수 있다. 그러나 이러한 전통상가와 신흥상가의 구분이 고착화되어 있는 것은 아니다. 시장은 고착된 것이 아니라 살아 움직이는 생물과도 같은 만큼 동대문패션타운의 도매상가들도 환경에 따라 변신을 거듭하고 있다. 특히 전통상가 중에는 신흥상가로의 변신을 적극 모색한 도매상가들이 적지 않다. 이러한 도매상가로는 광희패션몰, 청평화패션몰, 제일평화, 벨포스트 등을 들 수 있다.

광희패션몰은 1980년 지하 1층~지상 3층의 4개 층으로 신축된 '광희시장'에서 시작되었다. 그런데 2013년에 4층~6층의 3개 층이 증축되고, 2~5층에 위치한 여성 영캐주얼 매장들이 apM 그룹의 영향을 많이 받은 상가운영 전문회사에 의해 관리되면서 전통상가가 아닌 신흥상가로서의 모습을 더 많이 갖게 되었다. 1984년에 설립된 청평화패션몰도 지하 1층을 포함한 4개 층이었던 건물이 2003년과 2005년에 1개 층씩 증축되어 6개 층이 되었고, 품목도 신흥상가의 전형적인 품목인 여성 영캐주얼을 주로 취급하고 있다. 1979년에 제일평화시장이라는 이름으로 설립된 제일평화도 지하 1층~지상 3층의 규모로 출발하였으나 2013년에 증축을 하여 현재는 지하 1층~지상 6층의 7개층으로 이루어져 있으며, 20~40대 여성을 주고객으로 하는 여성의류상가로 포지셔닝하고 있다.

1980년에 '운동장평화시장'이라는 이름으로 출발한 벨포스트는 증축은 하지 않았으나 여성과 남성 영캐주얼을 중심으로 하는 상품구색을 갖추고 있다. 이처럼 설립 시기나 위치를 기준으로 구분할 때 전통상가로 구분될 수 있는 여러 도매상가들이 현재는 외형과 상품구색 측면에서 신흥상가와 구부되기 어려운 모습을 갖추고 있다. 결론적으로 외관, 상품 구색, 운영 방식 등을 기준으로 볼 때 전통상가의 모습을 많이 가지고 있는 상가는 평화시장, 동일상가, 신평화패션타운, 동평화패션타운, 패션남평화 정도이고, 그 외의 상가들은 설립 시기나 위치와는 관계없이 모두 신흥상가로서의 모습을 갖고 있다고 할 수 있

표 2-1 | 설립 시기를 기준으로 한 도매상가의 유형 구분

유형	도매상가
전통상가(9개)	평화시장, 통일상가, 신평화패션타운, 동평화패션타운, 제일평화, 패션남평화, 광희패션몰, 벨포스트, 청평화패션몰
신흥상가(14개)	아트프라자, 디자이너클럽, 스튜디오W, 팀204, 테크노상가, 엘리시움, apM, 누죤, 디오트, DDP 패션몰, 맥스타일, apM 럭스, apM 플레이스, DWP

표 2-2 | 현재의 외관 및 판매 상품을 기준으로 한 도매상가의 유형 구분

유형	도매상가
전통상가(5개)	평화시장, 통일상가, 신평화패션타운, 동평화패션타운, 패션남평화
신흥상가(18개)	아트프라자, 디자이너클럽, 스튜디오W, 팀204, 테크노상가, 엘리시움, apM, 누죤, 디오트, DDP 패션몰, 맥스타일, apM 럭스, apM 플레이스, DWP, 제일평화, 광희패션몰, 벨포스트, 청평화패션몰

다([표 2-1]과 [표 2-2] 참조).

'평화시장'으로 대표될 수 있는 전형적인 전통상가와 'apM'으로 대표될 수 있는 전형적인 신흥상가는 여러 가지 점에서 차이가 있다. 첫째, 전통상가는 외관상 대체로 신흥상가에 비해 낮고 길게 지어졌다. 그래서 상가 내에서의 구역을 얘기할 때도 신흥상가는 층으로만 구분하는 반면, 전통상가는 층과 함께 동(棟)이라는 단위도 같이 쓴다. 즉, 같은 층을 가동, 나동, 다동 등으로 구역을 구분하고 있다. 3층으로 되어 있는 평화시장은 각 층을 가동~마동의 5개 구역으로 구분하고 있고, 지하 1층을 포함하여 5개 층으로 되어 있는 동평화패션타운은 각 층을 가동~다동의 3개 구역으로 구분하고 있다. 다른 전통상가에 비해 규모가 작은 통일상가도 역시 1~3층의 각 층을 가동~다동의 3개 구역으로 구분하고 있다.

외관과 관련한 차이로 또 하나 언급할 수 있는 것은 외곽점포의 존재 유무이다. 외곽점포란 고객이 상가의 출입문을 거치지 않고 외부에서 직접 들어올 수 있도록 만들어 놓은 점포를 의미한다. 외곽점포 중에는 상가 내부로 통하는 문이 있어서 내부에서도 들어올 수 있도록 되어 있는 점포도 있고, 아예 외부로부터만 들어올 수 있도록 되어 있는 점포도 있다. 청계천변의 전통상가들은 거의 예외없이 외곽점포를 가지고 있는데, 외곽점포는 접근성이 뛰어나기 때문에 임대료가 내부점포보다 비싸다. 그러나 신흥상가의 경우에는 외곽점포가 없다. 왜냐하면 높이 지어져 있는 신흥상가는 일단 고객이 내부로 들어와서 위층으로 올라가야 건물 전체의 사업이 활성화될 수 있기 때문이다.

둘째, 취급 품목의 다양성이나 가격에 있어서 두 유형의 상가는 차이가 있다. 전통상가에서 취급하는 품목은 신흥상가에 비해 훨씬 다양하다. 이는 전통상가가 소비자의 다양한 수요에 대응하기 위해 오랜 시간에 걸쳐 다양한 업종의 도매상인들이 자연스럽게 같은 건물에 모여 장사를 하게 된 반면, 훨씬 후에 들어선 신흥상가는 기존 상가와의 차별화를 위해 주로 젊은 여성들이 선호하는 영캐주얼 의류에 특화하는 방향으로 운영되는 경우가 많았기 때문이다. 상품의 가격도 상대적으로 유행을 덜 타는 상품을 많이 취급하는 전통상가의 상품보다는 트렌디한 디자인의 의류를 많이 취급하는 신흥상가의 상품이 더 비싼 경향을 보인다.

셋째, 판매하는 의류의 목표고객, 물건을 사가는 소매상인, 입점해서 판매를 하고 있는 도매상인 등의 특성에 있어서도 차이가 있다. 먼저 전통상가는 성별 구별없이 40~50대를 목표고객으로 하는 옷들이 많은 반면, 신흥상가에는 10~30대 여성을 목표고객으로 하는 옷들이 많다. 또한 전통상가와 거래하는 소매상인들은 거래하는 상품이 다양한 만큼 그 유형이 매우 다양하고 오래된 거래처들이 많다. 이에 반해 신흥상가의 거래 소매상인들은 유행하는 의류를 취급하는 소규모 편집샵이나 온라인쇼핑몰 업체가 많고, 2017년 이후에는 라이브커머스나 SNS를 통해 자국의 소비자들에게 의류를 판매하는 중국을 비롯한 외국의 구매대행인들이 늘고 있다. 입주 도매상인들에 있어서도 전통상가의 도매상인들은 오랫동안 해당 상가에서 장사를 해 온 연세가 지긋하신 분들이 많지만, 신흥상가의 도매상인은 상대적으로 유행에 민감한 젊은층이 많다.

넷째, 운영방식에서도 상당한 차이를 보인다. 전통상가는 각 점포의 자율성이 존중되는 경향을 보이는 반면, 신흥상가는 관리주체의 의지에 의해 정해진 규율에 따라 움직이는 경향을 보인다. 그래서 전통상가는 층별 혹은 업종별로 영업시간이 다른 경우도 있지만 신흥상가는 상가 전체의 영업시간을 일률적으로 정해 놓고 입주 도매상인들에게 개점 및 폐점시간을 엄격히 준수하도록 요구하는 경우가 많다. 또한 신흥상가는 까다로운 기준에 의해 입주 희망 도매상인을 심사하여 입주 여부를 결정하고, 심지어 일정 조건을 충족하지 못할 경우 퇴출시키는 규율까지 두고 있는 경우도 있는 반면, 자율적인 분위기가 강한 전통상가에는 이러한 일이 발생하는 경우는 거의 없다.

다섯째, 신흥상가에서는 소매가 이루어지는 경우가 드문 반면, 전통상가는 도매를 기반으로 하면서 소매를 병행하는 경우가 많다. 신흥상가에도 소매를 하는 점포가 간혹 있을 수 있지만 소매를 하는 경우에도 내국인에게는 판매하지 않고 외국인에게만 판매한다. 왜냐하면 내국인에게 판매하면 거래를 하고 있는 소매상인들과의 마찰이 빚어질 수도 있기 때문이다. 그렇지만 전통상가에서는 외국인은 물론 내국인에게도 소매판매를 하는 경우가 많다. 특히 평화시장, 통일상가, 신평화패션타운, 동평화패션타운 등에서는 소매판매가 상당히 많이 이루어지고 있다. 소매를 병행하는 도매상가는 대체로 밤과 새벽은 물론 낮시간에도 영업을 한다. 도매와 소매를 병행한다고 해서 도매가격으로 소매를 하는 것은 아니고 통상적인 소매매장에서의 가격보다 20~30% 싼 가격에 판매한다.

2-2 전통시장

'전통시장 및 상점가 육성을 위한 특별법(전통시장법)'은 전통시장을 "자연발생적으로 또는 사회적 · 경제적 필요에 의하여 조성되고, 상품이나 용역의 거래가 상호신뢰에 기초하여 주로 전통적 방식으로 이루어지는 장소"로 정의하고 있다. 전통시장은 50개 이상의 도매업, 소매업, 용역업 등을 영위하는 점포가 있어야 하고, 점포 및 편의시설(주차장, 화장실, 물류시설 등)이 점유하는 면적이 1,000m² 이상이 되어야 한다는 요건을 갖추어서 시장 · 군수 · 구청장 등의 지방자치단체장의 인정을 받아야 한다. 동대문패션타운에는 11개의 도매상가가 전통시장으로 인정을 받고 있다. 이 중에서 10개는 의류도매상가이고 나머지 1개는 의류부자재를 취급하는 동화상가이다([표 2-3] 참조). 전통시장으로 인정받는 상가들은 향후에 그 수가 증가할 것으로 예상되고 있다.

| 표 2-3 | 동대문패션타운의 전통시장

구분	명칭
의류상가(10개)	평화시장, 패션남평화, 청평화패션몰, 통일상가, 제일평화, 광희패션몰, 벨포스트, 신평화패션타운, 동평화패션타운, 테크노상가
의류부자재상가(1개)	동화상가

전통시장법의 제5조 제1항에 따르면 중소벤처기업부 장관은 지방자치단체장과 협의하여 3년마다 전통시장의 활성화를 위한 계획을 수립하고 집행하여야 한다. 이의 일환으로 2016년 7월 1일부터 2019년 8월 31일까지 '동대문시장 글로벌명품시장 육성사업'이 진행되었으며, 이 사업의 추진을 위한 육성사업단은 동대문시장 상인연합회, 중소기업청, 서울시, 중구청, 두타몰 등의 5자간 협약에 의해 조직되었다. 이 사업에서 평화시장, 통일상가, 신평화패션타운, 동평화패션타운, 패션남평화, 테크노상가, 벨포스트, 광희패션몰 등 동대문패션타운의 8개 전통시장은 우리나라의 산업화를 이끌어온 공을 인정받아 글로벌명품시장으로 선정되면서 3년간 총 60억원(중소벤처기업부 예산 25억원, 서울시 예산 12.5억원, 중구청 예산 12.5억원, 두산 지원금 10억원)을 지원받았다. 이 사업에서는 공동브랜드의 개발, 해외홍보사

업, DFWM(동대문패션도매시장) 홍보모델 선발대회 등이 추진되었다. 'DFWM'은 8개 연합상가의 특화된 아이템들을 선별하여 만든 글로벌 특화 브랜드이다. 또한 육성사업단은 서울시가 운영하는 DDP 패션몰의 4층에 위치한 바이어라운지를 활용하여 중국 최대 온라인쇼핑몰인 타오바오의 타오바오라이브(淘宝直播)에 매일 오후 3시부터 오후 9시까지 'DFWM' 제품의 판매를 위해 왕홍(网红)이 진행하는 라이브커머스를 내보내기도 하였다. 2021년 말 현재 후속 지원사업이 진행되고 있지는 않지만 바이어라운지에서는 국내외의 다양한 플랫폼을 활용한 라이브커머스가 활발하게 진행되고 있다.

2-3 낮시장과 밤시장

영업시간을 정함에 있어서 상인들의 자율성이 강하게 작용하는 몇몇 전통시장을 제외한 나머지 도매상가들은 영업시간을 기준으로 밤시장 혹은 낮시장으로 분류되어 불리고 있다. 전형적인 5개의 전통시장을 제외한 18개의 도매상가 가운데 낮시장 도매상가는 청평화패션몰, 디오트, 테크노상가, DWP 등의 4개 상가이고 나머지는 14개 도매상가는 모두 밤시장에 속한다([표 2-4] 참조).

밤시장은 밤 8시에 영업을 시작하여 새벽 5시에 문을 닫는 도매상가를 가리키고, 낮시장은 밤 12시에 시작하여 낮 12시에 문을 닫는 도매상가를 가리킨다. 다만 도매상가에 따라 개점시간이나 폐점시간이 1시간 정도 다른 경우도 많이 있다. 예를 들어 밤시장인 누죤이나 DDP 패션몰은 새벽 5시가 아닌 새벽 6시에 문을 닫고, 낮시장인 테

표 2-4 | 신흥상가의 밤시장과 낮시장

유형	도매상가
밤시장(14개)	아트프라자, 디자이너클럽, 스튜디오W, 팀204, 엘리시움, apM, 누죤, 맥스타일, DDP 패션몰, apM 럭스, apM 플레이스, 제일평화, 광희패션몰, 벨포스트
낮시장(4개)	청평화패션몰, 디오트, 테크노상가, DWP

크노상가와 DWP는 밤 11시에 시작하여 오전 11시에 문을 닫는다. 그 결과 동대문패션타운에서는 대체로 오후 8시부터 밤 12시까지는 밤시장만 문이 열려 있고, 새벽 5시부터 낮 12시까지는 낮시장만 문이 열려 있다. 또한 낮 12시에서 저녁 8시까지는 거의 대부분의 도매상가가 문을 닫는 시간이고, 밤시장과 낮시장이 모두 운영이 되는 밤 12시부터 새벽 5시, 특히 밤 12시부터 새벽 3시까지가 동대문패션타운이 가장 활기를 띠는 시간이다([그림 2-1] 참조).

그림 2-1 | 밤시장 및 낮시장의 개 · 폐점시간

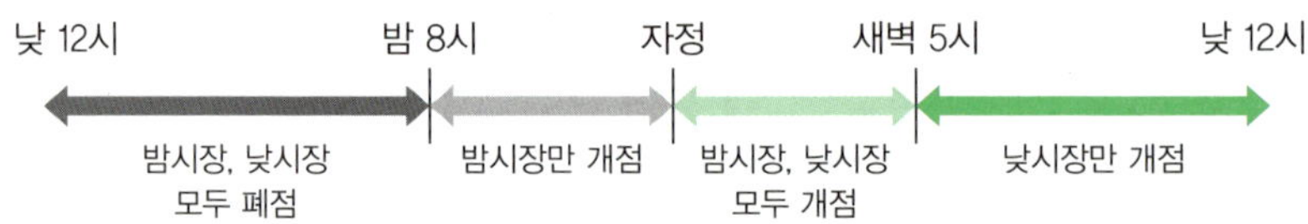

밤시장은 어두울 때에만 영업을 하기 때문에 밤시장이라는 용어가 적당하다고 할 수 있지만 낮시장은 밝을 때뿐만 아니라 어두울 때에도 영업을 하기 때문에 적합하지 않는 측면이 있다. 그래서 낮시장이라는 용어는 '낮에만 영업을 한다'는 것을 의미하는 것이 아니라 '낮에도 영업을 한다'라는 것을 의미한다고 해석할 수 있다.

밤시장과 낮시장이라는 용어가 쓰이게 된 것은 동대문패션타운 내의 도매상가 간의 경쟁과 밀접하게 연관되어 있다. 이 용어의 기원은 청평화패션몰에서 찾을 수 있다. 청평화시장은 1984년 설립 초기부터 재고처리 전문 상가로 자리를 잡았었기 때문에 원래부터도 값싸고 품질도 괜찮은 상가로 유명했으며, 2000년대 들어서는 재고처리 전문 상가에서 벗어나 트렌디하고 저렴한 의류를 판매함으로써 값싸고 디자인이 좋은 물건을 소싱해야 하는 온라인쇼핑몰 업체들이 많이 찾는 상가로 거듭나게 되었다. 이 도매상가는 빠른 속도로 성장하고 있던 온라인쇼핑볼 시장에 대한 공략을 더욱 강화하기 위해 2005년에 영업시간을 도매상가들의 가장 보편적인 영업시간이었던 저녁 9시~새벽 5시에서 새벽 4시~오후 3시로 변경하였다. 이는 다른 도매상가와 영업시간이 거의 겹치지 않게 하는 획기적인 변신이었다고 할 수 있다. 이로써 온라인쇼핑몰 업체의 직원들은 연장근무 시간이 아닌 정규근무 시간에 쇼핑을 할 수 있게 되었으며, 이러한 과정을 거치면서 청평화패션몰은 낮시장이라고 불리기 시작했다.

2010년에는 바로 옆에 위치한 도매상가인 디오트가 영업시간을 밤 12시~오후 2시로 바꾸면서 고객들이 디오트로 몰리는 현상이 발생하자 청평화패션몰도 디오트와 동일하게 영업시간을 밤 12시~오후 2시로 변경하였으며, 2012년에는 두 상가가 모두 밤 12시~낮 12시로 영업시간을 변경하면서 현재에 이르고 있다. 이렇게 영업시간이 바뀌면서 야간시간이 영업시간에 많이 포함되어 있지만 청평화패션몰, 디오트 등은 밤시장과의 구별을 위해 여전히 낮시장으로 불리고 있다. 2017년에는 테크노상가와 DWP가 낮시장에 가세했다. 다만 이 두 상가는 선발 낮시장인 청평화패션몰 및 디오트와의 차별화를 위해 이 두 개의 상가보다 개점시간과 폐점시간을 1시간씩 앞당겨 영업시간을 밤 11시~오전 11시로 하고 있다.

밤시장과 낮시장은 여러 가지 측면에서 차이가 있다. 청평화패션몰이나 디오트가 밤시장에서 낮시장으로 전환한 것은 온라인쇼핑몰 시장을 적극적으로 공략하기 위한 것이었기 때문에 밤시장과 낮시장의 차이는 모두 양 시장의 주고객이 다르다는 점에서부터 출발한다. 밤시장의 주고객은 매장에서 고객을 응대하며 옷을 파는 소규모 편집샵이나 지하상가매장, 외국인 구매대행인 등이고, 낮시장의 주고객은 온라인쇼핑몰에서 옷을 파는 개인사업자나 업체들이다. 그런데 매장에서 옷을 사는 소비자들에 비해 온라인쇼핑몰에서 옷을 사는 소비자들이 가격에 대해 훨씬 더 민감하다. 왜냐하면 인터넷에서는 오프라인 매장에 비해 가격비교가 매우 용이하기 때문에 가격에 민감하지 않은 소비자들도 최저가의 물건부터 검색해보려는 경향을 갖게 되기 때문이다.

따라서 가격경쟁이 치열한 온라인쇼핑몰 시장에서는 가격경쟁력이 없으면 살아남기 힘들다. 자연히 온라인쇼핑몰 운영자는 품질도 괜찮으면서 가격이 저렴한 옷을 찾기 때문에 낮시장 도매상인들도 가격을 저렴하게 유지하지 않을 수 없다. 그래서 싼 옷을 소싱하기 위해 중국산을 많이 취급하게 되고, 마진율도 높게 책정할 수 없다. 그 결과 밤시장 도매상가에 위치한 점포에서 팔리는 의류의 마진율이 70~80%에 이르는 반면 낮시장 도매상가에 있는 점포에서 팔리는 의류의 마진율은 20~40%에 그치는 경우가 많다. 즉, 밤시장과 낮시장은 마진율의 차이가 2~3배에 이른다. 사정이 이렇기 때문에 낮시장 점포들은 많이 팔지 않으면 유지하기가 힘들다. 그래서 속말로 '한방'이 있는 물건을 소싱해서 단 기간에 '왕창' 파는 것이 가장 바람직한 전략이 된다.

또한 낮시장은 진열되어 있는 옷에 대한 주문이 늘어나도 봉제공장에 재주문하는 것이 용이하지 않다. 즉, 밤시장 도매상인들은 마진폭이 높기 때문에 봉제공장에 소량만 재주문하여 팔아도 남길 수 있지만, 낮시장 도매상인들은 주문이 늘어난다 해도 마진율이 낮아서 많은 양을 재주문해서 모두 팔아야 남기 때문에 재주문하기가 망설여지는 경우가 많다. 그래서 주문을 받아 놓고도 제대로 대응하지 못하는 경우가 발생한다. 더욱이 낮시장 점포들 간의 경쟁이 치열해지면서 온라인쇼핑몰과 부득이 외상거래를 허용하지 않을 수 없고, 이로 인해 미수금이 늘어나는 것도 낮시장 점포들이 안고 있는 어려움 중의 하나이다. 낮시장에서는 낮은 단가와 낮은 마진율로 인한 경영부실을 최소화하기 위해 완사입이라고 불리는 정책을 채택하고 있다. 완사입은 '완전히 사간다'라는 의미로 교환은 가능하지만 환불은 안 된다는 것을 의미한다. 반면에 밤시장에서는 교환은 물론 환불도 해주는 것이 일반적이다.

중국의 의류산업이 성장하면서 취약성을 더 빨리 드러낼 수 있는 곳도 바로 낮시장이다. 중국의 의류업체들은 2000년대에 들어 실력이 급상승하면서 2010년대 들어서는 동대문패션타운 의류의 수요처가 아닌 공급처로 자리잡아가고 있다. 가격도 싸지만 품질의 측면에서도 메이드인동대문에 버금갈 정도로 올라와 있다. 국내의 봉제공장에서 예를 들어 7천원에 들여오는 의류와 비슷한 의류가 운반비를 포함하여 매장까지 5천원에 들여올 수 있다. 봉제공장에 지불하는 금액이 7천원이면 디자이너 월급, 매장 운영비 등의 간접비를 포함하면 만원이 넘을 수 있고 따라서 단가 측면에서 2배 이상 차이가 난다. 저렴하게 의류를 판매하여야 하는 낮시장의 상인들의 입장에서는 디자인을 포기하고 중국산 의류를 취급하고 싶다는 유혹을 받지 않을 수 없다.

이러한 과정이 심화되면 낮시장의 상인들 중에는 디자인 도매상인에서 유통 도매상인으로 전환하는 경우가 많아질 것이라고 예상할 수 있다. 이에 비해 밤시장은 도매상가 간의 차이는 있지만 고품질과 세련된 디자인으로 승부하려는 의도가 강하고, 품질 유지를 위해 메이드인코리아를 강조한다. 또한 정도의 차이는 있지만 입점 희망 상인에 대한 평가, 제조과정, 영업시간, 퇴출사유 등에 대해 규율을 만들어 실행한다. 즉, 디자인과 품질에서 최고의 수준을 유지하고 이를 바탕으로 고가격 · 고마진을 실현한다는 것을 모토로 삼고 있는 경우가 많다. 그래서 중국산 의류의 공세가 심해지는 상황에서 밤시장은 낮시장에 비해 타격을 덜 받을 수 있다.

2-4 외국인의 구매 비중이 높은 상가

1990년대 말에 있었던 외환위기로 원화가치가 떨어지면서 동대문 의류의 가격이 상대적으로 저렴해진 것을 계기로 본격적으로 유입되기 시작한 외국인 고객은 이제는 동대문패션타운에 없어서는 안될 중요한 존재가 되고 있다. 외국인 고객들 중에는 중국, 대만, 홍콩 등 중화권 고객이 다수를 차지하고 있지만 베트남, 인도네시아, 러시아, 일본, 몽골, 나이지리아 등 많은 나라의 고객들이 동대문패션타운에서 의류를 구입하고 있다. 그런데 외국인 고객들의 구매액은 도매상가에 따라 큰 차이가 있다. 동대문패션타운의 도매상가를 전통상가, 낮시장, 밤시장으로 나누어보면, 외국인 구매 비중(전체 매출액에서 외국인 대상의 매출액이 차지하는 비중)은 전통상가가 가장 낮고, 밤시장이 가장 높으며, 낮시장은 그 중간에 위치한다. 통계치가 부족한 동대문패션타운의 특성상 정확한 자료는 없지만 외국인 구매 비중은 전통시장은 10% 미만, 낮시장은 약 20%, 밤시장은 40~50% 정도가 될 것으로 추정되고 있다.

그렇지만 전통상가의 경우에도 평화시장의 1층 매장과 같이 모자 등 패션 아이템을 구입하려는 외국인이 많이 찾는 곳도 있고, 신평화패션타운 6층의 수출전문매장과 같이 일본인들이 많이 찾는 곳도 있다. 외국인 바이어들이 구입하는 제품은 60% 이상이 10~30대 여성을 타깃으로 하는 영캐주얼이기 때문에 밤시장 중에서도 유행에 민감한 여성 영캐주얼을 취급하고 있고, 내규 등을 바탕으로 '메이드인코리아'를 고수하면서 품질관리를 철저하게 시행하고 있는 도매상가일수록 외국인의 구매 비중이 높다. apM 계열(apM, apM 럭스, apM 플레이스), DDP 패션몰, 누죤, 디자이너클럽 등이 이러한 유형의 도매상가에 포함된다고 할 수 있다. 이러한 도매상가에서는 외국인의 구매액이 총매출액에서 차지하는 비중이 약 50%에 달하고, 외국인 구매액에서 중화권 고객들의 구매액이 차지하는 비중은 약 80%에 이른다.

글 2-1 동대문 의류의 미국인과 일본인 고객

동대문패션타운에 위치한 '도매상가'의 관점에서 보면 중화권과 동남아시아 고객들의 비중이 높은 것은 사실이지만, '동대문 의류'라는 좀 더 넓은 관점에서 보면 미국과 일본으로 팔려 나가는 의류도 매우 많다. 미국과 일본으로의 수출은 주로 오퍼상에 의해 이루어지는데 오퍼상의 사무실은 동대문패션타운에도 있지만 주로 동대문패션타운 외곽에 위치하고 있다. 오퍼상의 사무실이 동대문패션타운이나 그 근처에 위치하고 있는 이유는 생산기반이 동대문패션타운 인근에 있기 때문이다. 이들은 주로 단골고객들에게 샘플을 보내거나 사무실에 샘플을 진열해 놓고 고객과 상담하는 방식으로 거래한다. 즉, 동대문패션타운에서 미국인이나 일본인은 잘 눈에 띄지는 않지만 실제로는 오퍼상을 통한 거래가 활발하게 이루어지고 있다.

2-5 도소매 병행 상가

2010년에 설립된 맥스타일은 도소매 병행 상가를 표방하며 설립되었지만 운영난을 겪으면서 2018년에 도매상가로 전환하였다. 현재 도소매를 병행하는 상가임을 공식적으로 표방하고 있는 상가는 제일평화가 유일하다. 이 상가는 소매와 도매를 병행하고 있기 때문에 영업시간도 이원화되어 있다. 도매는 많은 밤시장 도매상가와 마찬가지로 밤 8시~새벽 6시이며, 소매는 아침 9시~오후 5시 30분이다.

그런데 동대문패션상가에서의 '도매'의 개념은 사전적인 의미에서의 도매와 다른 측면이 있다. 즉, 동대문패션상가에서의 도매는 종종 2벌 이상의 의류를 거래하는 것을 의미하기도 한다. 이러한 개념이 통할 수 있는 이유는 샘플이 필요한 소매상이 의류를 구매할 때의 최소

단위가 2벌이기 때문이다. 그래서 일반소비자가 똑같은 디자인의 옷이 흰색, 보라색, 노란색의 3종으로 진열되어 있거나, 사이즈가 대중소의 세 가지로 진열되어 있을 때 세 벌을 모두 구매하면 판매를 해주는 도매상인들도 있다. 즉, 도매상인 중에는 고객이 소매상인이 아닌 것을 알더라도 3벌 이상 구입하면 판매를 하는 상인들이 제법 있는 것이다. 이러한 거래 방식은 경기하락 등으로 판매가 부진해지면서 더 많아지는 경향이 있다.

일반소비자가 소매로 구입을 하더라도 도매가격으로 구매할 수 있는 것은 아니고 소매상가에서 살 때보다 20~30% 저렴한 가격에 구입할 수 있다. 외국인인 경우에는 내국인에 비해 훨씬 용이하게 도매상가에서 의류를 구입할 수 있다. 이는 외국인 일반소비자에게 판매하는 것은 내국인 일반소비자에게 판매하는 것에 비해 소매상들로부터 도매상이 소매까지 한다는 비난을 들을 가능성이 훨씬 적기 때문이다.

도매상가별로 보면 밤시장보다는 낮시장에서 소매가 많이 이루어지고 낮시장보다는 전통상가에서 소매가 더 많이 이루어진다. 즉, 전통상가에는 도매와 소매를 병행하는 상인들이 많다. 동대문패션타운에서 도매가 활성화되기 시작한 것은 1969년에 경부고속도로가 개통되고 1972년에 동대문에 통합고속버스터미널이 들어선 이후이기 때문에 1962년 평화시장이 설립된 이후 상당 기간 동안에는 소매가 주를 이루었고, 1970~1980년대에는 도소매 병행이 보편적으로 이루어졌다. 이러한 배경이 있기 때문에 지금도 전통상가에서는 소매가 많이 이루어지고 있다.

도소매를 병행하는 상가임을 공식적으로 표방하고 있는 제일평화 이외에 소매가 가장 많이 이루어지고 있는 상가로는 평화시장과 동평화패션타운을 들 수 있다. 평화시장, 그 중에서도 특히 1층에는 외국인에게는 물론 내국인에게도 소매판매를 하는 상인들이 많이 있고, 동평화패션타운은 주간, 야간 모두 영업을 하면서 외국인은 물론 내국인 일반소비자들에게도 판매하는 점포들이 많다. 신평화패션타운도 도매를 위주로 하지만 주간에는 1~2층에서 소매판매를 하기도 한다.

2-6 남성복 취급 도매상가

동대문패션타운의 23개 도매상가 가운데 남성복을 취급하고 있는 도매상가는 모두 9개로 전체 도매상가의 절반에도 훨씬 미치지 못한다. 5개의 전통상가들은 모두 남성복을 취급하고 있는데 패션남평화를 제외한 평화시장, 신평화패션타운, 통일상가, 동평화패션타운 등은 모두 40~50대 남성을 타깃으로 하고 있으며, 최신 패션보다는 무난한 디자인의 정장, 캐주얼, 티셔츠, 운동복, 작업복, 등산복 등에 초점을 맞추고 있다는 특징이 있다. 이 가운데 통일상가는 1969년 설립시부터 정장, 셔츠, 티, 바지, 아웃도어 등 40~50대 남성복을 전문적으로 취급해온 것으로 유명하다.

전통상가 계열 중 하나이며, 가방 상가로 유명한 패션남평화는 2~3층에서 20~30대 남성을 대상으로 하는 영캐주얼 매장들을 운영하고 있다. 낮시장은 남성의류를 거의 취급하고 있지 않으며 14개의 밤시장 중에서는 apM, 벨포스트, 누죤, 스튜디오W 등 4개 도매상가만이 남성의류를 취급하고 있다. apM은 동대문패션타운에서 남성복을 가장 많이 취급하고 있는 도매상가라고 할 수 있다. 주로 남성 영캐주얼을 취급하고 있으며 지하 3~7층 중에서 4~7층의 4개 층을 남성의류 매장으로 운영하고 있다. 벨포스트는 4층 건물의 2층 및 3층이 남성 영캐주얼 매장들로 채워져 있으며, 5개 층에서 의류 관련 매장을 운영하고 있는 누존은 3층에서 정장 및 캐주얼 남성의류를 판매하고 있다. 신흥상가 중에서는 최초로 남성복 전문매장을 오픈했던 스튜디오W는 현재 6개 층 중에서 2~5층의 4개 층을 남성복 매장들로 채우고 있으며, 특히 빅사이즈 의류도 같이 취급하고 있는 점이 특징이다.

3절 도매상가의 형성

앞에서 살펴본 바와 같이 동대문의 도매상가는 전통상가와 신흥상가로 나누어진다. 전통상가는 1960년대 초~1980년대 중반에 이르는 시기에 형성되었으며, 신흥상가는 1990년대 초~2010년대 중반에 이르는 시기에 형성되었다. 즉, 두 개 유형의 도매상가의 형성은 시작된 시기를 기준으로 보면 약 30년의 격차가 있다. 전통상가는 1962년 평화시장이 건립되면서 형성되기 시작하였다.

전통상가의 선두 주자인 평화시장이 대대적인 성공을 거두자 이에 자극을 받아 1968년에서 1984년에 이르는 기간 동안 통일상가, 성동상가, 동평화시장, 제일평화시장, 흥인시장, 덕운시장, 남평화시장, 광희시장, 운동장평화시장, 청평화시장 등 평화시장과 비슷한 외관을 가지고 있는 전통상가들이 경쟁적으로 들어서게 되었다. 이들은 대체로 낮고 긴 외관을 가지고 있고, 여성복, 남성복, 잡화 등 다양한 품목을 취급하고 있으며, 특정 연령층에 대상으로 하기보다는 남녀노소를 모두 고객층으로 삼고 있다는 공통점을 지니고 있었다. 현재 이들 상가 중에는 평화시장, 신평화패션타운, 동평화패션타운과 같이 초기의 모습을 상당히 많이 지니고 있는 상가들도 있지만 흥인시장이나 덕운시장과 같이 재건축이 되면서 없어진 상가도 있고 제일평화시장, 광희시장, 청평화시장 등과 같이 외관은 물론 영업 방식도 신흥상가와 유사한 모습으로 변화된 상가들도 있다.

신흥상가는 평화시장이 건립되고 나서 거의 30년이 지난 1990년에 아트프라자가 건립되면서 형성되기 시작하였다. 이 시기는 패션을 중시하는 젊은 세대가 의류의 주력 소비층으로 부상하고 있던 시기였다. 가장 먼저 설립된 신흥상가인 아트프라자는 '시장'이나 '상가'가 붙지 않은 명칭을 쓰기 시작한 최초의 도매상가이며, 처음부터 패션을 중시하는 젊은 여성을 목표고객으로 삼았다. 또한 젊은 여성들에게 새로운 디자인의 옷을 빠른 속도로 공급하기 위해 봉제공장과의 강력한 연계를 통한 패스트 패션을 실현하는 등 동대문 의류시장에 새로운 바람을 일으켰다. 아트프라자는 큰 성공을 거두면서 대중에게 동대문이 단순한 의류도매시장이 아닌 패션 1번지라는 인식을 각인시켰고, 아트프라자의 점포주는 물론 입주 상인들도 엄청난 부를 얻을 수 있게 되었다. 이를 계기로 동대문에는 도매상가 설립의 붐이 불게 되었다. 그 결과 1990년대 중반부터 2010년대 후반에 이르는 20여 년 동안 디자이너클럽(1994년), 우노꼬레(현재의 스튜디오W, 1996년), 팀204(1996년), 혜양엘리시움(현재의 엘리시움, 1997년), apM(1999년), 누존(2000년), 디오트(2006년), 유어스(현재의 DDP 패션몰, 2006년), 맥스타일(2010년), apM 럭스(2012년), apM 플레이스(2016년), DWP(2017년) 등 많은 수의 도매상가가 설립되었다.

4절 도매상가들의 차별화

동대문의 도매상가들은 생존을 위해 끊임없이 차별화를 시도하고 있다. 반경이 500m 정도밖에 안 되는 지역에 20개가 넘는 도매상가들이 경쟁을 하고 있는 상황에서 모든 도매상가가 비슷한 제품을 동일한 고객들에게 공급하면서 공존할 수 없기 때문에 각 도매상가는 생존을 위해 끊임없이 차별화를 모색해야 했다. 1960~1980년대는 급속한 경제성장이 이루어지고 있던 시기였기 때문에 차별화에 대한 필요성이 크게 부각되지 않았고, 따라서 대부분의 도매상가들이 남녀노소를 가리지 않는 다양한 품목을 취급하면서 비슷비슷한 모습을 보이고 있었다. 하지만 이 시기에도 품목을 중심으로 차별화를 하려는 예들은 많이 있었다.

예를 들어 남평화시장(현재의 패션남평화)은 여성복과 남성복도 취급했지만 1980년에 설립된 이후 줄곧 가방 도매의 대표적인 상가로 성장하여 왔으며, 1969년에 설립된 통일상가는 남성복만을 취급하는 대표적인 상가로 자리잡았다. 또한 광희시장(현 광희패션몰)의 가죽, 모피, 무스탕류의 제품은 1980년에 설립된 이후 줄곧 광희시장을 상징하는 상품군이 되어 왔으며, 1969년 설립된 성동상가(현 신평화패션타운)는 초기부터 국내 최대 규모의 특수복(댄스복, 무대복, 파티복 등) 전문 점포들을 보유하고 있는 것으로 유명했다. 또한 청평화시장(현재의 청평화패션몰)과 동평화시장(현재의 동평화패션타운)은 오랜 기간 동안 다른 상가에서 팔다 남은 재고상품을 취급하는 상가로 유명했다. 이러한 차별화는 다분히 당시의 최강자였던 평화시장과의 차별화를 염두에 둔 전략이라고 할 수 있다.

전통상가들만이 존재했던 1960~1980년대에는 특정 연령층을 집중적인 판매 대상으로 삼고 영업 활동을 전개하는 도매상가는 없었다. 이러한 현상은 1990년대에 들면서 크게 달라지기 시작했다. 즉, 패션을 중시하는 젊은 여성층이 의류의 주력 소비층으로 부상하고, 이들을 타깃으로 하는 신흥상가들이 설립되면서 도매상가들의 차별화를 위한 시도는 더욱 활발하게 전개되었다. 현재 10~30대 젊은 여성으로 이루어진 세분시장은 동대문패션타운에서 가장 큰 규모의 시장을 형성하고 있으며, 동대문패션 클러스터의 대표적인 장점이라고 할 수 있는 '패스트 패션'을 가장 잘 부각시킬 수 있는 시장이라고 할 수 있다. 따라서 10~30대 여성 세분시장은 모든 도매상가들에게 있어서 가장 매력적인 시장이다. 이 시장을 선점한 것은 당연히 최초의 신흥상가인 아트프라자였지만 많은 신흥 도매상가들이 이 시장에서 경쟁하면서 지금은 판도가 크게 달라졌다.

이 시장에서 활발한 모습을 보여주고 있는 밤시장 도매상가로는

apM, apM 럭스, apM 플레이스, DDP 패션몰, 광희패션몰, 벨포스트, 디자이너클럽, 누죤 등의 8개 상가를 들 수 있다. 이 가운데 apM, apM 럭스, apM 플레이스는 모두 상가 운영 전문회사인 apM 그룹의 계열사이고, 광희패션몰의 2~5층에서 여성 영캐주얼 매장을 운영하고 있는 퀸즈스퀘어의 경영진이나 2017년에 소유권이 서울시로 넘어가면서 DDP 패션몰로 명칭이 변경된 유어스의 경영진에도 apM 그룹과의 인연을 가지고 있는 인사들이 많이 있었다. 2000년대 들면서 apM 그룹이 직접 운영하고 있는 apM과 apM 그룹과 밀접한 연관성을 가지고 있던 유어스가 크게 부상하고, 2010년대 들어서는 apM 럭스, apM 플레이스, 퀸즈스퀘어가 가세하면서 apM 그룹은 명실공히 이 시장에서 최강자로 등장했다. 이러한 상황에서 영캐주얼 숙녀복 분야에서 두각을 나타내는 많은 도매상인들은 자연스럽게 apM 계열의 도매상가에 모이게 되었고, 이로 인해 현재 apM 그룹이 10~30대 영캐주얼 숙녀복 시장에서 차지하고 있는 확고한 위치는 앞으로도 상당 기간 동안 지속될 것으로 예상되고 있다. 이렇게 가장 규모가 크고 가장 전망이 좋은 세분시장에서의 최강자가 뚜렷하게 부각되고 있는 경쟁 환경은 다른 도매상가들로 하여금 변화를 시도하도록 만들고 있다. 변화는 apM 그룹과의 차별화를 위해 목표고객, 취급상품 등을 차별화하는 방향으로 이루어지고 있다.

전통상가 중에서 평화시장, 통일상가, 신평화패션타운, 동평화패션타운 등의 상가들은 1990년대에 들면서 40~50대 시장에 더욱 집중하는 경향을 보이고 있으며, 1980년에 '운동장평화시장'이라는 이름으로 출발한 벨포스트는 1980년 설립 이래 30년 이상을 다양한 연령층의 여성복을 취급해 오다가 2013년부터는 20~30대 남성용 영캐주얼 판매에 주력하고 있다. 많은 수의 신흥상가들도 apM 계열의 도매상가들과의 직접적인 경쟁을 피하는 방향으로 변신을 하고 있다. 아트프라자는 1990년 설립 이래 줄곧 젊은 여성층의 의류만을 취급해 왔지만 지금은 apM 계열의 도매상가들보다 높은 연령층인 30~50대 여성의류에 특화하는 경향을 보이고 있다. 1996년에 설립된 팀204는 원래 고급 여성정장을 전문으로 하는 도매상가로 출발하였으나 2009년에 동대문패션타운에서는 최초로 구두 및 잡화 전문 도매상가로 변신했으며, 2012년부터는 아동복도 같이 취급하고 있다. 1997년 혜양엘리시움으로 출발한 엘리시움은 원래는 여성복, 남성복, 잡화 등 다양한 품목을 취급하던 전형적인 모습의 도매상가였다. 도매상가들 간의 경쟁이 격화되면서 상인들의 이탈이 많아지고 그로 인한 공실이 늘어나자 품목을 단일화한 전문 도매상가로의 리뉴얼을 구상했으며, 그 결과 아동복을 대표 품목으로 선정하고 2015년에 아동복 전문상가로 재오픈했다. 청평화패션몰, 디오트, 테크노상가, DWP 등의 4개 상가가 추구하는 세분시장은 apM 계열의 상가와 비슷하지만 영업시간을 낮시간으로 차별화하면서 온라인쇼핑몰 업체들을 대상으로 상대적으로 저렴한 가격의 의류를 공급하는 도매상가로 특화하고 있다. 이처럼 차별화를 통한 생존전략은 동대문패션타운에서도 활발히 전개되고 있다.

5절 전통상가

5-1 평화시장

1962년 설립된 평화시장은 동대문에서 최초인 것은 물론, 우리나라 전체에서도 최초로 설립된 의류 도매상가이다. 지금도 굳건히 서있는 평화시장은 동대문패션타운의 살아있는 전설이다. 평화시장의 역사는 대한민국의 아픈 역사와 맞닿아 있다. 1950년에 6 · 25전쟁이 발발한 후 1951년에는 1 · 4후퇴로 많은 피난민들이 남쪽으로 내려왔다. 이들 중 많은 수가 청계천변의 판자촌에 모이게 되었는데 이로 인해 이곳에는 무허가 판자집과 노점들이 대규모로 늘어났다. 이들은 하꼬방(箱房)이라고 불렸던 판자집에서 재봉틀 한두 개를 놓고 옷을 만들어 팔기도 하고, 미군복을 수선해주거나 염색하여 팔기도 하고, 미군의 담요로 옷을 만들어 팔기도 하면서 생계를 이어갔다.

피난민이 늘어나면서 1950년대 중엽에 이 일대 상인들의 약 60%가 북에서 내려온 실향민이었다. 1958년에 이 일대에서 큰 화재가 나자 이를 계기로 청계천 5~6가의 판자전포에서 장사를 하던 상인들이 주축이 되어 서울시로부터 부지를 제공받고 건물의 신축을 추진하였다. 그 결과 1961년 대지면적 약 8,000㎡, 건물연면적 약 24,700㎡ 규모의 3층 건물이 완공되었고, 1962년 2월 서울시로부터 정식으로 시장개설 허가를 받으면서 개장하였다. 3층의 비교적 낮은 건물이있지만 그 길이는 무려 610m에 이른다. '평화시장'이라는 이름에는 당시 피난민들의 평화에 대한 염원이 담겨있다. 지금은 건물 전체가 상가이지만 설립 당시에는 1층은 상가, 2층과 3층은 봉제공장이었다. 즉, 하나의 건물에서 생산과 판매가 동시에 이루어지는 구조였다. 도매상인과 봉제공장과의 끈끈한 관계를 바탕으로 하는 동대문의 '패스트 패션'은 이때부터 싹이 트기 시작했다고 할 수 있다.

평화시장이 들어서자 광장시장에 있던 많은 봉제공장들이 평화시장으로 대거 이동했는데, 이는 광장시장이 현재의 동대문패션타운의 형성에 상당한 기여를 하였다는 점을 시사한다. 봉제공장에서의 노동조건은 매우 열악했다. 당시 봉제공장의 평균 종업원수는 약 17명이었는데, 하루에 14~15시간을 환기도 잘 되지 않는 좁은 공간에서 일해야 했고, 바로 일하던 그 자리에서 새우잠을 자야 했으며, 월급은 매우 적었다. 더욱이 평화시장의 봉제공장주들은 주문이 늘어나자 생산량을 늘리기 위해 그렇지 않아도 좁은 공간에 다락을 설치하여 복층으로 만들었다. 이로 인해 노동자들은 허리를 펴기도 어려운 상태에서 일해야 했다. 견디다 못한 노동자들은 노동환경의 개선을 요구하며 투쟁하기 시작했다. 1970년 11월 노동환경의 개선을 외치며 분신 자살한 전태일 열사도 바로 이 평화시장에 있었던 한 봉제공장에서 일하던 재단사였다.

1980년대에 들어서면서 기성복이 등장하자 평화시장은 기성복을 만들어 판매하면서 엄청난 호황을 누렸다. 1960~1970년대에 서민들은 부유층이 이용하는 '양장점'이나 '양복점'에서 옷을 맞춰 입지 못하고 옷감과 실을 사다가 집에서 옷을 만들어 입는 경우가 많았기 때문에 값싼 기성복의 등장은 엄청난 환영을 받았다. 이처럼 평화시장은 맞춤복에서 기성복으로 전환하는 시대적 흐름을 타면서 크게 성장하였으며, 기성복의 메카의 위치를 차지하며 1980년대를 풍미했다. 동대문 의류의 인기가 높아지면서 상가에 대한 수요가 늘어나자 2~3층에 위치했던 봉제공장들이 상가로 바뀌어갔다. 이에 따라 건물 전체의 임대료가 크게 상승했고, 임대료가 부담스럽게 된 공장들이 1980년대 중반부터 임대료가 싼 인근의 창신동, 신당동, 이화동, 숭인동, 충신동 등에 위치한 주택단지로 이주하여 주택을 공장으로 개조하여 생산하기 시작했다.

평화시장은 3층 건물의 각 층에 가동~마동의 5개의 동이 있는 구조로 되어 있는데, 가동에 위치한 점포의 수가 다른 4개 동에 위치한 점포의 수를 모두 합한 수보다 훨씬 많다. 전체적으로 1,100여 개의 점포가 있으며, 2층에 가장 많은 점포가 있다. 평화시장은 현재 숙녀복을 가장 많이 취급하고 있지만 남성복, 운동복, 작업복, 단체복, 자켓, 청바지, 티셔츠 등은 물론, 한복, 서적, 양말, 우산, 잠옷, 장갑, 신발, 가방, 액세서리, 벨트, 란제리, 타올, 등산복 등 엄청나게 많은 종류의 상품을 취급하고 있다. 특히 1층에 위치한 약 400개 점포 중에서 110여 개의 점포가 모자와 스카프를 취급하고 있다. 평화시장은 설립 초기에는 남녀노소를 가리지 않는 상품구색을 가지고 있었지만 1990년을 기점으로 10~30대 고객을 주된 목표시장으로 삼는 신흥상가가 등장하면서부터는 자연스럽게 주고객이 40~50대 중년층으로 이동하였다. 평화시장은 도매상가이지만 도매와 소매를 병행하는 점포들이 많이 있고, 또한 외국인들에게는 물론이고 내국인에게도 소매로 판매하는 점포들도 있다. 평화시장은 특히 1층에 소매로 물건을 구입하는 외국인 손님들이 많다. 1층에는 모자, 스카프, 구두 등의 패션잡화들이 많은데 평화시장이 2010년대 중반부터 외국인 단체관광의 방문지로 각광을 받으면서 낮시간에는 패션잡화를 사려는 외국인이 매우 많아졌다.

2010년대 이후에 평화시장을 대표하는 품목으로는 단연 모자를 들 수 있다. 2000년대 초에는 평화시장 1층에서 모자를 취급하는 매장은 20여 개에 불과하였지만 2021년 현재 그 수는 110여 개에 달하며, 평화시장의 모자 매장들이 전국 모자 도매상가 매출에서 차지하는 비중은 50%를 넘고 있다. 평화시장에 모자 매장이 밀집해 있는 이유는 내부적인 요인과 외부적인 요인 모두에서 찾아질 수 있다.

내부적인 요인으로는 동대문패션타운의 밤시장 도매상가에서 모자를 취급하던 도매상인들이 상대적으로 자율적인 분위기가 강하고 임대료가 훨씬 저렴한 평화시장으로 모이게 되었다는 점을 들 수 있다. 2000년대의 밤시장 도매상가에서는 모자를 비롯한 패션잡화 매장은 주로 지하층이나 4층 이상의 매장에 위치하고 있었으며, 관리운영자들은 상인들에 대해 지각체크, 품목규제, 중복규제 등 상당히 높은 강도의 규제를 실행하고 있었다. 만일 밤시장의 모자 상인들이 평화시장으로 매장을 옮긴다면 보다 자유로운 분위기에서 장사를 할 수 있었을 뿐만 아니라 장사가 잘 되는 1층에 입점할 수 있었고 또한 임대료도 훨씬 저렴했다. 이러한 상황에서 밤시장 도매상가에서 장사를 크게 하고 있던 몇몇 모자 상인들이 20여 개의 모자상가들이 모여 있었던 평화시장으로 매장을 옮겼다. 평화시장으로 옮겨온 상인들이 훨씬 더 자유로운 분위기에서 장사를 잘 하는 모습을 보이자 많은 중소 모자 도매상인들이 러시를 이루면서 평화시장으로 모여들게 되었다.

외부적인 요인으로는 모자를 비롯한 패션잡화를 취급하는 B2C 온라인쇼핑몰 소호들이 온라인쇼핑이 붐을 이뤄가던 2000년대부터 국립의료원 부근의 훈련원 공원 지하 1~2층 매장에 자리를 잡게 되었다는 점을 들 수 있다. 훈련원 공원은 평화시장에서 남서쪽으로 불과 300~400m의 거리에 있었고 또한 당시에는 평화시장 건물 앞에 주차를 자유롭게 할 수 있었기 때문에 평화시장에서 물건을 구입하는 것이 매우 수월했다. 이에 비해 훈련원 공원에서 밤시장 도매상가에 가려면 평화시장에 비해 거리도 훨씬 멀었을 뿐만 아니라 큰 도로인 장충단로를 건너야 했고 도매상가에 도착해서도 정해진 장소에 주차를 한 후 지하층나 상층으로 이동해서 물건을 구매해야 했다. 즉, 평화시장은 훈련원 공원 지하매장에서 모자를 비롯한 패션잡화를 취급하는 100여 개의 온라인쇼핑몰 소호들에게는 최적의 공급기지로서의 조건을 갖추고 있었다. 이러한 수요처를 바탕으로 평화시장에서의 모자 판매가 늘어나면서 모자매장들이 더욱 늘어나게 되었다.

외부에 공표되는 평화시장의 영업시간은 밤 10시부터 다음 날 저녁 6시까지 20시간으로 되어 있는데, 이는 모든 점포들이 20시간 꼬박 문을 연다는 것을 의미하는 것은 아니고 점포에 따라 영업시간은 다르지만 저녁 6시부터 밤 10시까지는 모든 점포가 문을 닫는다는 것을 뜻한다.

5-2 통일상가

통일상가는 1969년에 설립되었으며, 평화시장, 제일평화 등과 함께 설립시의 명칭을 그대로 유지하고 있다. 이 상가는 설립시부터 동대문에서 유일하게 남성복을 전문적으로 취급해 왔다. 주로 40~50대 남성 고객을 위한 정장, 캐주얼 등을 취급하고 있으며, 아웃도어나 작업복 등도 취급하고 있다. 통일상가는 1990년대 초반까지만 해도 전국에서 가장 잘 나가는 남성복 상가였다. 현재 통일상가에는 의류부자재 점포가 전체 점포의 절반 가까이 차지하고 있다. 통일상가의 주력제품인 남성복이 온라인쇼핑몰이나 주변 상가와의 경쟁에 밀려 빈 매장이 늘어나면서 그 빈 자리가 의류부자재 상점들로 채워진 것이다. 빈 자리가 의류부자재 점포로 채워진 것은 동대문패션타운에서 의류부자재 부문의 최강자인 동대문종합시장의 제품 유형별 점포 구성이 달라진 것과 관련이 있다.

2003년부터 시작된 불황은 소비자들의 DIY(do-it-yourself) 열풍을 몰고 왔는데 이로 인해 옷을 만들기 위해 반드시 필요한 패션 액세서리에 대한 관심도 높아졌다. 이를 계기로 동대문종합시장은 불황의 여파로 인해 수요가 줄어들고 있는 원단과 의류부자재를 취급하는 상가의 수를 줄이고 그 자리를 액세서리와 액세서리부자재로 채우려는 전략을 추진했다. 이를 위해 영업이 부진한 구역에 액세서리와 관련된 점포를 집단으로 이주시키는 작업을 진행하였다. 결과적으로 남대문시장에서 액세서리를 취급하고 있던 많은 상인들을 대거 이주시키면서 성공적으로 액세서리 관련 점포들을 입주시켰고, 또한 상인들뿐반 아니라 일반소비자들도 이곳을 많이 찾게 되면서 사업적으로도 큰 성공을 거두었다. 2020년을 기준으로 동대문종합시장의 A동과 B동의 5층과 6층에 위치한 약 500개의 점포가 액세서리 및 액세서리부자재를 취급하는 점포들로 채워져 있었다.

액세서리를 취급하는 점포가 늘어나면서 5,6층에 점포를 가지고 있던 의류부자재 상인들은 아래층으로 내려가야 했는데 아래층으로 내려가면 더 많은 임대료를 내야했기 때문에 상당히 곤란한 상황에 빠지게 되었다. 이 시점에 통일상가는 늘어나는 빈 점포를 채울 목적으로 곤란한 상황에 빠진 동대문종합시장의 의류부자재 상인들을 적극적으로 영입하기 시작했다. 동대문종합시장에 비해 임대료가 훨씬 저렴했던 통일상가는 이들에게 동대문종합시장이나 동화상가와 마찬가지로 1층에 의류부자재 점포를 개설해주겠다는 조건을 내걸었다. 그 결과 많은 의류부자재 상인들이 동대문종합시장에서 통일상가로 이주하였다.

현재 통일상가의 1층은 의류부자재 점포도 많지만 남성복 매장도 같이 운영되고 있다. 1층에 남성복 매장이 같이 운영되고 있는 이유는 2,3층으로 올라가기를 거부한 남성복 상인들 중에는 점포를 소유하고 있는 상인들이 상당수 있었는데 이들을 강제로 2,3층으로 올라가게 할 수는 없었기 때문이다. 통일상가는 약 300개의 점포로 구성된 비교적 작은 도매상가로 지상 3층이며, 각 층은 A동, B동, C동으로 나누어져 있다. 1층에 165개, 2층에 72개, 3층에 59개의 점포가 있고, 동별로 보면 A동 82개, B동 144개, C동 70개의 점포가 있다. 품목별로 보면 1층 A/B동은 남성복 및 의류부자재, 2층 A/B동은 남성복 및 아웃도어, 3층 A/B동은 남성복 및 작업복, 그리고 1,2층의 C동은 의류부자재를 취급하는 점포들로 채워져 있다.

5-3 신평화패션타운

1969년 설립 당시의 명칭은 '성동상가'였으며, 1978년 7월에 '신평화시장'으로 명칭을 바꾸었고, 1999년 1월에는 다시 현재의 '신평화패션타운'으로 개칭되었다. 신평화패션타운은 지하 1층~지상 4층의 5개 층으로 이루어져 있으며, 약 1,000개의 점포가 입점해 있다. 지하층에는 국내 최대 규모의 특수복 상가가 있다. 이곳에는 스포츠댄스복, 밸리복, 홀복, 무대복, 파티복, 요가복 등을 취급하는 70여 개의 점포가 있으며, 전국적으로 상당히 유명하다.

1층은 속옷, 란제리, 내의, 양말, 모자, 수건, 지갑, 벨트, 스포츠의류 등 다양한 잡화를 취급하는 160여 개의 매장들이 있다. 여기에서는 도매를 위주로 하지만 주간에는 소매 판매도 이루어진다. 1층 매장의 일부는 외곽 매장으로 행인들이 다니는 길 쪽으로 문을 내고 있는 매장들이며 주로 스포츠의류와 스포츠용품을 취급하고 있다. 260여 개의 점포가 있는 2층에서는 주로 여성의류를 취급하고 있다. 3층에도 260여 개의 점포가 있는데 남성 캐주얼과 중년 여성들을 위한 의류를 많이 취급하고 있다. 200여 개의 점포가 있는 4층은 '수출전문특구'로 주로 일본의 바이어들이 많이 찾고 있다. 4층 점포의 형태는 다른 층의 점포들과는 달리 안쪽에는 옷들이 진열되어 있고 복도 쪽으로는 긴 책상과 의자들을 배치해서 바이어들이 편하고 신속하게 상담을 할 수 있도록 되어 있다. 영업시간은 지하 1층과 1층은 밤 9시~오후 5시, 2~3층은 밤 9시~오전 10시이며, 4층은 오전 9시~오후 4시이다.

5-4 동평화패션타운

동평화패션타운은 본관과 신관으로 나누어진다. 본관은 1976년 '동평화시장'으로 시작된 건물이고, 신관은 2005년 라벨 점포, 아파트, 식당, 창고, 사무실 등이 있었던 7층 건물의 1~3층을 의류상가로 개조하면서 시작되었다. 신관은 본관의 남동쪽에 있는 비교적 규모가 작은 건물이다. 본관은 주로 40~50대 고객을 타깃으로 하는 반면, 신관은 20~30대 젊은층을 타깃으로 하는 상품구색을 갖추고 있다.

본관은 지하 1층~지상 6층 규모의 건물이며 패션관련 매장은 지하 1층~지상 4층의 5개 층에 위치하고 있다. 5개 층은 각각 가동, 나동, 다동의 3개 구역으로 나누어져 있다. 전체적으로 약 900개의 상점이 있으며, 절반 이상의 점포가 나동에 위치하고 있다. 이 상가는 주간, 야간 모두 영업을 하고, 또한 도매는 물론 소매도 가능하기 때문에 소매상이나 사입삼촌은 물론, 관광을 목적으로 우리나라에 온 외국인이나 내국인 일반소비자들도 편한 시간에 구매가 가능하다. 40~50대의 남성 및 여성을 위한 의류를 가장 많이 취급하고 있지만 캐주얼, 가방, 신발, 직업복, 등산복, 액세서리, 아동복, 운동복, 이불, 잠바, 란제리, 청바지, 밍크, 양말, 모자 등 취급하는 품목이 매우 다양하다. 전통상가 중에서 평화시장과 함께 가장 다양한 품목을 취급하고 있는 상가라고 할 수 있다.

2005년부터 영업을 시작한 신관은 3개 층으로 이루어져 있으며, 1층은 신흥상가와 비슷한 이미지의 매장들로 여성용 영캐주얼, 액세서리, 패션잡화 등을 취급하고 있으며, 2층과 3층은 수출하는 의류를 취급하는 보세의류 전문점으로 운영되고 있다. 보세의류는 원래는 원단을 수입하여 의류를 제조하는 업체에 대해 수출을 해서 돈을 벌 때까지 관세를 유보시켜 주었던 제도의 혜택을 받고 만들어진 의류를 의미한다. 따라서 계획대로 수출이 모두 이루어졌다면 국내 소비자들이 보세의류를 접할 기회는 없었겠지만 수출이 되어야 할 의류의 일부가 운영이 어려운 의류제조업체에 의해 동대문시장을 중심으로 국내에 풀리면서 이 의류들이 '보세의류'로 불리게 되었다. 그래서 보세의류는 품질도 좋고 가격도 저렴하다는 이미지를 가지고 있었다.

이 보세제도는 1970년대에 정부가 가공무역을 증진시키기 위해 만들었으며, 1980년대에 들면서 없어졌다. 제도는 사라졌지만 보세의류라는 이름은 그대로 남아서 두 가지 의미로 쓰이고 있다. 넓은 의미의 보세의류는 동대문 지역에서 팔리고 있는 브랜드가 없는 저가의 의류를 지칭했고, 좁은 의미의 보세의류는 동대문 지역에서 수출용으로 만들어진 의류를 지칭했다. 그런데 동평화패션타운 신관의 '보세의류 전문관'의 보세의류는 수출용으로 만들어진 의류를 의미한다. 예전부터 봉제공장에서 수출용으로 유명브랜드를 OEM으로 생산할 때 불량에 대비하여 여분으로 의류를 생산하는 것이 관행처럼 되어 있었는데 동평화시장은 이렇게 여분으로 생산된 의류를 모아서 유명브랜드 라벨을 제거한 뒤 저렴한 가격에 판매하는 것으로 유명했다. 그래서 이 상가는 오래 전부터 제품은 유명 브랜드에 버금가는 품질이면서, 가격은 매우 저렴하다는 평판이 많았다. 동평화패션타운은 신관이 만들어지기 이전에 본관에서 보세의류를 취급하고 있던 점포들을 이동시키고, 또한 더 많은 점포를 유치하여 신관의 2층과 3층으로 보세의류 전문관으로 운영하고 있다. 영업시간은 본관 1,2,3층과 신관 2,3층은 오전 9시~저녁 6시, 본관 지하 1층은 저녁 9시~오전 10시, 본관 4층은 새벽 5시 30분~오후 5시, 신관 1층은 자정~정오이지만 일부 구역들은 다른 시간대로 운영되기도 한다.

5-5 제일평화

제일평화는 1979년에 '제일평화시장'이라는 이름으로 설립되었는데, 설립 당시에는 지하 1층~지상 3층의 규모였으나 2013년의 증축을 거쳐 현재는 지하 1층~지상 6층의 7개층으로 이루어져 있다. 도매와 소매를 병행하고 있으며, 이에 따라 영업시간도 이원화되어 있다. 도매 영업시간은 저녁 8시~새벽 5시이며 소매 영업시간은 오전 9시~오후 5시 30분이다. 5층은 모피와 피혁제품, 3층은 여성복과 아동복을 취급하고 있고, 지하 1층~2층과 4층에서는 잡화를 취급하는 점포도 일부 있지만 대부분 여성의류가 판매되고 있다. 5층의 점포수는 약 50개이고, 지하 1층~4층의 점포수는 800여 개이다. 즉, 제일평화는 모피, 아동복, 잡화 등도 취급하고 있지만 기본적으로 여성의류 상가라고 할 수 있다.

이 상가 의류의 주고객은 20~50대 여성으로 10~20대 여성의 영캐주얼을 주로 취급하고 있는 것은 아니지만 차별화되고 세련된 디자인의 의류로 상당한 지명도를 가지고 있다. 이는 제일평화의 운영관리 주체가 디자인을 스스로 해결할 수 있고, 국산 원부자재만을 사용하여 생산하는 상인들만 입점시킨다는 원칙을 고수해오고 있기 때문이다. 그래서 중국 등지에서 가져온 의류를 이곳에서는 팔 수가 없고, 원칙에 위배되는 행위를 하는 상인은 퇴출될 수 있다. 이러한 원칙 때문에 실력이 있는 상인들만이 점포를 유지할 수 있었고 그 결과 시간이 지나면서 '제일평화는 재래시장의 백화점', '제일평화는 한번 오면 후회하지 않는다'는 등의 입소문으로 이어졌다. 백화점에 입점해 있는 의류업체들이 '상표교체 방식'의 주문을 할 목적으로 동대문에서 의류를 구입할 때 이 상가를 가장 많이 찾는 것으로 알려져 있다. 이는 이 상가 의류의 가격이 상대적으로 높음에도 불구하고 구입한 가격의 몇 배의 가격을 받고 되팔더라도 소비자들이 유명메이커가 생산한 의류가 아니라는 것을 식별해내기가 어려울 정도로 디자인, 원단, 봉제 등이 우수하다는 점을 시사한다.

또한 제일평화는 역으로 백화점에서 유행하는 의류를 동대문의 기술로 생산하여 훨씬 싼 가격에 판매하는 경우도 있는 것으로 알려져 있다. 그런데 2019년 11월 22일 제일평화에서 대형화재가 발생하면서 3층이 전소되는 등 큰 피해를 입었다. 화재가 진화된 후 대부분의 제일평화 상인들은 맥스타일, 광희패션몰 등 주변에 위치한 상가로 이전하여 영업을 이어갔으며, 제일평화에서는 복원공사와 리모델링 공사가 이루어졌다. 복원과 리모델링에 소요되는 비용은 점포주들의 분담에 의해 조달되었으며, 2020년 4월 1일에 임시 개장하여 운영상의 문제점은 없는지를 점검한 뒤 2020년 4월 27일에 정식 재개장하였다.

각 점포마다 스프링클러가 설치되고, 조명 · 바닥 · 화장실 등이 최신 설비로 교체되면서 보다 안전하고 쾌적하게 쇼핑을 즐길 수 있는 환경이 조성되었다. 또한 제일평화의 점포주들은 화재와 코로나19로 어려움에 빠진 입점 상인들을 지원하기 위해 재개장부터 4개월간 임대료 면제와 2020년 말까지 임대료 30% 인하를 실시했다.

5-6 패션남평화

패션남평화는 1980년 남평화시장이라는 이름으로 설립되었다. 설립 이후 줄곧 가방 도매의 대표적인 상가로 성장하여 왔다. 패션남평화는 지하 1층에서 지상 3층의 4개 층으로 이루어져 있으며, 2020년을 기준으로 지하 1층과 1층에는 가방 매장 250여 개, 2층과 3층에는 의류 매장 300여 개가 입점해 있다. 패션남평화는 2010년대에 중국산 가방이 밀려오기 전까지 전국 가방유통 물량의 90% 이상을 차지하기도 하였으며, 지금도 전국 가방유통 물량의 약 70%를 책임지고 있다. 의류 매장에서는 여성 및 남성의류를 모두 취급하고 있는데 30대~50대 여성의류가 전체 의류 매장의 15~20%를 차지하고 있고, 20~30대 남성 캐주얼이 80% 이상을 차지하고 있다. 즉, 패션남평화의 의류는 젊은 남성을 겨냥한 캐주얼이 강한 편이며, 특히 3층은 '진'에 특화되어 있는 매장으로 유명하다. 패션남평화는 '수직생산'의 개념을 강조하고 있다. 수직생산은 각 점포가 독특한 디자인의 제품 라인을 갖는 것을 의미한다. 이는 여러 매장이 비슷한 디자인의 제품을 판매하는 것을 '수평생산'과 대비되는 개념이다. 의류 매장은 밤시장(20시

~6시)으로 운영되고 있으며, 가방 매장은 낮시장(24시~12시)으로 운영되고 있다.

5-7 광희패션몰

광희패션몰은 1980년 '광희시장'이라는 이름으로 설립되었다. 설립 당시에는 지하 1층~지상 3층의 4개 층으로 이루어진 구조였는데, 2013년 2월에 3층을 리모델링하고 4~6층을 증축하는 과정을 거쳐 7층 규모의 상가로 재개장하였다. 재개장을 하면서부터 2~5층은 상가 운영관리 전문 회사인 퀸즈스퀘어(Queen's Square)가 일괄임대차 계약을 맺고 운영관리를 하고 있다. 퀸즈스퀘어에는 apM 그룹 산하의 도매상가에서 근무했던 경력이 있는 직원들이 다수 있고, 또한 광희패션몰의 2~5층과 apM 계열의 상가 양쪽 모두에서 점포를 운영하는 상인들도 있다. 이러한 이유로 퀸즈스퀘어의 경영 스타일이나 입점 상인들의 성향은 apM 그룹 도매상가들과 상당히 유사하다. 나머지 지하 1층, 1층, 6층은 광희패션몰 지주회(구분소유자들의 모임)에서 직접 운영하고 있다.

광희패션몰에는 7개의 층에 650여 개의 매장이 있으며, 이 가운데 퀸즈스퀘어가 운영하는 2~5층에 약 340개의 매장이 있다. 2층에는 약 130개의 점포가 들어서 있고, 3층에는 90여 개가 있지만 증축을 거친 4,5층에는 각각 약 60개의 매장들이 들어서 있어서 2~3층에 비해 널찍한 공간에서 판매가 이루어지고 있다. 광희패션몰 지주회가 직접 운영하는 지하 1층이나 지상 1층이 다른 전통상가와 마찬가지로 다양한 품목들을 취급하고 있는 반면, 퀸즈스퀘어가 운영관리를 하고 있는 2~5층은 apM 계열의 상가들과 유사하게 트렌디한 여성용 영캐주얼을 취급하고 있다. 지하 1층과 지상 1층에는 약 250개의 점포가 있으며 여성복뿐만 아니라 가방, 잡화, 남성복, 니트, 청바지, 면바지 등도 같이 취급하고 있다. 이곳에서의 여성복은 2~5층과는 달리 주로 30~40대 미시여성을 대상으로 하는 의류를 취급하고 있다. 6층의 매장에서 팔리고 있는 가죽, 모피, 무스탕류의 제품은 전통적으로 유명한 광희패션몰의 상품이다. 여기에는 약 40개의 매장들이 널찍하게 늘어서 있고 백화점에 뒤지지 않는 화려한 분위기를 연출하고 있다.

퀸즈스퀘어는 동대문패션타운에 라이브커머스가 출현하기 시작한 2018년부터 라이브커머스를 통한 소비자와의 직거래가 불황을 이겨낼 수 있는 활로가 될 수 있을 것이라는 판단하에 이를 선점하기 위한 노력을 기울여왔다. 이의 일환으로 퀸즈스퀘어는 2018년 11월 알리바바그룹 산하의 해외직구서비스 회사인 타오바오글로벌과 공식파트너 관계를 맺고 라이브커머스를 활용해 매장의 의류를 판매하기 행사를 개최하였다. '퀸즈데이'라고 명명되었던 이 행사는 2018년 11월 16일 첫 방송이 이루어졌는데 60여 팀의 왕홍이 밤 8시부터 다음날 새벽 5시까지 쇼핑몰 전 층을 돌며 타오바오라이브 방송을 진행하여 약 20억원 상당의 의류를 중국 소비자들에게 판매하였다.

또한 퀸즈스퀘어는 '퀸즈몰'이라는 명칭의 자체 온라인쇼핑몰을 구축하고 여기에 업로드된 상인들의 의류 사진을 웨이신, 한도엄선(韩都严选) 등 다양한 해외 플랫폼에 연계시켜 판매가 이루어질 수 있도록 하는 노력도 기울였다. 이러한 노력을 바탕으로 2020년 초를 기준으로 퀸즈스퀘어 고객의 60% 이상이 중국 고객이고 40%가 내국인 고객이며, 매출도 비슷한 비율로 이루어졌다. 2층과 3층에는 생중계를 진행할 수 있는 위한 스튜디오도 마련되었다. 이곳에서는 입점 상인들이 홍보용 사진을 찍기도 하고 왕홍들이 선택한 의류를 가져다가 생방송을 진행하기도 하였다. 코로나19가 발발한 2020년 이후에도 특히 5층 매장을 중심으로 라이브커머스가 비교적 활발하게 이루어지고 있으며, 중국인들이 가장 많지만 대만, 싱가포르, 필리핀, 카자흐스탄 등 다양한 국가의 BJ들이 활동하고 있다.

5-8 벨포스트

벨포스트는 1980년에 '운동장평화시장'이라는 이름으로 출발하였으며, 지하 1층~지상 3층의 4개 층으로 운영되고 있다. 벨포스트(BELPOST)는 "아름다운 공간'이라는 의미를 담고 있다. 영업시간은 저녁 8시~새벽 5시이며, 1층에는 아침 9시~오후 5시에 운영되는 매장도 있다. 지하 1층은 70여 개 매장에서 미시캐주얼, 골프웨어, 아웃도어, 1층은 60개 매장에서 여성정장과 여성 영캐주얼, 2층은 60여 개 매장에서 여성 영캐주얼과 남성 영캐주얼, 3층은 60여 개 매장에서 남성 영캐주얼을 취급하고 있고 있다. 설립 이래 30년 이상을 다양한 연령층(20~50대)의 여성을 위한 의복을 취급해 오다가 2013년 남성복 시장의 공략을 위해 3층에 남성복 전용 매장을 설치하였는데, 이것이 어느 정도 성공적으로 정착하면서 2019년에는 남성복 매장을 2층까지 확대하였다.

이 도매상가의 매장수는 230여 개로 다른 밤시장 도매상가에 비해 규모가 워낙 작았기 때문에 경쟁력 확보 차원에서 온라인 사업을 동대문패션타운에서 가장 빨리 시작하였으며, 이를 위해 2017년 무렵부터 상가에서 직접 운영하는 온라인사업부를 두고 있었다. 이 사업부에서는 스튜디오에서 의류를 촬영하여 자사의 중국어판 인터넷 사이트에 올리는 등 입점상인의 판매증진을 위한 홍보활동을 전개하였다. 당시에는 동대문패션타운의 도매상가 중에서 직접 운영하는 온라인사업부를 두고 있는 도매상가는 벨포스트와 apM 계열의 상가들에 불과했다. 벨포스트는 온라인 사업을 위한 시스템이 잘 갖춰져 있었으며, 해외판매를 위한 배송시스템도 잘 갖춰져 있었다. 온라인 사업을 활발히 전개한 결과 중국, 홍콩, 대만 등의 중화권에서 지명도가 높은 편이며, 주거래 고객 중에 중화권의 고객들이 많다. 온라인 사업을 통한 중화권 고객의 확보는 이 상가가 활성화된 가장 주된 이유라고 할 수 있으며, 온라인쇼핑몰을 운영하려는 사업자가 반드시 찾게 되는 도매상가가 되었다. 그런데 코로나19로 해외사업이 크게 타격을 받으면서 온라인 사업부문은 축소되었으며, 대신 일부 시설을 개보수하고 다각도로 상가 활성화 방안을 모색하는 등 오프라인 중심의 사업을 전개하고 있다. 하지만 코로나19가 잠잠해지면 과거의 저력을 바탕으로 다시 온라인 사업이 활발하게 재개될 수 있을 것으로 예상되고 있다

5-9 청평화패션몰

청평화패션몰은 1984년 삼풍건설이 자사가 가지고 있던 부지에 상가

를 신축하면서 시작되었다. 설립 당시의 명칭은 청평화시장이며, '평화' 계열의 전통상가 중에서 가장 동쪽에 위치해 있고, 또한 가장 늦게 설립되었다. 설립 당시에는 지하 1층~지상 3층 규모였으나 2003년에 4층, 2005년에는 5층을 증축하여 점포를 개설하였다. 현재 청평화패션몰에는 지하 1층에서 지상 5층까지의 6개 층에 약 1,200여 개의 점포가 입점해 있다. 액세서리, 잡화 등을 취급하는 점포들도 있지만 거의 대부분이 여성의류를 취급하고 있다. 1층은 특히 니트의류로 많이 알려져 있고, 2층은 미시여성 대상의 점포들이 많으며, 4층과 5층은 젊은 여성 대상의 영캐주얼 점포로 채워져 있다.

청평화시장을 신축한 삼풍건설은 삼풍백화점, 여미지식물원, 청평화시장, 숭의학원 등을 소유하고 있던 건설회사이다. 1995년에 삼풍백화점이 붕괴하자 청평화시장의 소유권은 1996년에 피해자들에 대한 보상금을 선지급한 서울시로 넘어갔다. 그리고 우여곡절 끝에 청평화시장은 2000년에 공매 과정에서 601억원을 써낸 청평화시장의 상인들에게 낙찰되었다. 청평화시장은 평화시장이라는 강력한 시장선도자가 이미 존재하고 있었고, 또한 더 좋은 시설과 선진화된 운영방식으로 무장된 신흥상가들이 속속 등장하는 경쟁환경에서 살아남기 위해 다양한 변신을 시도해 왔다. 초기의 청평화시장은 '땡(재고)처리' 전문상가로 유명했다. 청평화시장의 상인들은 다른 도매상가에서 팔고 남은 재고상품을 싼 값에 구입해서 기존 가격의 30~70%에 판매했다. 이는 지방상인은 물론 백화점의 행사매장 담당자들로부터도 큰 인기를 얻었다. 수요가 넘쳐나자 일부 청평화시장 상인들은 아예 땡처리 상품을 자체 제작하여 팔기도 했다. 이처럼 현재 청평화패션몰이 가지고 있는 '상품이 저렴하다'는 이미지는 이미 오래 전부터 형성되어 왔던 것이다.

2003년은 청평화시장 발전의 전환점이 되는 시기였다고 할 수 있다. 동대문패션타운은 1990년대 후반부터 2002년에 이르는 시기에 큰 호황을 누렸지만 2003년에 들면서 심각한 불황을 겪고 있었다. 이때 디자이너클럽, 누존, apM, 밀리오레 밸리(현 팀204) 등 신흥상가의 많은 젊은 상인들이 대거 이탈하였는데 이들 중 상당수가 청평화시장으로 유입되었다. 이는 청평화시장의 임대료가 다른 상가에 비해 훨씬 저렴했기 때문이다. 젊은 상인들의 대량 유입은 자연스럽게 최신 유행의 신상품의 개발로 이어졌고, 그러면서 서서히 땡처리 전문상가로서의 이미지를 벗게 되었다. 또한 청평화시장은 도매상가의 수익성을 심각하게 위협하는 존재였던 '반품'을 불식시키기 위해 완사입(반품불가 사입)을 제도화시킨 도매상가이기도 하다. 완사입은 동대문 도매시장에 이미 존재하고 있었지만 청평화시장은 이를 상가의 규율로 정해놓고 실행에 옮겼다. 결국 2003년부터 청평화시장의 젊은 상인들은 재고상품을 취급하지 않고, 신상품을 개발하여 박리다매와 완사입을 통한 수익성 제고를 도모하는 문화가 정착되기 시작하였다.

영업시간을 변경하는 것도 청평화시장의 주된 전략 중의 하나였다. 2005년에는 새벽 4시~오후 3시로 영업시간을 변경하였는데 이는 대체로 저녁 9시에 문을 열고 새벽 5시에 문을 닫는 다른 도매상가들과의 경쟁을 피하는 한편, 당시에 빠른 속도로 성장하고 있던 온라인쇼핑몰 업체들을 공략하기 위한 전략이었다. 청평화패션몰은 이 전략으로 매출실적에 상당한 개선을 이룰 수 있었다. 온라인 의류 쇼핑몰 회사들이 주고객이 되면서 자연스럽게 상품구색도 온라인 의류 쇼핑몰의 주고객인 10~20대 여성을 타깃으로 하는 여성 영캐주얼에 집중하게 되었다. 그런데 2010년에 바로 옆 상가인 디오트가 영업시간을 밤시장에서 밤 12시~오후 2시로 전환하면서 온라인쇼핑몰을 운영하는 많은 업체들이 청평화패션몰보다 더 좋은 시설을 갖추고 있었던 디오트로 옮겨가는 현상이 발생하였다. 그러자 청평화패션몰도 디오트와 같이 영업시간을 밤 12시~오후 2시로 변경하였다. 그 후 2년 뒤인 2012년에 디오트가 영업시간을 2시간 줄여 자정~정오로 변경하면서 다시 디오트와 같은 시간대로 조정하였다. 청평화패션몰과 디오트는 아주 근접해 있으면서 온라인 의류 쇼핑몰 업체를 대상으로 하는 낮시간 영업, 여성 영캐주얼 주력, 밤시장에 비해 저렴한 가격 등의 전략을 구사하는 비슷한 유형의 도매상가이다. 그래서 두 상가는 치열하게 경쟁하는 관계에 있다.

그런데 시설적인 면에서 상당히 차이가 있다. 예를 들어 2006년에 지어진 디오트는 건물 양편에 엘리베이터가 있고, 중앙에는 에스컬레이터가 있어서 이동하기가 수월한 반면 1984년에 지어진 청평화패션몰에는 엘리베이터는 있지만 중앙에는 에스컬레이터가 없기 때문에 걸어서 계단으로 이동해야 한다. 그 결과 특히 젊은층들이 청평화패션몰보다는 디오트로 몰리는 경향이 있다. 낮시장의 주고객인 온라인쇼핑몰 업체 간의 가격 경쟁이 치열해지면서 낮시장 점포 간에도 가격 경쟁이 심해질 수밖에 없었고, 이는 낮시장 도매상인들의 중국산 의류에 대한 의존도가 높아지는 결과를 초래하였다. 이러한 경향은 2017년 사드 사태 이후에 영업이 힘들어지면서 더욱 심해졌다. 청평화패션몰은 동대문 지역에서는 물론 우리나라 전체에서도 평당 기준시가가 가장 비싼 상가 중의 하나이다. 2005년 국세청의 상업용 건물 기준시가 조사가 시작된 이래 계속 상위를 유지하고 있고, 여러 번 수위에 오르기도 했으며, 경기침체와 코로나19로 동대문패션타운이 침체되어 있던 2020년에도 2위에 올랐다. 청평화패션몰은 코로나19로 인해 어려움을 겪고 있는 입점 상인들을 위해 상가 내에 온라인 촬영 스튜디오를 개설하여 편의를 제공하고 있으며, 또한 매출이 대폭 감소한 도매상인들의 요청에 따라 대부분의 점포주들이 임대료를 코로나19 이전 대비 60%까지 인하하였다.

6절 신흥상가

6-1 아트프라자

동대문 최초의 현대식 패션몰이라고 할 수 있는 아트프라자는 1990년 남대문시장 출신의 30대 젊은 도매상인들을 대거 영입하면서 시작되었다. 당시에 남대문시장은 고급의류, 동대문시장은 저가의류라는 인식이 굳건히 자리잡고 있었는데, 아트프라자는 이렇게 견고하게 형성되어 있는 남대문 우위의 판도를 동대문 우위로 바꾸는데 실질적인 역할을 하였다. 아트프라자는 상당히 신선하고 파격적인 전략을 채택하였다. 먼저 상품 구색에 있어서 패션에 대한 인식이 높아지던 시대적 변화를 배경으로 캐주얼 상품을 경쟁력 있는 가격에 공급하는 데 주력하였다. 즉, 유행에 민감한 캐주얼 상품을 동대문 특유의 스피디한 생산시스템과 결합시켜 항상 새로운 디자인이 매장에 전시될 수 있도록 하였다. 이러한 의미에서 아트프라자는 현재 동대문 상가의 '패스트 패션' 이미지를 처음으로 뿌리내리게 한 도매상가라고 할 수 있다. 이 상가의 경영이념인 '다품종 소량생산', '제품생산주기의 최소화', '고품질 저가격'은 바로 이러한 자부심의 표현이라고 할 수 있다.

또한 아트프라자는 모든 상가가 새벽 5시에 문을 여는 당시의 관례를 깨고 새벽 3시에 문을 열었고, 지방에서 올라오는 전세버스를 동대문으로 적극 유치하는 전략을 실행에 옮겼다. 이를 통해 당시 전체 동대문 상가 매출의 60~70%를 차지하고 있던 지방 및 서울 외곽지역의 소매상인들을 대량으로 유치할 수 있게 되었다. 이러한 아트프라자의 활약으로 동대문은 현대화된 패션중심지로서의 입지를 다지게 되었으며, 남대문시장과의 경쟁에서도 우위를 점하게 되었다. 현재 아트프라자는 전형적인 밤시장(저녁 8시~새벽 5시)으로 운영되고 있으며, 30~50대 여성을 위한 전문 패션몰로 포지셔닝하고 있다. 지하 2층~지상 5층의 7개 층으로 이루어져 있으며, 지하 2층은 주차장, 지상 4층과 5층은 사무실 등으로 쓰이고 있으며, 나머지 지하 1층~지상 3층은 모두 여성의류 매장으로 채워져 있다. 400여 개의 매장이 있으며, 지하 1층은 매장 면적이 지상 층들에 비해 작고, 매장수는 지상 층들에 비해 2개 가까이 많다.

6-2 디자이너클럽

1994년에 설립된 디자이너클럽은 아트프라자 바로 다음으로 동대문 패션타운에 지어진 신흥상가이다. 아트프라자가 남대문 상인들을 대거 입주시키면서 시작되었기 때문에 디자이너클럽이 설립되자 남대문 시장은 상인들의 이탈을 막기 위해 많은 노력을 기울였고, 따라서 디자이너클럽은 설립 초기에 상인 확보에 많은 어려움을 겪었다. 그러다 눈을 돌린 것이 청년 디자이너들이다. 디자이너클럽은 도매상인에 고용되어 일하면서 어느 정도 경력을 쌓고 있던 젊은 디자이너들 중에 자금이 없어 자신의 점포를 열지 못하고 있던 청년 디자이너들에게 좋은 조건을 제시하면서 대거 영입하였다. 즉, 디자이너클럽은 전문 디자이너들을 상인으로 전환시키는 정책을 실현한 최초의 도매상가라고 할 수 있다. 이 신흥상가의 표어인 “우리가 만들면 유행이 됩니다”가 시사하듯 디자인 파워를 강점으로 내세우고 있으며, 20~30대 여성을 대상으로 하는 영캐주얼을 주로 취급하고 있다. 지하 2층~지상 5층의 7개 층으로 구성되어 있는데 지하 2층의 약 60개 점포는 패션잡화(액세서리, 주얼리 등)를 취급하고 있고, 나머지 6개 층의 약 360개 매장은 모두 여성의류를 취급하고 있으며, 전형적인 밤시장으로 운영되고 있다.

6-3 스튜디오W

스튜디오W는 1996년에 설립된 우노꼬레(UnoCore)를 전신으로 하고 있다. 우노꼬레는 서황개발㈜이 건립한 지하 8층, 지상 15층의 도매상가로 신흥상가로서는 최초로 남성복 전문매장을 개장했다. 또한 동대문패션타운에서 처음으로 공동브랜드를 도입하였는데 여성복은 우노꼬레 페르돈나', 남성복은 우노꼬레 푸오모'라는 공동브랜드를 사용했다. 남대문시장 상인들의 동대문시장으로의 집단 이동으로 인해 두 시장 간의 갈등이 본격화된 것도 바로 우노꼬레가 남성복 매장을 개장할 때 남대문시장의 남성복 전문 상가인 시티보이상가의 상인 1백여 명을 집단으로 이주시키면서 시작되었다. 그런데 우노꼬레는 개장 후 한때 성업을 이루었으나 1997년에 불어닥친 외환위기를 넘기지 못하고 1998년에 부도를 맞았다. 이는 1년 단위의 임대분양을 받은 우노꼬레의 상인들이 장사가 안 되자 임대계약 연장을 하는 대신 한꺼번에 임대보증금 반환을 요구했는데 우노꼬레가 이에 부응하지 못했기 때문이다. 결국 우노꼬레의 운영권은 2000년에 법원의 경매절차를 거쳐 우노꼬레 상인들의 모임인 상우회에 넘어갔다. 우노꼬레는 2002년 개보수를 거쳐 '올레오'라는 이름으로 재개장했다.

올레오는 재개장하면서 명품브랜드를 저렴하게 판매하는 매장, 일본패션잡화 전문매장 등 특색 있는 매장 등을 도입하기도 하였다. 그러나 올레오도 여전히 영업이 잘 되지 않았고, 이를 개선하기 위해 2008년에는 잘 나가고 있던 바로 옆에 위치한 상가인 테크노상가에서 상가운영회장을 영입하는 한편 분위기 쇄신을 위해 상가 이름도 '유니온30'으로 바꾸었었다. 그러나 영입한 상가운영회장이 테크노상가와 관련된 이권을 둘러싸고 다른 상인들과 갈등을 빚으면서 자살하는 사건이 일어났으며, 이로 인해 유니온30은 다시 어수선한 분위기가 되고 말았다. 2010년에는 리뉴얼을 거쳐 상가명을 다시 스튜디오W로 개명하였다. 상가의 이름이 우노꼬레(1996) → 올레오(2002) → 유니온30(2008) → 스튜디오W(2010)로 10여 년 동안 3번이나 바뀌었으며 지금도 '올레오'라는 명칭을 쓰는 사람들이 많다. 현재 이 상가는 지하 1층은 수입의류와 잡화, 1층과 2층은 20~40대 여성을 위한 여성복, 3~5층은 남성복 매장과 빅사이즈 매장으로 이루어져 있다. 설립 초기와 마찬가지로 남성복 매장을 많이 운영하고 있다는 특징이 있다. 이 상가에는 약 460개의 점포가 있으며, 남성복 매장이 그 절반을 차지하고 있다. 이 상가는 전형적인 밤시장으로 영업시간은 저녁 9시부터 아침 5시까지이다.

6-4 팀204

팀204는 남대문시장의 상인에서 시작하여 상가의 개발 및 운영사업자로 변신한 성창F&D의 유종환 대표에 의해 1996년에 설립되었다. 남대문시장의 거상이었던 유종환 대표는 팀204를 설립하기 전까지는 남대문시장에서 니트류 도매업을 하고 있었다. 팀204는 유종환 대표가 동대문, 명동, 신촌, 부산, 대구, 광주, 수원 등지에 설립한 7개 상가 중 가장 먼저 설립한 상가이면서 유일한 도매상가이다. 유종환 대표는 남대문시장에서 탄탄한 기반을 가지고 있었기 때문에 비교적 손쉽게 남대문시장의 우수한 여성의류 전문 상인들과 디자이너들을 대거 영입할 수 있었다. 성창F&B는 2000년에 팀204의 이름을 부산, 대구, 광주 등 지방에 소재하고 있는 밀리오레 체인점의 상품공급 기지로 활용하기 위해 '밀리오레 밸리'로 바꾸기도 하였다. 팀204는 여성 정장의류의 고급화를 추구하면서 동대문의 의류시장이 패션지향적인 모습을 갖추는데 있어서 중요한 역할을 수행하였다.

그러나 2000년대 중반에 들어서면서 시장 경기의 침체, 도매시장 간의 경쟁 심화 등으로 심한 운영난을 겪으면서 상인들이 대량으로 이탈하는 현상이 발생하였다. 여기에 모기업이라고 할 수 있는 성창 F&D의 어려운 자금 사정이 겹치면서 결국 2007년에 매각이 되었다. 팀204는 어려워진 상황을 극복하기 위해 2009년에 의류 사업을 접고 구두 및 잡화 전문 도매상가로의 리포지셔닝을 단행했으며, 구두와 연관성이 많은 특수복(파티복, 홀복 등)도 같이 취급하기 시작했다. 2012년에는 아동복도 취급하기 시작하면서 엘리시움과 함께 동대문의 아동복 전문상가로서의 이미지 구축을 동시에 추구하고 있다. 시간이 지나면서 팀204는 구두전문 도매상가로서의 이미지를 구축하는데 일정한 성공을 거두었다. 현재 지하 1층~지상 2층은 구두 및 잡화 매장, 3층은 아동복 매장, 4층과 5층은 특수복 매장으로 운영되고 있다.

6-5 테크노상가

테크노상가는 1996년에 천우개발이라는 업체가 설립한 MC프라자를 전신으로 하고 있으며, 1999년 테크노상가로 개명되었다. 테크노상가라는 이름은 새롭고 최신의 이미지를 부각시키기 위한 목적으로 지어졌다. 원래 테크노상가는 청평화시장 및 동평화시장과 함께 2000년대 초까지 동대문의 재고상품을 판매하는 '땡처리' 전문 도매상가로 유명했다. 1990년대 후반 외환위기로 촉발된 실물경기의 위축으로 소비자들의 실속 구매가 증가하자 의류 온라인쇼핑몰 업체들이 경쟁력 확보를 위해 땡처리 상가에서 의류를 대량으로 구입해 가면서 다른 상가들이 고전을 면치 못하고 있을 때에도 이 상가들은 상당한 호황을 누렸다. 당시 매주 일요일에 야외에서 열리는 재고상품 판매시장인 '7일장'이 내외국인에게 큰 인기를 끌면서 동대문의 명물로 자리잡을 정도였다. 즉, 테크노상가는 동대문의 여러 도매상가에서 팔다 남은 의류를 2분의 1에서 4분의 1 가격에 판매하는 방법으로 기반을 잡았다. 지금은 재고 상품을 많이 취급하고 있지는 않지만 여전히 동대문에서 가장 저렴한 가격에 20~30대 여성의류를 구입할 수 있다는 점을 장점으로 부각시키고 있다. 의류의 원가를 낮추기 위해 2000년대 중반부터 중국산 의류를 많이 취급하고 있으며, 다른 상가에서 잘 나가는 옷의 디자인을 약간 수정해서 더 싼 가격에 물건을 내놓기도 한다.

테크노상가는 지하 1층~지상 6층의 7개 층으로 운영되고 있으며, 약 300개의 매장이 있다. 매장의 수로만 보면 테크노상가는 동대문 도매상가 중에서 가장 작은 규모의 상가라고 할 수 있다. 창고로 사용되었던 5층과 6층은 2019년 3월에 리뉴얼을 통해 점포로 전환되었는데, 점포의 면적을 아래층 점포들의 면적에 비해 약 2배 정도 크게 함으로써 점포가 점차 넓어지고 고급화되는 추세에 부응하고 있다. 테크노상가의 목표시장은 20~30대 여성이며, 면제품과 니트류 위주의 숙녀복과 영캐주얼을 집중적으로 취급하고 있다. 또한 젊은 상인들의 비중이 높은 편이고 패션 트렌드에 부응하는 능력이 뛰어나다는 점을 강점으로 내세우고 있다. 설립 이래 줄곧 밤시장(21:30~06:00)으로 운영되어 왔으나 2019년 3월부터 낮시장(23:00~11:00)으로 영업시간을 변경하였다. 이러한 변화를 통해 같은 낮시장인 디오트 및 청평화패션몰과 치열한 경쟁 상황에 돌입하게 되었다. 자정에서 정오까지 운영되고 있는 디오트와 청평화패션몰보다 개점 및 폐점시간을 1시간씩 빠르게 정한 것도 디오트 및 청평화패션몰과의 경쟁을 의식한 전략적 선택이었다고 할 수 있다.

테크노상가도 디오트와 청평화패션몰과 마찬가지로 온라인쇼핑몰 사업자를 주고객으로 하고 있다. 이로써 신흥상가 상권의 북동부 지역에는 낮시장으로 운영되는 온라인쇼핑몰 전문 도매상가들이 밀집되어 있다는 점을 더욱 부각시킬 수 있게 되었다. 또한 테크노상가는 모바일앱을 통해 핸드폰으로 신상품을 검색하고 주문도 할 수 있는 시스템을 갖추고 있으며, 코로나19가 닥친 시기에도 네이버쇼핑라이브 등의 플랫폼을 활용한 라이브커머스도 진행하고 있다.

6-6 엘리시움

엘리시움은 1997년 혜양섬유가 자사가 보유하고 있던 창고부지에 지하 7층~지상 12층의 20개층(GF 포함) 규모의 상가를 신축하면서 출발하였다. 엘리시움(Elysium)은 이상향, 낙원 등의 의미를 담고 있다. 이 상가의 분양은 성창F&D의 유종환 대표에 의해 이루어졌다. 즉, 이 상가는 의류도매 사업자였던 유종환 대표가 부동산개발 사업자로 변신하는 계기를 마련해주었으며, 유종환 대표는 이를 계기로 1996년에 팀204, 1998년에 밀리오레를 설립하였다. 혜양섬유는 1971년 창업 이래 줄곧 스웨터를 생산해오고 있는 의류업체이며, 지금은 혜양섬유의 관계사인 혜양개발이 엘리시움의 운영을 맡고 있다.

엘리시움은 전형적인 의류상가의 품목 구성인 여성의류, 남성의류, 잡화로 출발하였다. 초기 5년 동안은 상가가 원활하게 운영되었지만 그 이후로는 경기도 좋지 않은 데다가 동대문 지역에 도매상가들의 신축이 이어지면서 경쟁이 심해지고, 더욱이 여성의류 부문에서 유어스, apM 등과 같은 강자들이 뚜렷하게 부각되면서 매출이 감소했다. 이로 인해 상인들이 이탈하면서 많은 공실이 발생하였다. 결국 엘리시움은 6개월에 걸친 자체 시장조사와 컨설팅 업체의 자문 결과를 토대로 2011년에 아동복 전문 도매상가로 전환하기로 결정하였다. 이러한 결정을 내린 것은 로드샵이나 백화점의 아동복은 품질은 좋지만 가격이 비싸고, 남대문의 아동복은 품질과 가격이 모두 괜찮지만 점포가 협소하고 복도가 혼잡하여 쇼핑하기가 불편하다는 점을 감안하면 쾌적한 쇼핑환경에서 높은 품질의 아동복을 저렴한 가격에 판매한다면 충분히 승산이 있다고 판단하였기 때문이다. 엘리시움의 아동복 상가로의 전환은 한꺼번에 이루어진 것이 아니라 1년에 한 개 층의 30개 매장을 리뉴얼하는 방식으로 이루어졌으며, 결국 4년의 작업 끝에 2015년에 리뉴얼 작업이 종료되었다.

입점 상인들의 확보에 있어서도 어려움이 있었다. 즉, 동대문에는 아동복을 취급하는 상인들이 없었고, 남대문의 아동복 상인들을 영입하기도 어려웠기 때문에 주로 성인복을 취급하던 우수 상인들을 설득하여 상가를 채워나갔다. 그 결과 지금은 GF와 1~4층의 5개 층에 있는

130여 개의 매장이 거의 모두 아동복을 취급하고 있다. 엘리시움은 2020년 코로나19로 인해 공실이 늘어나자 이 문제를 해결하기 위한 방안의 일환으로 4층을 입점 상인들과 방문고객을 위한 스튜디오 및 휴식공간으로 개조했다. 입점 도매상인들은 이곳에서 키즈몰 앱에 올릴 사진을 찍을 수 있고 방문고객들과 상담도 할 수 있다. 지금도 아동복 분야에서는 남대문시장이 가장 많이 알려져 있지만 엘리시움도 독특한 디자인과 쾌적한 쇼핑환경으로 인기를 끌면서 국내에서는 물론 해외에서도 상당한 인지도를 가지고 있다. 동대문패션타운에는 엘리시움 이외에도 팀204 등 아동복을 취급하는 다른 도매상가도 있지만 현재 엘리시움은 동대문패션타운을 대표하는 아동복 도매상가라고 할 수 있다.

2020년 코로나19로 인해 동대문패션타운을 찾는 소매상인의 수가 급격히 줄어들자 엘리시움은 온라인시장 공략을 위해 '엘리시움 키즈몰 앱'을 출시했다. 이를 통해 엘리시움의 도매상인들은 쉽고 빠른 신상 등록, 거래처의 간편한 등록 및 관리, 시간과 공간의 제약을 받지 않는 주문내역 · 판매금액의 파악 등이 가능해졌고, 소매상인들은 엘리시움에 직접 가지 않아도 엘리시움의 모든 상품을 검색할 수 있고, 마음에 드는 스타일의 상품을 선택하여 주문할 수 있게 되었다. 엘리시움의 영업시간은 저녁 9시~오전 7시이다.

6-7 apM 계열의 도매상가

6-7-1 개요

apM, apM 럭스, apM 플레이스 등의 3개 상가 모두 상가운영 전문업체인 'apM 그룹'에 의해 설립된 도매상가들이다. apM은 오전을 의미하는 'am'과 오후를 의미하는 'pm'의 합성어로 시간적인 연속성과 함께 성공과 지속적 발전을 의미한다. apM 그룹은 1999년에 apM을 설립하였으며, 이의 성공을 발판으로 2012년에는 apM 럭스(apM Luxe), 2016년에는 apM 플레이스(apM PLACE)를 설립하였다. 세 상가 모두 영업시간은 오후 8시~오전 5시로 전형적인 밤시장으로 운영되고 있다. 지리적으로 보면 apM과 apM 럭스는 동쪽의 도매상권에 위치해 있고, apM 플레이스는 서쪽의 소매상권에 위치해 있다. 그래서 apM 플레이스는 apM 및 apM 럭스와 약 500m 정도 떨어져 있으며, 연계성 강화를 위해 영업시간에는 5분 간격으로 apM 럭스와 apM 플레이스를 오가는 셔틀버스가 운행되고 있다. apM 계열의 3개 도매상가는 다른 도매상가에 비해 다음과 같은 특징을 보이고 있다.

첫째, 동대문패션타운의 모든 도매상가 중에서 목표고객의 연령대가 가장 낮고, 유행에 가장 민감한 상품들을 출시하고 있다. 즉, 3개 상가 모두 10~30대 여성을 목표고객으로 하는 트렌디한 영캐주얼을 중심으로 하는 매장들이 들어서 있다. 3개 상가를 상품구색적인 측면에서 비교해보면 apM이 남성복을 상당히 많이 취급하고 있다는 점 이외에는 두드러진 차이를 보이고 있지는 않다.

둘째, apM 계열의 도매상가들이 갖고 있는 또 하나의 두드러진 특징은 한국산 의류의 비중이 매우 높다는 점이다. 이들 상가의 상인들은 입점 신청 이후에 한국산 제품을 생산해 왔는지에 대한 엄격한 검증 과정을 거쳐야 하고 또한 입점 후에 한국산 제품을 생산하지 않으면 퇴출될 수 있다는 서약서에 서명을 하고 입점을 하기 때문에 이곳에서 판매되고 있는 의류는 100%는 아니더라도 대부분이 한국산이라고 예상할 수 있다.

셋째, 동대문패션타운의 모든 도매상가 중에서 이 세 도매상가의 중국고객들의 비중이 가장 높다. apM 플레이스의 경우에는 매출액을 기준으로 중국고객의 비중이 90%에 이르고 apM과 apM 럭스도 60~70%에 달한다. 동대문패션타운에서 중국 고객의 비중이 이들 도매상가와 비견될 수 있는 도매상가는 광희패션몰의 퀸즈스퀘어 정도에 불과하다. 이렇게 중국고객들의 비중이 높은 것은 한국산 제품을 취급하고, 원단 등 품질도 좋으며, 디자인이 젊은층의 취향에 부합한다는 점도 있지만 apM 그룹이 오래 전부터 중국시장에서 인지도 제고를 위한 다각적인 홍보활동을 활발하게 전개하였다는 점도 크게 작용하고 있다.

6-7-2 그룹차원의 온라인 사업의 전개

현재 동대문패션타운의 구성원들 가운데 동대문패션타운을 주도하고 있는 상가는 apM 그룹 소속의 3개 상가라는 점을 부인하는 사람은 거의 없다. 이는 일단 매출실적이 좋기 때문이고, 또한 중국고객이 동대문패션타운에서 가장 주된 구매세력을 형성하고 있다는 시대적 추세에 가장 부합하는 운영을 하고 있기 때문이기도 하다. 이 3개 상가의 매출액이 전체 도매상가 의류 매출의 약 40%를 점유해 왔다. 영업 실적이 좋으니 우수 상인들이 서로 입점을 하려 하기 때문에 선순환이 지속되었다. 그러나 중국고객들의 비중이 너무 크기 때문에 중국 정부의 정책이나 코로나19 등 환경에 따라 상황이 급변할 수 있다는 위험부담도 그만큼 컸다. 2020년 코로나19가 덮치면서 동대문패션타운에서 활동하고 있던 약 600명의 왕홍들이 썰물처럼 동대문을 빠져나갔는데 이때 중국 소비자 대상의 라이브커머스에 대한 의존도가 가장 컸던 apM 그룹의 3개 상가가 가장 큰 타격을 받았다. apM 그룹은 동대문패션타운의 리더로서 새로운 운영방식이나 트렌드를 만들어가야 한다는 부담을 가지고 있다. apM 그룹이 앞으로의 지속적인 성장을 위해 기울이는 노력은 주로 정보기술을 의류판매에 접목시키는 방향으로 이루어지고 있다. 이를 실천에 옮기기 위해 다음과 같은 사업을 전개하고 있다.

첫째, apM 그룹은 2019년 7월에 소매상과 그룹 소속의 세 개 도매상가에 소속되어 있는 약 1,100여 개의 도매상을 연결해주는 B2B 온라인 패션 도매 플랫폼인 'apM Style(에이피엠스타일)'을 오픈했다. 이를 통해 전 세계의 의류 소매상들은 손쉽게 순수 국내에서 생산된 최신이 트렌디한 옷을 구입할 수 있고, 이미지 검색 기능을 이용하여 빠르고 쉽게 옷을 고를 수 있다. 이는 동대문패션타운의 모든 도매상가에 소속된 도매상과 소매상을 연계시키는 도매 플랫폼인 신상마켓, 링크샵스, 골라라 등의 apM판이라고 할 수 있다. apM 그룹측은 apM 스타일과 여타 B2B 플랫폼과의 차이에 대해 여타 B2B 온라인 의류 플랫폼에 올라와 있는 의류는 중국에서 들여온 의류가 주를 이루고 있는 반면, apM Style의 의류는 국내 생산 제품만을 취급하고 있음을 강조하고 있다. apM 스타일은 2021년 4월 현재 전 세계 99개 국가에 약 4만 명의 회원을 확보하고 있으며, 2020년 거래액은 30억원이었고, 2021년에는 100억원을 목표로 하였다.

둘째, apM 그룹은 라이브커머스를 통해 통해 세 상가의 제품을 국내 및 세계시장에 판매하는 전략도 구사하고 있다. 이를 위해 apM 그룹의 계열사인 'apM 이커머스'는 2019년 5월에 세계 최대의 전자상거래 업체인 중국의 알리바바 그룹과 제휴하여 KT의 5G 이동통신을 접목한 라이브커머스를 시작했다. 이는 알리바바에 소속된 왕홍(网红)들이 타오바오 등에 스튜디어를 개설하고 생방송을 통해 동대문 의류를 판매하는 기존의 사업 모델을 보다 조직화한 것이라고 할 수 있다. 그런데 2020년 2월에 발발한 코로나19로 인해 동대문패션타운에서 활동하던 약 600명의 중국 왕홍들이 한꺼번에 한국을 떠나자 이들의 라이브커머스 활동에 크게 의존하던 apM 계열 상가들의 매출액은 급감했다. 이로 인해 apM 그룹은 라이브커머스를 활성화시키기 위한 새로운 접근방법을 모색해야 했다. 이를 위해 2020년 8월에 apM 그룹의 계열사인 에이피엠픽셀(apMpixeel)의 주도로 네이버쇼핑라이브와 함께 약 8개월간의 시험서비스를 진행하였다. 시범서비스에서 상당히 좋은 결과가 도출되자 2021년 4월부터는 네이버와의 정식 제휴를 통해 네이버쇼핑라이브 채널에서 '동대문블랙라벨 X apM 릴레이 라이브!'를 진행하고 있다. 여기에서는 3개 상가의 베스트 매장을 선정하고 이 매장들의 인기상품과 신상품을 가격할인, 쿠폰제공 등 다양한 프로모션 활동을 전개하며 판매하고 있다. 또한 apM style과는 별도로 라이브커머스를 통해 apM 상가의 의류를 판매하고자 하는 사업자를 위해서 인스타그램에서 'apM_live' 계정을 개설하여 라이브커머스를 진행할 수 있도록 하고 있다.

셋째, apM 그룹은 2019년 말에 중국 및 동남아시장 진출의 발판을 마련하기 위해 블록체인 기술을 기반으로 하는 페이먼트 프로젝트인 'apM 코인 프로젝트'를 개시했다. 즉, 이 사업의 궁극적인 목적은 블록체인 기술을 활용하여 변조와 위조가 불가능한 지불 시스템을 구축함으로써 인터넷을 통해 apM 계열의 의류를 구입하려는 고객들이 안심하고 거래할 수 있도록 한 후, 이를 기반으로 인터넷을 통한 해외시장 진출을 더욱 활성화시키는 데 있다. apM 코인 프로젝트는 2021년 8월부터 3개월간의 베타서비스 기간을 거친 후, apM 코인을 에이피엠 멤버스 앱 및 전자상품권 서비스와 결합시켜서 입점 도매상인들과 이들과 거래하는 소매상인들이 실질적인 혜택을 누릴 수 있는 최적화된 서비스를 구성하여 2021년 11월에 정식 출범하였다.

6-7-3 apM

apM은 1999년에 현재 apM 그룹의 공동회장인 석주형 회장을 비롯한 5~6명의 남대문 출신 인사들에 의해 설립되었다. 설립 초기에는 당시 기준으로는 위치가 좋지 않았고, 이로 인해 능력 있는 상인들의 입점이 잘 이루어지지 않으면서 공실률이 상당히 높을 정도로 곤란을 겪었다. apM은 어려움을 극복하기 위해 남대문 상인들을 대상으로 영입을 서두르는 한편, 오더생산 시스템을 적극적으로 도입했다. 오더생산 시스템은 높은 품질의 의류의 샘플만을 생산하여 전시한 후 오더를 받은 후에 본격적인 생산을 하여 판매하는 방식을 의미한다. 이러한 생산 시스템은 다양하고 개성있는 의류에 대한 수요가 늘어나는 시대적 흐름에 부응하고 악성재고 문제를 근원적으로 해결하는 이점을 가지고 있었다. 이러한 전략이 성공을 거두면서 apM은 동대문 패션상가의 가장 대표적인 도매상가 중의 하나로 부상하게 되었다. apM은 지하 3층~지상 8층의 11개 층으로 이루어져 있다. 지하 2층과 지하 3층은 주차장이고, 지하 1층~지상 3층은 여성복, 4~7층은 남성복을 취급하고 있으며, 8층은 사무실과 VIP 라운지로 쓰이고 있다. 세 개의 apM 계열 도매상가 중에서 유일하게 남성복을 취급하고 있다.

6-7-4 apM 럭스

apM 럭스는 새로 건축된 것이 아니라 2006년 말에 설립된 '나인플러스'가 운영관리 미숙으로 부도를 내고 매물로 나오자 이를 매입하여 2012년에 'apM 럭스'로 개명하여 출발한 도매상가이다. apM 럭스는 지하 3층~지상 8층의 11개 층으로 이루어져 있다. 지하 3층은 주차장이고, 지하 1~2층은 잡화, 1~6층은 여성복을 취급하고, 7층은 카페 및 VIP 라운지, 8층은 운영 및 관리본부로 사용되고 있다. 지하 1~2층에는 액세서리, 가방, 모자, 신발, 잠옷, 스카프, 수영복, 벨트, 양말 등의 잡화를 취급하는 약 70개의 상점이 있으며, 1~6층에는 여성의류를 취급하는 190여 개의 상점이 있다.

6-7-5 apM 플레이스

apM 플레이스는 지하 4층~지상 12층의 총 16개 층으로 이루어진 건물이다. 주차장인 지하 3~4층과 사무실 및 쇼룸으로 쓰이는 9층, 운영 및 관리본부로 쓰이는 10층, 그리고 오피스텔로 운영되는 11~12층을 제외한 지하 2층~지상 8층의 10개 층이 상가로 이루어져 있다. 지하 1층과 지하 2층에는 약 80개의 상점이 있으며 액세사리, 가방, 모자, 신발, 잠옷, 운동복 등의 다양한 상품을 취급하고 있다. 1~8층에는 약 250개의 상점이 있으며 모두 여성의류를 취급하고 있는데, 5~8층에 위치한 상점수(약 90개)가 1~4층에 위치한 상점수(160개)보다 훨씬 적고 따라서 점포가 훨씬 더 넓다. apM 플레이스의 점포는 다른 도매상가에 비해 상대적으로 밝고 널찍하고, 고급스러운 분위기의 인테리어를 갖추고 있다. 에스컬레이터, 엘리베이터 등의 이동시설이나 휴게실 등의 편의시설도 좋은 편이다. 또한 젊은 디자이너들이 만들어내는 메이드인코리아 제품을 고수하며, 상품의 가격이 도매상가 중에서 가장 높은 편이다.

apM 플레이스는 원래 2006년에 지어진 '라모도'라는 이름의 소매 쇼핑몰이었는데 라모도는 영업을 제대로 시작해보지도 못하고 문을 닫은 채 약 10년간 방치되어 있었다. 세월이 흐르면서 건물 가격이 크게 하락하자 apM 그룹은 매물로 나온 라모도의 관리권을 확보한 후, 건물 리모델링을 거쳐 2016년에 영업을 시작했다. 시작 당시에는 밀리오레나 두타 등 apM 플레이스가 위치한 소매상권의 다른 상가들과 마찬가지로 소매를 위주로 하는 주간 영업을 했었다. 우수한 소매상인을 확보하기가 어려웠던 apM 그룹은 자신들이 관리하고 있던 유이스, apM, apM 럭스 등에서 상점을 운영하고 있던 도매상인들 중에서 영업실적이 상위 5%에 드는 우수한 상인들로 하여금 apM 플레이스에서 추가적으로 점포를 운영하거나 혹은 완전히 이주하도록 유도하는 방법으로 상인들을 확보하였다. 그리고 건물 내의 모든 상점을 한꺼번에 오픈한 것이 아니라 먼저 1,2층에 상인들을 입주시키고, 다음에는 3,4층에, 그 다음으로 5~8층에 상인들을 순차적으로 입주시켰다. 또한 우수한 상인일수록 위층의 화려하고 널찍한 상점에 입주시켰다. 이러한 동선관리를 통해 위층의 영업이 활성화되면서 아래층들의 영업도 덩달아 좋아지는 효과를 거둘 수 있도록 도모하였다.

apM 그룹은 입주한 상점들이 어느 정도 자리를 잡아가자 2017년에 영업시간을 밤시간으로 바꾸면서 도매와 소매를 병행하던 apM 플레이스를 완전한 도매상가로 전환시켰다. 그 결과 apM 플레이스는 동대문패션타운에서 소매상가 구역인 서편제의 유일한 도매상가가 되었다. 이처럼 apM 플레이스는 처음부터 운영관리 회사의 철저한 기획에 의해 상당히 빠른 속도도 자리를 잡았다고 할 수 있으며, 이러한 과정을 통해 지금은 동대문패션타운에서 가장 잘 나가는 상가 중의 하나로 부상하였다.

6-8 누존

누존은 2000년 현 위치의 토지 소유자들로 구성된 누존상가개발조합이 1,878개 점포로 구성된 누존빌딩을 신축한 뒤 1,600여 개의 점포를 분양하면서 시작되었다. 누존의 영문명은 NUZZON으로, 이는

NEW ZONE, 즉 새로운 공간이라는 의미이다. 영업시간은 저녁 8시~아침 6시이다. 누존은 지하 6층~지상 15층의 대형 건물이며, 패션 관련 제품은 지하 2층~지상 6층에서 판매되고 있다. 이 도매상가는 점포의 수가 약 1,700개로 동대문패션타운 소재 신흥상가 중에서 최대 규모이다. 또한 매우 다양한 품목을 취급하고 있는 것으로도 유명하다. 지하 2층은 수입의류 및 수입잡화, 지하 1층은 여성캐주얼, 1층은 여성의류, 2층은 영캐주얼, 3층은 남성의류, 4층은 신발과 잡화, 5층은 패션잡화 및 피혁잡화, 6층은 최신유행 의류, 구제품 등을 취급하고 있다. 누존은 국제화에도 관심이 많아서 2014년에는 중국 상하이의 부동산그룹인 성허성(圣和圣)과 합작으로 상하이의 패션몰 밀집지역에 지하 2층, 지상 5층(연면적 2만㎡) 규모의 '성허성 누존 한국관'을 신축하고, 그 건물의 4층에 2,900㎡ 규모로 한국의류브랜드 전문점을 개설하기도 하였다.

누존은 상인 친화적이고 고객 중심적인 운영을 하고 있는 것으로도 잘 알려져 있다. 상가를 개발한 뒤 분양을 하는 단계에서 분양신청자들로 하여금 "점포 소유주는 임차인과 임대차 계약을 맺을 때 반드시 운영주체의 동의를 얻어야 한다"는 등의 내용을 담은 계약서에 서명하도록 함으로써 운영관리 주체의 소유주에 대한 통제권을 강화하였다. 이로 인해 장사가 아무리 잘 되고 있더라도 점포 소유주는 임대료를 적정 한도 이상으로 올릴 수 없게 되었고, 그 결과 상인들이 매우 장사하기가 좋은 환경이 조성되었다. 그래서 이 상가에는 젊은 상인들과 능력 있는 상인들이 많고, 또한 오랫동안 이곳에서 장사를 하고 있는 상인들이 많다. 그렇지만 소유주들에 대한 규제만 있는 것은 아니고, 고객만족의 향상을 위해 출퇴근시간 준수, 복도 침범 진열 금지 등 상인들에 대한 규제도 많이 규정되어 있다.

6-9 디오트

디오트는 2006년 KT&G(담배인삼공사)의 성동지점이 있었던 부지에 설립되었다. 디오트는 KT&G가 민영화되면서 보유하고 있던 부동산 자산을 개발의 형태로 매각한 제1호 사업이었다. 시공과 등기분양은 쌍용건설에 의해 이루어졌다. 등기분양 이후 임차인의 모집은 점포 소유자들에 의해 선출된 '상가자치위원회'가 주도하였으며, 이 위원회는 상인들의 입점이 이루어진 후의 상가 운영관리 업무도 수행했다. 디오트의 영문은 'The OT'이며, 'OT'는 'Our Trend, Our Town, Our Time'이라는 의미를 담고 있다. 디오트는 지하 5층에서 지상 8층의 건물이며, 지하 5층~지하 3층은 주차장과 공조실, 지하 2층~지상 4층은 상가, 나머지 5~8층은 오피스텔로 주로 이 건물에 입주한 도매상인의 사무실이나 재고 창고로 사용되고 있다.

디오트에는 약 1,700개의 점포가 입점해 있으며, 남성의류는 전혀 취급하지 않고 여성의류에 특화되어 있다. 또한 디오트의 도매상인들은 개인몰은 물론, 오픈마켓이나 카카오스토리, 네이버밴드, 인스타그램 등의 SNS에서 쇼핑몰을 운영하는 사업자들을 주고객으로 하고 있다. 6개 층의 상가 중에서 1층이 가장 활성화되어 있지만 3~4층도 온라인쇼핑몰 업체들이 많이 찾으면서 활성화되어 있다. 2006년에 설립된 디오트는 이미 굳건한 토대를 가지고 있었던 디자이너클럽, apM, 누존 등 다른 도매상가들과의 경쟁에서 밀려 초기 4~5년 동안 도매상인을 유치하지 못해 공실이 엄청나게 많을 정도로 고전을 면치 못했었다. 디오트는 이러한 어려움을 타개하기 위해 2010년에 밤시장의 고객들을 확보하는 동시에, 이미 낮시장(새벽 4시~오후 3시)으로 전환하여 성공적인 운영을 하고 있던 청평화패션몰과의 차별화를 위해 영업시간을 밤시장(저녁 8시~아침 6시)에서 자정~오후 2시으로 변경하였으며, 이와 너불어 저렴한 임대료(월세)를 무기로 젊은 도매상인을 유치하는데 주력하였다.

이러한 두 가지 정책 변화는 디오트의 성공적인 변신을 가능하게 하였다. 디오트가 낮시장이라는 점은 온라인쇼핑몰 업체뿐만 아니라 의류회사에 소속되어 있으면서 매입 혹은 시장조사를 위해 밤시간에 동대문에 나와야 했던 직장인들에게도 대단히 매력적인 포인트가 되었다. 즉, 밤시장만 있을 때에는 퇴근을 하고 나와서 옷을 보러 다녀야 했기 때문에 동대문에서 새벽까지 돌아다니다가 쉬지도 못하고 바로 회사로 출근을 해야 하는 피곤한 생활을 해야 했지만 디오트가 생기면서 아침에 바로 출근해서 일을 마치고 정상적으로 퇴근을 할 수 있었기 때문에 의류회사에 다니는 직장인들의 인기를 끌었다. 영업시간의 전환은 특히 옆 상가인 청평화패션몰의 온라인쇼핑몰 고객들을 많이 유치하게 되었으며, 이를 계기로 청평화시장도 같은 해에 영업시간을 디오트와 같은 시간대로 변경하였다. 2012년에는 영업시간이 14시간이나 되어서 상인들에게 체력적으로 많은 부담이 되었고, 더욱이 점심시간인 정오 이후에는 영업이 그다지 활발하지 않았기 때문에 영업시간이 2시간 단축되면서 자정~정오로 변경되었다.

온라인쇼핑몰을 운영하기 위해서는 오프라인 매장보다 물건을 싸게 팔아야 하는데 그러기 위해서는 보다 싸게 물건을 매입해야 한다. 그런데 밤시장은 온라인쇼핑몰 운영자만 오는 시장이 아니기 온라인쇼핑몰 운영자를 대상으로 특화를 할 수가 없었던 반면, 디오트의 젊은 도매상인들은 20~30대의 젊은 여성 소비자들의 취향에 맞는 제품들을 밤시장에서는 찾아보기 힘들 정도로 낮은 가격에 적극적으로 공급함으로써 온라인쇼핑몰 전문상가로 자리를 잡게 되었다. 매입 가격을 낮추기 위해 중국, 베트남 등지에서 물건을 생산해서 들여오는 경우도 많이 생기게 되었다. 2010년대 말부터 디오트의 옷 중에 중국산 옷이 80% 이상을 차지하고 있을 것이라는 예측이 돌 정도이다. 또한 온라인쇼핑몰 운영자들은 쇼핑몰에 사진을 올리기 위해서는 샘플이 필요했는데 밤시장 상인들은 돈을 안 주면 샘플을 주지 않았던 반면, 디오트의 상인들은 온라인쇼핑몰 회사와 몇 번 거래를 해보고 물건을 잘 팔고 있는 회사라는 확신이 들면 반납을 조건으로 샘플을 얼마든지 무료로 가져갈 수 있도록 하였던 것도 이 상가를 활성화시키는데 크게 기여했다. 결론적으로 디오트는 저렴한 가격과 온라인쇼핑몰에서의 반응을 디자인에 즉각적으로 반영하는 순발력으로 승부하면서 온라인쇼핑몰 전문 도매시장으로 굳건히 자리를 잡았다.

그런데 2019년 11월에 디오트의 운영주체는 상가의 운영에 관한 매우 중요한 정책을 발표하였다. 그 내용은 2019년 말까지의 계도기간을 거쳐 2020년부터는 외국산 제품을 취급하는 상인들을 점진적으로 퇴출시켜 나가겠다는 것이었다. 디오트 상인들의 상당수가 유통전문상인이거나 혹은 디자인과 유통을 겸하고 있는 상인이라는 점을 감안하면 이는 매우 급진적이고 따라서 상인들의 엄청난 반발을 불러올 수도 있다. 그럼에도 불구하고 이러한 정책을 채택한 주요한 요인은 동대문패션타운의 외국인 의존도가 점점 높아지고 있는데 이러한 글로벌화 추세에 부응하기 위해서는 의류의 'Made in Korea'는 가장 기본적인 전제조건이기 때문이다. 즉, 외국인 고객들은 한국산 제품이 아니라면 구태여 동매문패션타운의 도매상인들로부터 의류를 구입할 이유가 거의 없다는 점을 감안하면 현재와 같은 중국산 중심의 상품 구색으로는 3~5년 후에는 생존조차 위협받을 수 있다는 판단이 작용했을 것으로 보인다. 2020년 초에 발발한 코로나19는 동대문패션타운에서의 모든 활동을 극심한 침체에 빠뜨렸다. 디오트는 매출이 크게 감소된 입주 상인들의 요청에 따라 거의 대부분의 점포주들이 임대료를 코로나19 이전 대비 70~80%까지 인하하였다. 또한 디오트는 코로나19 이후의 경기 활성화에 대비하는 차원에서 5층의 오피스텔을 도매점포로 전환하여 운영하고 있다.

6-10 DDP 패션몰

DDP 패션몰은 2006년 설립된 유어스(U:US)가 그 전신이다. DDP 패션몰은 많은 갈등 속에서 현재의 모습을 갖추고 있다. 그런데 그 갈등이 민간사업자들 간의 갈등이 아니라 공공기관인 서울시와 동대문 상인들과의 갈등이었다는 점이 특이하다. 서울시가 갈등의 주역이 된 것은 그 부지가 오래 전부터 서울시의 소유였다는 사실에 기인한다. 동부건설은 1993년부터 서울시의 허가를 얻어 지하 1층~지하 6층 규모의 동대문 공영주차장을 짓고 20년 장기임차로 이를 운영하고 있었는데, 2000년에 적자를 보전해야 한다는 이유로 상가 건설을 서울시에 요청했다. 그러자 주변 상가들은 반대하고 나섰다. 반대의 이유는 "지금도 동대문에 상가들이 너무 많아서 장사가 안 되는데 공공기관이 나서서 상인들을 더 어렵게 해서는 안 된다"는 것이었다. 당시에 동대문에는 전통상가 이외에도 아트프라자, 디자이너클럽, 우노꼬레, 테크노상가, 혜양엘리시움, apM, 누죤 등 상당히 많은 수의 신흥 도매상가가 있었다. 이러한 갈등은 결국 송사로 이어졌고, 우여곡절 끝에 서울시가 10년 기부채납을 조건으로 동부건설의 요구를 수용하면서 2006년 5층 규모의 유어스가 공영주차장 위에 설립되었다.

동부건설은 상가의 운영을 도소매상가운영 전문업체인 '문인터내셔널'에 맡겼다. 문인터내셔널은 apM 그룹과는 법적인 관계는 전혀 없었지만 인적인 측면에서는 상당히 밀접한 관계를 가지고 있는 회사였다. 그래서 의류의 스타일 등도 유어스와 apM 계열의 상가 간에는 상당한 유사성이 있었다. 또한 유어스가 DDP 패션몰로 바뀌면서 유어스에 입점해 있던 많은 수의 상인들이 apM 계열의 도매상가로 이전하였다는 사실도 이러한 연관성을 시사해준다. 유어스는 설립된 이래 2010년대 초까지도 그다지 영업이 좋았던 편은 아니었다. 영업을 활성화시키기 위해 유어스는 2013년 경부터 따이공으로 불리는 중국 구매대행인들에게 초점을 맞추는 전략을 전개하였다. 따이공들의 원스톱 쇼핑 편의를 위해 한 점포에서 다양한 의류를 취급하는 편집샵 형태의 운영을 강화하였고, 의류의 색상도 중국인들이 좋아하는 원색계통을 크게 늘렸다. 또한 우수 상인들의 영입을 적극적으로 추진하였고 중국시장에서의 홍보활동도 활발히 전개하였다. 이러한 전략이 효과를 발휘하면서 유어스는 동대문패션타운에서 대표적인 도매상가로 부상하기 시작했다.

2016년은 유어스의 운영관리를 맡고 있는 문인터내셔널에게 중요한 사건들이 많았던 한해였다. 즉, 2016년은 문인터내셔널이 유어스를 운영하기로 한 마지막 해이면서 중국 광동성 광저우에 유어스쇼핑몰이 문을 연 해이기도 했다. 광저우의 유어스쇼핑몰은 광저우 기차역 근처에 있었던 9층짜리 구룡호텔을 개조해 만들어진 동대문식 쇼핑몰로 2021년 말 현재에도 운영진은 바뀌었지만 그 명칭을 그대로 유지하면서 운영되고 있다. 서울시는 2016년에 계약기간이 종료된 후 유어스 상가 건물의 반환을 요구하였으나 원활하게 이루어지지 못하였고, 결국 약 1년간의 소송으로 이어졌다. 그 결과 서울시는 2017년에서야 운영권을 되찾을 수 있었다. 서울시는 상인, 전문가, 시민 등을 대상으로 하는 의견 수렴을 통해 상가의 명칭을 유어스에서 'DDP 패션몰'로 바꾼 후 2018년부터 본격적인 운영을 시작했다. 이러한 과정을 거쳐 2018년부터는 서울시에서 관리하는 서울시설공단이 DDP 패션몰의 운영을 맡고 있다. DDP 패션몰은 지하 6층~지상 5층의 11개 층으로 이루어져 있다. 지하 1층~지하 6층은 공영주차장으로 쓰이고 있고, 지상 1~3층에 약 300개의 여성의류 상점들이 있다. 이곳 상점들은 주로 20~30대 젊은 여성들을 위한 영개주얼을 취급하고 있으며, 품질이 비교적 좋은 것으로 평가되고 있다. 4층에는 바이어라운지, 스튜디오, 상인회 소통방, 드림제작소, 서울시설공단 교통시설 운영처, 서울디자인재단 사무실 등이 위치해 있고 5층에는 패션창작 스튜디오와 패션아트홀이 있다.

DDP 패션몰은 동대문패션타운에서 공공기관이 소유권과 운영권을 모두 가지고 있는 유일한 상가이며, 따라서 그 특징은 공공성의 측면에서도 찾아질 수 있다. 첫째, DDP 패션몰에서는 입점절차, 퇴점절차 등과 같은 과정이 정해진 규칙에 따라 이루어진다. 예를 들어 다른 도매상가에서는 빈 점포가 생겼을 때 부동산중개업체, 운영위원회, 관리사무실 등을 통해 입점 희망 상인들이 소개되고 이들의 입주 여부도 관례에 따라 이루어지는 것이 일반적인 반면, DDP 패션몰에서는 입점 희망 상인의 모집이 홈페이지의 '모집공고' 등과 같은 방식으로 공개적으로 이루어지고, 이들에 대한 평가도 상인회 임원, 서울시설공단 담당자, 빈 점포 주변 점포의 상인 등으로 구성된 평가위원들에 의해 공개적으로 이루어진다. 둘째, 운영주체인 시설관리공단이 의류에 대한 전문지식을 가지고 있는 것은 아니기 때문에 이 점을 보완하기 위해 상인회와 매주 소통 회의를 열어 운영 관련 사항을 논의한다. 셋째, 점포 임차료도 주변 상가에 비해 저렴하다. 넷째, 바이어라운지, 스튜디오, 상인회 소통방, 패션창작 스튜디오, 패션아트홀 등과 같이 상인들이나 청년 창업 희망자 등에 대한 지원 시설이 비교적 잘 갖추어져 있다. 다섯째, 청년 창업자를 위한 지원 정책을 실시하고 있다. 이의 일환으로 2019년부터 상가 2~3층에 스타트업 매장을 마련한 후, 서류전형과 포트폴리오 평가 등을 통해 청년 창업 희망자를 선정하고 있다. 선정된 청년 창업자에게는 임대보증금과 입점비 없이 반값의 임대료만을 받고 2년간 매장 운영권을 부여하는 방식으로 창업을 지원하고 있다. 입점한 청년 창업자가 2년 후에도 계속해서 점포 운영을 원할 경우에는 다른 입점 희망 상인들과의 경쟁을 거쳐 일반 매장에 입점할 수 있다.

동대문패션타운의 구성원들이 DDP 패션몰에 대해 많은 관심을 갖고 있는데 그 주된 이유는 많은 사람들이 동대문패션타운에서는 최초로 공공기관에 의해 운영되는 DDP 패션몰이 과연 잘될 수 있을 것인가에 대해 호기심을 갖고 있기 때문이다. DDP 패션몰에 대한 평가는 상반된 방향으로 이루어지고 있다. 긍정적인 평가는 일단 공실률 등에서 그다지 큰 하자 없이 운영되고 있고, 또한 청년 창업 지원 등 민간기업이 할 수 없는 공공성을 지닌 사업들을 수행하고 있기 때문에 긍정적으로 평가하여야 한다는 의견이다. 반면에 부정적인 평가는 투명하고 원칙에 따르는 운영을 하고 있기 때문에 외형적으로는 문제가 없는 것처럼 보이지만 운영주체인 서울시설공단이 동대문패션타운에서의 인맥도 제한적이고 또한 의류 도매상가의 운영에 대한 노하우도 부족하기 때문에 현상유지가 아닌 미래 지향적이고 도전적인 전략을 수립하고 집행하는 능력에 있어서는 한계가 있을 수밖에 없다는 의견이다. 또한 서울시설공단이 상가의 운영을 주도하지 못하고 상인회를 지원하는 역할에 머물러 있기 때문에 상인들 간에 갈등이 발생하였을 때 이를 조정할 수 있는 힘이 매우 제한적일 수밖에 없다는 점도 단점으로 지적되고 있다. 동대문패션타운에서 최고의 시위에 있었던 유어스가 공공기관으로 넘어가면서 의류의 수준이나 활성화 정도 등에서 유어스의 수준에 미치지 못하고 있다고 주장하는 사람들도 있다. DDP 패션몰에 대한 평가는 객관적인 실적을 근거로 이루어질 수밖에 없다. 그런데 매출 수준은 apM 그룹 소속의 도매상가에는 미치지 못하지만 숙녀용 영캐주얼 시장에서 나름대로 상당히 높은 명성을 이어가고 있고, 또한 입점 상인들도 서울시의 운영에 대해 비교적 호의적인 반응을 보이고 있다는 점 등을 감안하면 앞으로도 큰 문제없이 많은 발전을 이룰 수 있을 것으로 예측된다.

6-11 맥스타일

맥스타일은 1980년에 설립된 도매상가인 흥인시장과 덕운시장의 자리에 2010년 10월에 설립되었다. 즉, 흥인시장과 덕운시장의 점포소유자들이 조합을 결성하여 약 30년이 된 상가를 헐고 새 상가를 지은 것이다. 맥스타일(Maxtyle)은 '당신의 스타일을 최대로 발휘시켜 드립니다'라는 의미를 담고 있다. 맥스타일은 동대문의 모든 도매상가 중에서 가장 최근에 준공된 도매상가이다. apM 럭스, apM 플레이스, DWP가 각각 2012년, 2016년, 2017년에 설립되었지만 세 상가 모두 기존의 건물을 리모델링을 한 것이고 건물이 신축된 시점을 기준으로 하면 맥스타일이 가장 새 건물이다. 설립시에는 동대문 유일의 도소매 병행 상가를 표방하였으나 활성화에 어려움을 겪으면서 2018년에 도매상가로 전환하였으며, 전형적인 밤시장(오후 8시~새벽 5시)으로 운영되고 있다. 2018년 9월 리모델링을 마치고 재개장하였는데 리모델링의 핵심을 매장 대형화에 두었다. 10~15평에 이르는 넓은 매장을 활용하여 라이브커머스나 SNS를 활용한 구매대행 서비스의 확산에 부응하고자 하였다. 맥스타일은 20~30대 여성을 목표고객으로 하고 있으며, 지하 1층은 패션잡화와 액세서리, 지상 1~4층은 여성복 매장으로 이루어져 있다. 5~8층과 18층은 2019년 7월부터 B2C 온라인 패션 플랫폼인 브랜디가 셀러지원센터, 통합 풀필먼트센터, 사무실 등으로 사용하고 있으며, 6~17층은 오피스텔로 임대되고 있다.

그런데 맥스타일은 2010년 개장 이래 줄곧 상가로서의 기능이 제대로 이루어지지 못하고 있다. 약 350개에 이르는 매장 중에서 80% 이상이 비워져 있다. 이렇게 된 이유로는 매장의 면적, 임대 조건 등 핵심적인 사항들에 대한 의사결정이 좋은 상인들을 불러들이는데 적합하지 않았고, 좋은 상인들이 포섭할 수 있는 인적 네트워크도 충분하지 않았다는 점 등이 지적되고 있다. 2019년 11월 22일 바로 옆에 위치한 제일평화에 대형화재가 나면서 제일평화의 상인들이 맥스타일로 대거 입점하는 상황이 벌어졌다. 제일평화의 운영관리 주체는 다른 도매상가로 옮겨가는 상인들은 다시 입점하지 못하게 하겠다고 공언했지만 그럼에도 불구하고 많은 수의 상인들이 맥스타일로 옮겨갔다. 이로 인해 맥스타일은 공실을 채우는 것은 물론 우수한 상인들을 대거 영입하면서 도약을 위한 절호의 기회를 맞이한 것처럼 보이기도 하였으나 6개월 단기계약을 맺고 들어온 제일평화 상인들이 계약이 끝나자 모두 제일평화로 복귀하면서 맥스타일은 다시 예전과 같은 모습으로 돌아가버리게 되었다.

6-12 DWP

1997년에 설립된 부동산 및 외식산업 업체인 구성산업개발주식회사는 2016년에 기존의 동원프라자 건물을 증축공사를 한 뒤, DWP로 이름을 바꾸었으며, 2017년에 4개 층을 순차적으로 개장했다. 즉, DWP는 토지소유자가 스스로 건물을 지은 뒤, 점포를 임대하는 형태로 운영되고 있다는 특징을 가지고 있다. DWP는 구획된 점포들이 아닌 개방된 공간에 점포를 개설하는 방식을 취하였으며, 복도를 넓게 하여 보다 쾌적한 쇼핑을 할 수 있도록 하였다. 지하 2층~지상 9층 규모의 건물로 지하 1층~지상 3층의 4개 층에서 20~30대 여성 캐주얼 및 10~20대 여성 영캐주얼, 그리고 일부 잡화를 취급하고 있다. 4개 층을 모두 합쳐 약 100개의 점포가 있다.

이 상가는 B2C 온라인쇼핑몰 업체와의 거래가 많은 편이다. 영업시간은 밤 11시~오전 11시로 낮시장으로 분류된다. 외국인 고객들도 많은 편이며, 지하 1층에 중국인 전용의 VIP 라운지를 두고 있다. DWP의 8~9층에는 24시간 운영되는 식당가가 있다. 소매상가에는 대부분 식당가가 있지만 도매상가 중에서 식당가를 가지고 있는 도매상가로는 DWP가 유일하다. 입점해 있는 6개의 식당 가운데 맛집이 많은 것으로 알려져 있으며, 입점 식당 중의 하나인 쌈밥전문점 '다채'는 구성산업개발에서 운영하고 있는 프랜차이즈의 가맹점이다. DWP는 2020년 코로나19로 매출이 감소하면서 공실이 늘어나자 상가 활성화를 위한 전략의 일환으로 매장의 일부 구역을 '도매오더샵'으로 특화하여 운영하고 있다. 이는 외국인을 대상으로 상담을 통해 의류를 제작하여 판매하고 있는 신평화패션타운 4층의 '수출전문특구'와 유사한 형태라고 할 수 있다. 도매오더샵은 소매상이 도매상인의 매장에서 마음에 드는 의류를 선택하여 구매하는 방식이 아니라 도매상인이 가지고 있는 여러 의류를 보고 특정 의류를 선택한 뒤 자신이 원하는 방향으로 디자인 등을 수정하여 주문할 수 있는 방식을 의미한다. 이러한 방식은 소매상에게 맞춤생산에 가까운 의류를 공급함으로써 만족도를 높일 수 있다.

3장

도매상인의 유형

3장 도매상인의 유형

1절 도매상인의 유형 구분

동대문패션타운의 도매상인은 다양한 기준에 의해 그 유형이 구분될 수 있지만, '패스트 패션'이 동대문패션타운의 가장 두드러진 특징이라는 점을 감안하면 도매상인이 디자인 업무를 어느 정도 수행하느냐를 기준으로 디자인 도매상인, 유통전문 도매상인, 전통적 도매상인의 세 가지 유형으로 나눌 수 있다. 그러나 특정 도매상인을 세 가지 유형 중에서 하나의 유형으로 정확하게 해당하지 않은 경우도 많다. 왜냐하면 예를 들어 겨울 옷은 디자인을 자체적으로 해결하지만 여름 옷은 사입을 하여 판매하는 도매상인들도 있고, 대체로 디자인을 자체적으로 해결하지만 중국 도매시장 등에서 마음에 드는 옷을 발견하면 사입을 하여 판매하는 도매상인들도 적지 않기 때문이다. 이러한 경우의 도매상인은 디자인 도매상인인 동시에 유통전문 도매상인이라고 할 수 있다.

2절 디자인 도매상인

디자인 도매상인은 자신 스스로 혹은 자신이 고용하거나 섭외한 디자이너가 디자인한 의류를 샘플 작업을 거쳐 봉제공장에 의뢰하여 생산한 후 매장에 진열하여 판매하는 도매상인이다. 봉제공장에 생산을 주문할 때 통상적으로 첫 번의 주문 물량은 아직 고객들의 반응을 살펴본 상태가 아니기 때문에 위험성을 줄이기 위해 10~20벌 정도의 소량을 주문하는 것이 일반적이고, 반응이 좋으면 비로소 많은 물량의 생산을 주문하게 된다. 반대로 반응이 좋지 않으면 더 이상의 주문을 하지 않는다. 이러한 생산방식은 소비자의 반응을 살핀 뒤 비로소 본격적인 생산이 이루어진다는 의미에서 '반응생산'이라고 불린다.

이처럼 디자인 도매상인의 경영 방식은 소비자의 니즈에 부합하는 다품종 소량생산에 기반하고 있다. 그런데 2017년 이후부터 의류를 생산을 우리나라의 봉제공장이 아니라 중국 광저우에 위치한 봉제공장에 의뢰하는 경우가 늘고 있다. 중국의 봉제공장에서도 소량주문을 받아 주기 때문에 일부 디자인 도매상인들은 가격도 저렴하고 품질에서도 크게 차이가 없는 광저우의 봉제공장을 찾아 생산을 의뢰하는 경우가 늘고 있다. 더욱이 이곳의 봉제공장은 원단의 수급까지 스스로 알아서 해결해주기 때문에 업무가 더 수월하다는 장점도 있다.

옷을 만들려면 우선 디자인이 나와야 하는데 디자인은 도매상인이 직접 하는 경우도 있지만 대개는 전문 디자이너가 만들어낸다. 도매상인과 디자이너와의 관계 유형은 매우 다양하다. 도매상인은 월급을 주면서 디자이너를 고용하기도 하고, 건당 수고비를 주면서 디자인을 의뢰하기도 한다. 도매상인이 월급을 주면서 디자이너를 고용하는 경우에 디자이너는 특정 점포에 전속되어 일하는 경우도 있고, 2개 이상의 점포에서 동시에 일하는 경우도 있다. 디자이너가 2개 이상의 점포에서 일하는 경우가 있는 것은 디자이너를 전속으로 고용할 만큼 업무량이 많지 않은 도매상인들도 있기 때문이다. 디자이너가 2개 이상의 점포에서 일하는 경우에 한 점포를 위해 만든 디자인에 대해서 다른 점포에서 사용하거나 얘기를 해서는 안 된다. 단발적으로 디자인을 받는 경우에는 프리랜서로 일하는 디자이너를 섭외해서 디자인을 받기도 하고, 디자인 에이전트 회사와의 계약을 통해 디자인 건당 수수료를 지불하면서 디자인을 받기도 하며, 자발적으로 디자인을 가지고 오는 디자이너의 디자인을 채택하기도 한다. 심지어 인근 점포 도매상인과의 관계가 좋으면 그 점포에서 일하는 잘 나가는 디자이너에게 부탁해서 디자인을 받는 경우도 있다.

동대문패션타운은 기본적으로 인간관계에 의해 촘촘히 맺어져 있는 사회이기 때문에 계약이나 원칙보다는 관계를 바탕으로 하는 거래가 많이 이루어지는데, 도매상인과 디자이너와의 거래도 두 사람 간의 인간적인 신뢰관계를 바탕으로 이루어지는 경우가 많다. 디자인에 대한 대가도 사전에 정해져 있지 않고 그때 그때 상황에 따라 정해지는 경우가 많다. 즉, 디자인 건당 얼마를 주는 경우에 그 액수가 정해져 있는 것도 아니고, 판매 실적이 좋을 경우에 커미션을 주는데 지불 조건이나 액수를 사전에 정해 놓지는 않는 경우가 많다. 하지만 최근 들어 합리성을 추구하는 젊은 디자이너들이 늘어나면서 계약서를 작성하는 경우가 늘고 있다. 또한 디자인 대행 서비스를 제공하는 '디자인 에이전시(design agency)'라고 불리는 회사들도 있는데, 이러한 회사와의 거래는 회사와 회사와의 관계가 되기 때문에 보다 공식적인 관계로 이루어지게 된다.

디자이너가 완성된 디자인을 가져오면 그대로 채택되는 경우는 드물고 대개는 도매상인이 축적된 실무 감각을 바탕으로 잘 팔릴 수 있을 것 같은 형태로 수정을 한다. 이로 인해 도매상인과 디자이너 간에 갈등이 발생하기도 하지만 대개는 궁극적으로 위험을 부담해야 하는 도매상인의 판단에 따라 디자인이 정해진다. 최종적으로 디자인이 정해지면 샘플실이나 봉제공장과의 커뮤니케이션을 위해 필요한 '작업지시서'가 만들어진다. 여기에는 디자인은 물론, 원단과 부자재 종류와 수량, 제작방법 및 제작순서, 봉제시 주의사항 등 제작을 위한 모든 내용들이 담기게 된다. 동대문패션타운 인근의 신당동에는 샘플만 전문적으로 만들어주는 '샘플실(sample室)'이라고 불리는 곳이 몰려 있는데, 이곳에서는 샘플을 전문적으로 제작해준다. 하지만 동대문패션타운의 도매상인들은 샘플실을 이용하기보다는 봉제공장에서 샘플제작에서 본격적인 생산까지 모두 해결하는 경우가 더 많다. 이렇게 하는 것은 생산일정을 단축시킬 수 있기 때문이기도 하지만, 무엇보다 봉제공장에 패턴제작이나 재단업무를 할 수 있는 우수한 인력이 있으면 구태여 비용을 별도로 지불하면서 샘플실을 이용할 필요가 없기 때문이다. 그래서 봉제공장의 경쟁력은 봉제에만 있는 것이 아니라 패턴제작과 재단능력에 의해서도 크게 영향을 받는다.

작업지시서가 자세하게 잘 작성이 된 경우에 샘플은 24~48시간 정도면 만들어진다. 이렇게 만들어진 샘플은 매장에 진열이 되어 고객들에게 선을 보이게 된다. 신상은 2~4주간 진열되어 고객들의 반응을 보게 된다. 이 기간 동안 고객들의 반응이 별로 좋지 않으면 바로 내려 버리게 되고, 반응이 좋으면 봉제공장에 본격적으로 주문을 내게 된다. '패스트 패션'이라고 불리는 SPA의 경우도 기획에서부터 생산을 거쳐 매장에 진열되기까지 적어도 2주일이 걸리는데 동대문패션타운에서는 이 기간이면 생산 및 매장 진열은 물론 고객의 반응까지 살필 수 있는 것이다. 이런 의미에서 동대문 도매시장의 의류는 '초스피드 패션'이라고 말할 수 있다. 매장에 진열된 신상 중에서 약 70~80%는 도태되어 사라지고, 20~30% 정도만 살아남는다. 살아남은 20~30%의 디자인도 모두 대박을 치는 것은 아니고 대박 상품은 시즌에 1개 정도에 불과하다. 결국 디자인 도매상인의 성공 여부는 소비자의 패션 니즈에 부응할 수 있는 디자인의 옷을 만들어낼 수 있는가에 달려 있고, 따라서 창의력이 무엇보다 중요한 성공 요소라고 할 수 있다. 이러한 유형의 도매상인은 가장 대표적인 유형의 도매상인이라고 할 수 있으며, 현재의 동대문패션타운 도매시장의 이미지를 구축해 온 장본인이라고 할 수 있다.

3절 유통전문 도매상인

유통전문 도매상인은 스스로 디자인을 하지 않고 이미 만들어진 옷을 매입해서 마진을 붙여 판매하는 도매상인이다. 이들은 다른 업종에서 흔히 찾아볼 수 있는 '상인도매상'이라고 할 수 있다. 그렇지만 유행의 흐름을 중시하는 동대문패션타운의 신흥 도매상가에서는 디자인 도매상인이 가장 전형적이고 대표적인 유형의 도매상인이라고 할 수 있고, 유통전문 도매상인은 비교적 최근에 주목받기 시작한 새로운 유형의 도매상인이라고 할 수 있다.

유통전문 도매상인이 많은 수익을 올리기 위해서는 값싸고 질 좋은 제품을 구입해서 많이 그리고 좋은 가격에 팔 수 있어야 한다. 한국의 봉제공장은 디자인 기능을 가지고 있는 것은 아니기 때문에 유통전문 도매상인이 봉제공장으로부터 한국산 의류를 구입하기는 어렵다. 예외적으로 봉제공장이 수출용 의류의 생산을 의뢰받아 반품 등에 대비하여 주문받은 물량에 추가하여 생산한 소량의 수출용 의류를 도매상인이 구입하여 판매하는 경우는 있지만 보편적인 현상은 아니다. 따라서 유통전문 도매상인이 한국산 의류를 취급하려면 디자인 도매상인으로부터 의류를 구입하여 판매하여야 한다. 그래서 봉제공장과 직접 거래하는 디자인 도매상인은 '원도매상', 원도매상으로부터 의류를 공급받는 유통전문 도매상인은 '중도매상'으로 불리기도 한다. 원도매상으로부터 의류를 구입한 중도매상이 원도매상과 같은 가격에 의류를 팔려면 자신의 마진을 대폭 줄여야 하기 때문에 수익률이 떨어진다. 그렇다고 정상적인 마진을 붙이면 중도매상의 가격은 원도매상의 가격보다 비쌀 수밖에 없다. 그래서 똑같은 의류가 2개 이상의 점포에서 다른 가격으로 팔리고 있는 경우가 발생하고, 이로 인해 동대문패션타운의 도매상가에서 옷을 싸게 사고 싶으면 발품을 많이 팔아야 한다는 얘기가 나온다.

이처럼 유통전문 도매상인이 국산 의류를 취급하면 가격경쟁력을 갖기가 힘들기 때문에 중국의 도매상가나 의류공장에서 의류를 구입하여 판매하는 도매상인들이 많아지고 있다. 주로 광동성의 광저우에서 유통되는 중국산 의류는 가격경쟁력을 갖추고 있음은 물론, 원단, 디자인 등의 측면에서도 상당한 수준에 올라 있기 때문에 유통전문 도매상인의 입장에서는 매우 매력적인 대안이 아닐 수 없다. 한국의 동대문패션타운과도 상당히 닮아 있는 광저우 의류 도매시장은 한국과의 거래가 빈번하기 때문에 한국에서 인기를 얻고 있는 디자인에 대해서도 잘 알고 있다. 따라서 유통전문 도매상인은 한국에서 환영을 받을 만한 스타일의 의류도 얼마든지 구입할 수 있다. 그래서 중국산 의류의 품질이 높아지면서 중국산 의류를 값싸게 들여와서 판매하는 유통전문 도매상인의 숫자가 증가하는 추세를 보이는 것은 매우 자연스런 현상이라고 할 수 있다.

이렇게 한국으로 수입된 의류는 소형 가두 편집샵, 온라인쇼핑몰 업체, 지방의 소매상가 상인 등은 물론 디자인 도매상인, 동대문패션타운 소매상가 등에도 판매된다. 그런데 문제가 되는 것은 디자인 도매상인이 팔고 있는 옷과 똑같은 옷들이 유통전문 도매상인에 의해 훨씬 싼 가격에 팔리고 있는 현상이 나타나고 있다는 점이다. 한국에서 현재 인기 있는 디자인은 누군가가 중국 광저우에 있는 도매상인이나 봉제공장 등에도 알려줄 수도 있지만 2010년대 중반부터는 B2B 플랫폼을 통해 얼마든지 검색이 가능하다. 이러한 방법으로 찾아낸 인기 있는 디자인의 의류를 모방한 의류가 한국의 유통전문 도매상인에 의해 수입되어 동대문에서 유통되는 것이다. 당연히 가격경쟁력이 떨어지는 디자인 도매상인의 옷의 매출은 떨어진다. 자신이 디자인한 옷이 중국산으로 바뀌어 다른 점포에서 싸게 팔리고 있다는 사실을 알게 된 디자인 도매상인이 해당 점포를 찾아가 항의를 해보지만 "광저우에서 정상적인 절차에 의해 들여와 팔고 있다"는 말만 들을 수 있을 뿐이다.

또한 유통전문 도매상인은 중국 등 외국에서 의류를 들여오기 때문에 '라벨갈이'의 유혹에 노출되어 있다. 라벨갈이는 'Made in China' 라벨을 떼어내고 'Made in Korea' 라벨이나 자사의 상호만을 붙여 의류의 국적을 세탁하는 행위로 명백히 불법이다([글 3-1] 참조). 그렇지만 라벨을 바꾸면 2~3배 이상의 높은 가격을 받을 수 있기 때문에 강한 유혹을 느낄 수도 있다. 소비자가 한국산과 품질이 높아진 중국산을 잘 구별하지 못할 것이라는 기대도 유혹에 쉽게 빠지게 하는 원인이 된다. 그러나 중국산 제품을 속아서 구입했다고 생각하는 소비자들은 어디 가서 하소연 하기도 어렵기 때문에 다시 속지 않기 위해 동대문패션타운에서 팔리는 옷에 아예 등을 돌려버릴 가능성이 높다. 이렇게 '라벨갈이'는 일시적으로 일부 도매상인에게 수익을 가져다줄 수는 있지만 시장 전체를 공멸로 몰아넣는 악재가 될 수 있다.

글 3-1 라벨갈이의 두 가지 의미

동대문패션타운에서 이루어지고 이는 라벨갈이는 두 가지 유형으로 구분될 수 있다. 첫 번째 유형은 의류의 원산지를 바꾸는 형태의 라벨갈이이다. 외국산 의류를 국내에 들여올 때에는 반드시 의류에 국적을 표기한 라벨을 부착하도록 되어 있는데 국내에 들여온 후 이를 떼어내고 'Made in Korea'라고 표기되어 있는 라벨을 부착하는 행위이다. 이는 중국산 의류의 품질이 높아지면서 소비자들이 한국산 의류와 중국산 의류를 잘 구별해내지 못한다는 점을 악용하면서 크게 늘어났다. 이러한 유형의 라벨갈이는 봉제공장을 비롯한 한국 의류산업의 존립기반을 송두리째 훼손할 수 있기 때문에 '5년 이하의 징역 또는 1억원 이하의 벌금'이라는 중벌에 처하고 있다. 2010년대 후반에 들어 중국산 의류가 늘어나면서 라벨갈이에 대한 대대적인 단속이 이루어지고, 또한 동대문패션타운 구성원들의 자체적인 정화 노력이 이루어지면서 이러한 유형의 라벨갈이는 크게 감소하였다. 라벨 작업을 해주는 점포들이 몰려 있는 골목에 가면 "라벨갈이를 하지 않습니다"라는 글귀를 붙여 놓은 점포들을 흔히 발견할 수 있다.

두 번째 유형은 의류를 제작한 도매상인이 주로 백화점 등에서 매장을 운영하고 있는 디자이너의 요구에 의해 자신의 상호라벨을 떼어내고 디자이너의 라벨을 부착하여 판매하는 유형이다. 이렇게 판매된 의류는 해당 디자이너의 매장이 있는 백화점에서 구매가의 4배 정도의 가격으로 판매된다. 디자이너가 이러한 형태로 의류를 구매해 갈 때 많은 물량을 주문하는 대신에 도매상인의 매장에서는 해당 의류를 더 이상 판매하지 말 것을 조건으로 내거는 경우가 많다. 이러한 유형의 라벨갈이는 최근에 등장한 것이 아니라 적어도 20년 이상의 세월을 거치면서 관행처럼 굳어져 있다. 이러한 유형의 라벨갈이는 어느 정도 이상의 지명도도 있고 자신이 디자인한 옷만으로는 수요를 감당하지 못하게 된 디자이너가 동대문패션타운을 돌면서 마음에 드는 의류를 찾은 후 도매상인에게 자신의 라벨을 붙여 납품을 해줄 것을 요구하는 방식으로 이루어진다. 도매상인의 입장에서는 손해볼 것이 없기 때문에 이러한 요구에 기꺼이 응하는 관행이 형성되어온 것이다. 이러한 관행은 동대문 의류 생태계에 나쁜 영향을 미치지는 않지만 소비자를 기만한다는 점에서는 원산지 라벨갈이와 동일하다. 하지만 이러한 유형의 라벨갈이는 법률의 규제를 받고 있는 것은 아니기 때문에 앞으로도 지속적으로 이루어질 것으로 예상된다. 도매상가 중에서 이러한 유형의 라벨갈이가 가장 빈번하게 이루어지고 있는 도매상가는 단연 제일평화이다. 이는 제일평화가 '재래시장의 백화점'으로 불릴 만큼 20~40대 여성을 타깃으로 하는 좋은 품질의 의류를 많이 생산하고 있기 때문이다. 지금은 동대문패션타운 의류의 수준이 전반적으로 크게 향상되면서 이 유형의 라벨갈이가 상당히 광범위하게 이루어지고 있다.

동대문패션타운과 직접적인 관련은 없지만 또 다른 형태의 라벨갈이도 있다. 이는 백화점 등에 매장을 가지고 있는 디자이너가 중국산 의류를 직접 수입하거나 혹은 동대문패션시장의 도매상가에서 구입을 한 뒤 자신이 운영하는 봉제공장에서 원산지 라벨갈이와 자신의 라벨 부착을 동시에 행하는 유형이다. 즉, 중국의 도매상가에서 판매되는 상품을 우리나라의 백화점에서 디자이너 브랜드로 판매하는 유형으로 보통 마진폭이 6배 이상에 이른다. 이 또한 원산지에 대한 라벨갈이가 이루어진 것이기 때문에 5년 이하의 징역이나 1억원 이하의 벌금이라는 중형에 처해질 수 있다.

4절 전통적 도매상인

전통적 도매상인은 동대문 의류시장에서 가장 먼저 등장한 유형의 도매상인이다. 즉, 동대문패션타운 형성 초기에는 '도매상인'이라고 하면 당연히 이 유형의 도매상인을 의미했다. 이들은 비교적 평범하고 보편적인 스타일의 의류를 만들어 판매한다. 또한 이들은 디자인 도매상인과 마찬가지로 스스로 디자인을 하지만 최신 유행을 창출해 내는 것이 아니라 보편적인 스타일의 옷을 만들기 때문에 전문 디자이너를 고용하여 디자인을 만들어내는 예는 많지 않다. 이들의 의류생산은 수십 벌이나 수백 벌 단위가 아니라 적어도 수천 벌의 단위로 이루어진다. 따라서 생산단가를 낮추는 것은 이들의 주요한 성공요인이 된다. 그래서 2010년대 중반에 들면서 한국 봉제공장보다는 중국, 베트남, 캄보디아, 미얀마 등지의 대규모 공장에서 생산하여 들여오는 사례가 크게 늘어나고 있다.

또한 전통적 도매상인은 디자인 도매상인에 비해 취급하는 상품이 다양하다. 이들은 주로 작업복, 운동복, 점퍼, 일상적인 스타일의 남성복 및 여성복 등을 많이 취급하고 있으며, 디자인 도매상인의 옷이 주로 10~30대의 젊은 소비자를 목표고객으로 삼고 있는 반면, 전통적 도매상인이 취급하는 옷은 주로 40~50대의 중년 소비자가 주요 목표고객이다. 이들이 만든 옷은 지하상가, 전통시장 등에 점포를 가지고 있는 지방 소매상인, 일상적인 의류를 취급하는 온라인쇼핑몰 업체 등은 물론이고 내국인 소비자나 외국인 여행객들에게 소매로도 판매된다. 전통적 도매상인은 다른 유형의 도매상인에 비해 오랫동안 거래하고 있는 단골고객들을 많이 가지고 있다. 이들의 성공 요인은 디자인보다는 적절한 생산시기 및 생산량, 저렴한 가격 등에 있다. 따라서 시장의 흐름을 정확하게 예측할 수 있는 판단력이 무엇보다 중요한 덕목이라고 할 수 있다. 이들은 단가를 낮추기 위해 많은 양을 생산하는 경우가 많기 때문에 제법 큰 규모의 창고를 가지고 있어야 하고, 자본도 상당히 축적하고 있어야 한다. 또한 전통적 도매상인의 매장은 디자인 도매상인의 매장과는 크게 차이가 난다. 디자인 도매상인의 매장은 인테리어가 화려하고, 옷들이 하나하나 별도로 진열되어 있는 반면, 전통적 도매상인의 매장은 인테리어도 화려하지 않을 뿐만 아니라 옷들이 걸려 있지 않고 종류별로 쌓여 있는 곳이 많다. 이 유형의 도매상인은 대부분 오랜 기간 동안 의류업계에 종사하면서 경험과 자본을 축적한 사람들이며, 상가별로 보면 대체로 평화시장, 통일상가, 신평화패션타운 등 전통상가로 분류되는 도매상가에서 많이 찾아볼 수 있다.

4장

도매상가의 구매대행인

4장 도매상가의 구매대행인

1절 구매대행인의 개념과 유형

동대문패션타운 도매상가에서의 구매대행인은 '소매상인, 도매상인, 일반소비자 등 자신의 고객을 위해 도매상가에서 의류의 구매를 대신해주는 사람'으로 정의될 수 있다. 즉, 구매대행인은 고객으로부터 구입할 것을 의뢰받은 의류를 고객이 선불로 지불한 돈으로 구매한 후 약속된 장소에 배송해 주는 역할을 하는 사람을 의미한다. 구매대행인의 역할은 수동적인 역할과 능동적인 역할로 구분될 수 있다. 수동적인 역할은 의뢰받은 의류를 구입한 후 이를 배송해 주는 역할을 의미하며, 이는 구매대행인의 가장 기본적인 역할이라고 할 수 있다. 능동적인 역할은 단순히 의뢰받은 의류를 구매해서 배송해 주는 것을 넘어서서 고객에게 특정 의류를 추천해 주는 역할을 의미한다.

구매대행인은 도매시장에서의 지속적인 업무 수행, 동대문 구성원들과의 빈번한 교류, 의류와 의류시장에 대한 학습 등을 통해 축적한 경험과 지식을 바탕으로 중간상에게는 잘 팔릴 수 있는 의류를, 그리고 일반소비자에게는 트렌드에 어울리는 의류를 추천해 줄 수 있다. 동대문패션시장에서의 대표적인 구매대행인으로는 사입삼촌, 따이공(보따리상), 라이브커머스 왕홍, 웨이샹 등을 들 수 있다. 이들은 모두 구매대행인으로서의 역할을 수행하지만 여러 가지 면에서 차이를 보인다([표 4-1] 참조).

| 표 4-1 | 동대문패션타운 도매상가의 구매대행인의 유형

구분	국적	주고객	고객과의 접촉매체	업무의 비중	능동적 역할의 계기
사입삼촌	한국	가두 편집샵 및 온라인쇼핑몰 운영자	대면, 전화, B2B 플랫폼	수동적 역할 중심	고객의 추천요청
따이공	대부분 중국	중국의 의류 도매상 및 소매상	대면, 전화, 위챗	수동적 역할 중심	고객의 추천요청
왕홍	대부분 중국	중국의 일반소비자	라이브커머스	능동적 역할 중심	라이브커머스 진행을 통한 구매권유
웨이샹	대부분 중국	중국의 일반소비자	위챗 등 SNS	능동적 역할 중심	위챗 등을 통한 구매권유

2절 사입삼촌

2-1 사입삼촌의 개념

동대문패션타운 최초의 구매대행 서비스는 1990년대 초반에 등장하기 시작한 '사입삼촌'으로 불리는 구매대행인에 의해 제공되었다. 일반적으로 사입(仕入)이라고 하면 돈을 지불하고 물건을 사들이는 것을 의미하지만, 사입삼촌은 자신의 돈으로 의류를 구매하는 것이 아니라, 구매대행을 의뢰하는 소매상인의 돈으로 물건을 구매한다. 따라서 사입삼촌은 엄밀한 의미에서는 틀린 용어이고 정확히는 '구매대행인'이라고 불러야 한다. 그렇지만 동대문패션타운에서는 '사입삼촌'이라는 용어가 워낙 일반화되어 있기 때문에 본서에서도 사입삼촌을 구매대행인을 의미하는 것으로 쓰기로 한다.

1990년대 초반 무렵에는 패션에 대해 관심이 많고 가성비를 중시하는 젊은 소비자들이 늘어나면서 디자인과 품질도 좋고 가격도 비교적 저렴한 동대문 의류에 대한 수요가 크게 늘어나고 있었다. 이로 인해 공급이 수요를 따라가지 못하면서 옷을 사고 싶어도 살 수 없는 소매상인들이 생겨나게 되었다. 그래서 물량확보에 자신이 없는 소매상인들은 동대문패션타운에 대해 잘 알고 있고, 인맥도 좋은 사람에게 선금을 치르면서 물건을 사줄 것을 부탁하게 되었는데 이것이 바로 사입삼촌의 시작이다. 소매상인들은 이러한 구매대행 서비스를 통해 필요한 의류를 확보할 수 있었을 뿐만 아니라 이동에 소요되는 시간과 비용을 절약할 수 있었기 때문에 구매대행 서비스는 많은 소매상인들이 선호하는 서비스로 자리잡았다.

구매대행서비스의 형성 초기에는 사입삼촌이 30명 정도에 지나지 않았지만 코로나19가 발발하기 직전인 2020년 초에는 1,000명 이상의 사입삼촌이 동대문패션타운에서 활동하였다. 또한 구매대행 서비스가 형성되기 시작할 무렵에는 혼자 프리랜서로 활동하는 사입삼촌이 대부분이었지만 구매대행 서비스가 보편화되면서 점차 전문업체를 만들거나 4~5명의 사입삼촌들이 팀을 구성하여 활동하는 경우가 많아졌다. 또한 내행시비스 형성 초기에는 소규모 가두 편집샵 운영자가 사입삼촌의 주고객이었지만 2000년대 이후에는 온라인쇼핑몰 업체의 비중이 전체 고객의 50% 이상을 차지할 정도로 크게 증가하였다.

2-2 사입삼촌의 업무

사입삼촌의 주업무는 소매상인이 도매상인에게 의류를 반품 · 교환 · 반환하는 업무와 의류의 구매와 관련한 업무로 나누어 살펴볼 수 있다. 먼저 사입삼촌은 소매상인이 불량품의 반품, 크기 · 색깔 등이 다른 의류로의 교환, 빌려온 샘플의 반환 등을 하기 위해 의뢰한 의류를 도매상인에게 전달하는 업무를 수행한다. 또한 사입삼촌은 구매와 관련하여 대금결제, 픽업, 배송 등의 업무를 수행한다. 사입삼촌의 업무는 대개 밤 10시~11시에 시작되어 새벽 5시쯤 끝난다. 밤 10시~자정까지는 준비작업을 하는 시간이라고 할 수 있다. 이 시간에는 소매상인들로부터 의뢰받은 반품 · 교환 · 샘플반환 의류들을 도매상가별로 구분하거나, 여러 사람이 같이 움직이는 경우에는 각자의 동선을 정하는 등의 업무가 이루어진다.

가장 핵심적인 업무라고 할 수 있는 소매상인이 주문한 의류의 픽업은 대개 자정에서 새벽 5시 사이에 이루어진다. 왜냐하면 이 시간은 밤시장과 낮시장이 모두 열려 있는 시간이기도 하고, 또한 적어도 새벽 6시 이전에는 배송이 시작되어야 교통체증에 걸리지 않고 주문한 의류를 약속된 시간에 소매상인에게 전달할 수 있기 때문이다. 사입삼촌의 업무량은 구체적인 구매 상황에 따라 다르지만 숙련된 사입삼촌은 하룻밤에 3~4개의 도매상가의 약 150개의 도매점포를 돌면서 1,000건의 주문을 소화하기도 한다.

먼저 사입삼촌은 거래하는 소매상들이 반품이나 교환을 원하는 의류를 미리 상가별 · 도매상인별로 분류한 후 이를 각 도매상가를 돌며 전달해준다. 물론 추가적인 주문이 있으면 반품을 하면서 대금결제와 픽업이 같이 이루어진다. 사입삼촌이 거래하는 소매상들이 가두 편집샵인 경우에는 수천만원의 현금을 들고 다니면서 구매하는 경우가 많은 반면, 거래하는 소매상이 온라인쇼핑몰인 경우에는 대금의 결제가 인터넷뱅킹을 통해 이루어지는 경우가 많기 때문에 결제 업무를 덜 수 있다. 주문한 의류의 픽업은 사입삼촌에게는 촌각을 다투는 가장 핵심적인 업무이다. 픽업이 늦어지면 배송이 늦어져서 소매상과의 신뢰관계가 깨질 수도 있기 때문에 가능한 한 신속하게 움직여야 한다. 엘리베이터가 있어도 사입삼촌은 대개 이동시간을 단축하기 위해 계단을 이용하여 이동한다. 사입삼촌들은 사입전용 모바일앱이 등장하기 이전에는 소매상들의 주문 정보를 표로 정리한 종이나 노트를 들고 다녔지만 2017년 경부터는 스마트폰을 들고 다니면서 사입전용 모바일앱을 통해 주문내역을 보면서 다니는 경우가 많아졌다. 주문 정보는 소매상인이 도매상인에게 미리 이메일 등으로 보내 놓았기 때문에 도매상인은 사입삼촌이 오기 전에 주문받은 의류를 미리 봉투에 담아 놓는다. 도매상인이 업무가 많거나 봉제공장에서 물건이 미처 도착하지 않아서 미리 봉투에 담아 놓지 못하는 경우가 있는데 사입삼촌은 이러한 상황을 가장 싫어한다. 왜냐하면 바쁜 상황에서 해당 도매점포를 또 들려야 하기 때문이다.

사입삼촌은 반품이나 교환할 물건이 있으면 전달해주고, 대금을 지급하면서 주문한 의류가 담긴 봉투를 수거한다. 그 봉투에 대금지급 영수증(현장에서는 일본어인 '장끼'로 불린다)을 넣은 후 대봉(보통 100리터)에 담는다. 대봉이 다 차면 20kg에 이르기 때문에 여러 개를 한꺼번에 들고 다닐 수가 없어서 끌고 다니는 경우가 많고, 또한 일정한 장소에 다 찬 대봉들을 놓아두고 다시 픽업에 나서기도 한다. 신기하게도 놓아둔 대봉들을 다른 사입삼촌들이 실수로 가져가는 일은 있어도 도둑을 맞는 경우는 거의 없다. 여러 도매상가를 돌며 수거가 모두 끝나면 대봉들을 도매상가 밖의 정해진 장소에 모아 놓고 다시 소매상별로 분류한다. 분류가 끝나면 사입삼촌이 직접 배송을 하기도 하고, 혹은 신상마켓이나 링크샵스 등의 플랫폼에 소속되어 있는 경우에는 회사의 차량에 실어 배송하기도 하지만 가장 일반적인 방법은 거래하는 퀵서비스나 화물운송서비스 사업자나 업체를 이용하여 배송을 한다. 물량이 적고 이동거리가 멀지 않으면 오토바이 퀵서비스를 활용하고, 물량이 많거나 이동거리가 멀면 화물차량을 활용한다. 의류를 배송해주는 퀵라이더나 화물차량 기사는 동대문패션타운에서는 '화물삼촌'으로 불린다. 거래하는 퀵오토바이나 화물차량이 오는 시간은 사전에 정해져 있기 때문에 사입삼촌은 정해진 시간이 되기 전에 소매상별 분류까지 끝내야 한다.

사입삼촌은 구매 이외에도 소매상인이 해결하기 어려운 문제를 해결해주기도 하는데 그 중 가장 중요한 것 중의 하나가 바로 샘플을 확보하는 것이다. 소매상인은 소비자들의 신상품에 대한 소비자의 반응을 살핀 후 구매를 하려고 하기 때문에 항상 샘플이 필요하다. 그런데 도매상인들은 단골 소매상인이 아니면 낱개 판매를 하지 않기 때문에 도매상인과 안면이 없는 소매상인은 사고 싶은 의류를 색깔별이나 사이즈별로 모두 한 장씩은 구입해야 한다. 도매상인이 샘플로 한두 장을 팔지 않는 가장 큰 이유는 신뢰관계가 형성되지 않은 사람이 한두 장 사가서 카피를 할 가능성이 있다고 판단하기 때문이다. 그런데 사입삼촌은 이 문제를 해결해 줄 수 있다. 즉, 도매상인은 소매상인이 아니라 신뢰관계가 형성되어 있는 사입삼촌을 믿고 낱개로 팔아주기 때문에 소매상인으로서는 고마운 일이 아닐 수 없다. 더욱이 소매상이 편집샵이 아니라 온라인쇼핑몰 업체라면 사진만 찍고 돌려주면 되기 때문에 사입삼촌은 거래하는 온라인쇼핑몰 업체를 위해 샘플을 반품을 조건으로 공짜로 가져다 주기도 한다.

2-3 사입삼촌의 수입

사입삼촌의 수입 형태는 매우 다양하다. 사입삼촌의 수입은 소매상으로부터의 수입과 도매상인으로부터의 수입으로 나누어진다. 구매대행을 의뢰하는 소매상으로부터의 수입은 소매상이 단골이 아닌 경우에는 대체로 주문 건수나 중량에 따라 금액을 정해 놓거나 혹은 구매금액의 일정 비율을 수수료로 정해 놓는 경우가 많다. 수수료를 받는 경우에는 대체로 구매금액의 3.3% 정도가 일반적이다. 시간이 지나면서 서로 간에 신뢰가 형성되면 사입삼촌이 소매상인으로부터 정액의 월급을 받는 형태가 많아진다. 정기적으로 월급을 받는 경우에 월급의 액수는 소규모의 편집샵이나 온라인쇼핑몰인 경우에는 대개 몇 십만원 정도이지만 규모가 큰 온라인쇼핑몰과 같은 경우에는 몇 백만원에 이르기도 한다.

사입삼촌은 도매상인으로부터는 '물비(物費)'라고 불리는 돈을 주문한 의류를 픽업을 하면서 현금으로 받는다. 물비는 화물비를 의미하는 용어이지만 일종의 '수고비' 혹은 '사례비'라고 할 수 있다. 통상적으로 구매금액의 0.6~1.0%로 30만원이면 2~3천원이 된다. 그렇지만 구매액이 10만원 이하이면 물비를 받지 못하는 경우가 많다. 물비는 도매상인이 반드시 줘야 하는 것은 아니지만 대체로 주는 관행이 정착되어 있다. 도매상인이 물비를 주는 이유는 소매상과 긴밀한 관계를 가지고 있는 사입삼촌은 거래하는 소매상인에게 특정 도매상인이나 그가 취급하는 의류에 대한 정보를 제공함으로써 소매상인이 해당 도매상인과의 지속적인 거래 여부나 구입물량 등을 결정할 때 영향을 미칠 수 있기 때문이다. 구매 물량이 많아지면 '물비' 수입은 소매상으로부터 받는 월급보다 훨씬 많아질 수 있다. 예를 들어 사입삼촌이 하루에 500건의 주문을 소화하는데 건당 평균 구매액이 10만원이라고 하면 총구매액은 5,000만원이 되고 5,000만원의 0.6~1.0%이면 물비는 30~50만원이 된다. 한달에 20일만 일한다고 해도 한달 물비 수입은 600만~1,000만원이 된다.

사입삼촌이 도매상인으로부터 받을 수 있는 또 하나의 수입원은 도매상인을 위한 샘플 홍보활동에서 발생하는 수입이다. 경기가 안 좋아지면 도매상인이 사입삼촌에게 많은 수의 점포를 운영하는 편집샵이나 규모가 큰 온라인쇼핑몰 업체에게 자신의 샘플을 전달해 줄 것을 부탁하는 경우가 많아진다. 즉, 수십 개의 매장을 가지고 있는 편집샵이나 규모가 큰 온라인쇼핑몰인 경우에는 상품을 입점시키려는 도매상인이 워낙 많아서 샘플을 여간해서는 잘 받아주지 않는다. 그래서 도매상인은 규모가 큰 편집샵이나 온라인쇼핑몰 업체와 거래하는 사입삼촌에게 건별로 몇 천원 정도의 비용을 주면서 샘플을 전달해주고 또 잘 검토해달라는 말을 해주라고 부탁하는 경우가 있다. 이러한 사입삼촌의 홍보활동이 효과가 나타나면 도매상인으로부터 정기적으로 월급을 받는 형태로 발전하기도 한다.

2-4 사입삼촌의 능동적 역할

사입삼촌은 단순히 구매를 대행하는 서비스를 제공하는데 그치지 않고 소매상인을 대신해서 소매상인이 원하는 유형의 상품을 찾아주거나 잘 나가는 상품을 추천해주는 역할을 하기도 한다. 즉, 패션에 대한 감각이 있고, 동대문에 대해 잘 알고 있는 사입삼촌들은 소매상인을 위한 MD(머천다이저)의 역할을 하기도 하는 것이다. 그래서 빠른 속도로 변화하는 20~30대 젊은 소비자들의 트렌드를 따라잡기가 어렵다고 생각하는 소매상인의 경우에 MD의 역할을 같이 해줄 수 있는 사입삼촌은 매우 훌륭한 대안이 될 수 있다. 그 결과 사입삼촌 중에는 패션감각이 상당히 있고 도매시장 각 점포의 특성에 대해서도 잘 알고 있는 젊은층이 많고, 구매를 의뢰하는 소매상인 중에는 젊은 소비자들의 취향이나 패션감각을 따라잡기 어려워하는 중장년층이 많다. 사입삼촌은 소매상인을 위해 MD의 역할까지 해 주는 경우에는 도매상인으로부터의 수수료도 기대할 수 있다. 왜냐하면 비슷한 디자인, 품질, 가격의 옷을 여러 도매상인이 취급하고 있는 경우에 사입삼촌은 특정 도매상인의 매출실적을 올려주는 역할을 할 수 있기 때문이다.

3절 따이공

흔히 보따리상으로 불리는 따이공(代工)은 1997년 외환위기를 계기로 동대문패션타운에 등장하기 시작하였다. 즉, 따이공은 외환위기로 원화 가치가 폭락하면서 동대문 의류의 가성비가 급격히 상승하면서 본격적으로 등장하기 시작했다. 따이공은 중국어로 '대신 업무를 처리해 주는 사람'이라는 뜻이다. 이들은 자신의 돈으로 상품을 구입한 후에 중국으로 가져가서 마진을 붙여 소매상이나 도매상에 판매하는 '상인'으로 활동하기도 하였지만, 주로 중국의 소매상이나 도매상으로부터 주문을 받은 뒤 의류를 구입하여 배송해주고 수수료를 수취하는 '구매대행인'으로서의 활동을 전개하였다. 따이공은 주문을 받은 의류를 구입해 보내주는 역할을 하였을 뿐만 아니라 고객들의 요청에 따라 자신의 안목과 식견으로 도매상가에서 의류를 선택하여 중국의 고객들에게 추천하는 역할도 수행하였다. 즉, 따이공도 사입삼촌과 같이 주문받은 의류를 픽업해서 배송하는 업무는 물론, 자신의 식견을 바탕으로 의류를 선정하여 고객들에게 추천하는 역할도 수행하였다.

동대문패션타운에서 활동하는 따이공의 수는 등장한 이래 꾸준한 증가세를 보이다가 중국정부가 2017년 사드 배치에 대한 보복의 일환으로 따이공에 대한 규제를 강화하면서 많이 줄어들긴 하였으나 여전히 많은 수가 동대문패션타운에 남아 활동을 이어갔다. 2019년에는 따이공의 활동에 직접적인 영향을 미칠 수 있는 큰 변화가 생겼는데 바로 '중국 전자상거래법'이다. 2018년 8월 31일에 개최된 중국 제13회 전국인민대표대회 상무위원회 제5차 회의에서 '중화인민공화국 전자상거래법'이 통과되었으며, 2019년 1월 1일부터 시행되었다. 중국정부는 전자상거래법을 개정하면서 따이공들에게도 사업자등록과 관세신고를 의무화하였으며 이로 인해 따이공의 수가 급격히 줄어들었다. 이렇게 2019년 중국 전자상거래법으로 인해 따이공의 세금 부담이 늘어나면서 개인형 따이공은 도태되고 기업형 따이공으로 전환되기 시작하였다. 이는 조직적으로 따이공 업무를 수행함으로써 세금을 줄일 수 있는 방법과 수익률을 높일 수 있는 방법을 보다 체계적으로 모색해 나가기 위함이었다. 이러한 자구책을 마련하였지만 2020년 코로나19가 발발하면서는 따이공은 동대문패션타운에서 거의 자취를 감추었다.

4절 왕홍

4-1 왕홍의 개념

동대문패션타운의 도매상가에는 디자인이 무단 복제되는 것을 막기 위해 사진이나 동영상의 촬영을 허용하지 않는 관행이 있었다. 즉, 2000년대 중반에 들어 동대문패션타운 의류의 디자인을 카피한 의류가 중국의 공장에서 대량으로 생산되는 일이 빈번하게 발생하면서 '촬영금지'라는 팻말을 걸어 놓고 장사하는 도매상인들이 많았다. 그런데 2017년 경부터 왕홍, 웨이상 등 인터넷을 이용하여 자국의 소비자를 대상으로 구매대행 서비스를 제공하는 외국인 구매대행인이 크게 늘어나면서 촬영을 금지하는 관행이 완화되었다.

1990년대 말에 동대문패션타운에 등장하기 시작한 보따리 상인이라고 불리는 따이공(代工)이 주로 중국의 중간상들로부터 오프라인으로 주문을 받고 한국에 와서 의류를 구입해가는 '오프라인 구매대행인'이었다면 새롭게 등장한 구매대행인은 자국의 젊은 세대를 대상으로 인터넷을 활용하여 주문을 받아 의류를 구매하는 '온라인 구매대행인'이라고 할 수 있다. 이들 '온라인 구매대행인'은 보따리 상인들이 많이 줄어든 동대문패션타운에서 강력한 구매 세력으로 급부상했다. 온라인 구매대행인들의 국적은 중국, 베트남, 대만 등 다양하지만 거의 대부분 중국인들이다. 중국인들에 의한 구매대행 서비스는 어떤 매체를 이용하는가에 따라 크게 주보(主播)와 웨이샹(微商)의 두 가지 유형으로 구분될 수 있다.

중국에서는 라이브커머스를 통해 상품을 판매하여 수익을 창출하는 활동을 하는 사람들을 주보(主播)라고 부르고 있다. '라이브커머스(Live Commerce)'는 '라이브 스트리밍(Live Streaming)과 전자상거래(E-commerce)' 합성어로 인터넷상에서 실시간 동영상을 통해 상품을 판매하는 것을 의미한다. 우리나라에서는 '라이브생방송'의 줄임말로 '라방'이라는 용어가 많이 사용되고 있다. 주보를 사전에서 찾아보면 '메인 아나운서'을 뜻하는 것으로 나온다. 그런데 알리바바그룹의 회장인 마윈(马云)이 2016년 3월 오픈마켓 타오바오에 라이브커머스 플랫폼 타오바오라이브(淘宝直播)를 개설하면서 여기에서 모바일생방송을 통해 상품을 판매하여 수익을 올리는 사람들을 주보라고 명명하였으며 그 이후로 이 용어가 '모바일생방송을 통해 상품을 판매하는 활동을 하는 사람'의 의미로 널리 사용되고 있다. 중국에는 2020년을 기준으로 약 20만 명의 주보가 있는 것으로 알려져 있다. 알리바바가 창출했다고 할 수 있는 '모바일생방송을 통한 상품판매'라는 새로운 소매업태는 중국에서는 '왕홍경제', '왕홍산업'이라는 용어를 탄생시킬 정도로 크게 성장하였으며, 이러한 소매업태가 2017년부터 동대문패션타운, 명동상권, 면세점 등을 중심으로 한국에 진출하였다.

주보가 주도하는 모바일생방송 판매는 생방송으로 진행된다는 점에서 TV홈쇼핑과 유사하지만 두 소매업태 간에는 여러 가지 점에서 차이가 있다. TV홈쇼핑에서도 쌍방향 커뮤니케이션이 이루어지지만 모바일생방송 판매에서는 주보와 소비자 간의 실시간 커뮤니케이션이 댓글의 형태로 훨씬 더 활발하게 이루어지며, 그 내용은 해당 생방송을 보고 있는 다른 구매자들에 의해 실시간으로 공유된다. 또한 TV홈쇼핑은 매체가 TV이지만 모바일생방송 판매에서는 매체가 스마트폰이기 때문에 시간과 공간의 제약을 훨씬 더 적게 받는다. 이보다 더 큰 차이점은 모바일생방송 판매의 성공 여부는 주보가 가지고 있는 '팔로어'라고 불리는 팬덤의 숫자와 그들의 주보에 대한 충성도에 의해 좌우된다는 점이다. TV홈쇼핑의 쇼호스트도 판매의 성패에 큰 영향을 미치지만 팔로어를 공식화하고 있는 것도 아니고 시청자들도 쇼호스트보다는 TV홈쇼핑 회사나 판매하는 상품을 더 중시한다. 하지만 주보는 TV홈쇼핑의 쇼호스트와는 달리 상품선정, 가격설정, 방송진행 기획 등과 같은 MD의 역할도 수행할 뿐만 아니라, 팔로이가 플랫폼보다는 개인적으로 좋아하는 주보를 찾아 생방송을 시청하는 경향이 강하다는 점에서 판매의 성패에 미치는 영향은 절대적이라고 할 수 있다.

우리나라에서는 한국에서 활동하는 주보를 BJ나 왕홍(网红)으로 부르고 있다. BJ는 'broadcasting jockey'의 약자로 '모바일생방송 진행자'를 의미하고, 왕홍은 왕로홍렌(网络红人, 인터넷에서 인기가 있는 사람)의 약자로 인기가 있는 BJ를 이르는 말이다. 본서에서는 중국에서 보편적으로 사용되고 있는 주보와 왕홍이라는 용어를 쓰기로 한다. 왕홍은 콘텐츠를 소개하는지 혹은 상품을 판매하는지에 따라 '콘텐츠 왕홍'과 '커머스 왕홍'으로 나뉘는데 동대문패션타운에서 활동하는 왕홍은 거의 모두 커머스 왕홍이기 때문에 본서에서 왕홍이라고 하면 커머스 왕홍을 의미하는 것으로 한다. 중국에서는 인기가 많은 주보를 가리켜 왕홍주보(网红主播)라고 부르고 있다. 주보의 인기가 얼마나 있는가는 자신의 사이트에 참여하고 있는 팔로어가 몇 명인가에 의해 정해지며, 팔로어의 수가 일정 수준보다 많아지면 왕홍이라고 불러준다. 왕홍이라 불러주는 팔로어의 수는 정해져 있는 것은 아니다. 그런데 주보의 숫자가 늘어나면서 그들 간의 경쟁이 심해지고, 그러면서 왕홍이라고 불러줄지의 여부를 가늠하는 팔로어의 숫자가 감소하고 있다. 왕홍의 붐이 일어나기 시작한 2016년 무렵에는 그 기준이 100만 명 이상을 상회하기도 했지만 2019년 말부터는 팔로어의 수가 10만 명 정도만 되어도 왕홍이라고 불러주고 있다. 직업으로서의 왕홍에 대한 인기가 높아지면서 고학력자들이 이 직업에 활발하게 진출하고 있다. 중국 왕홍들의 약 95%가 대학 졸업자들이고, 그 중 약 15% 정도는 석사 이상의 학위를 가지고 있다.

4-2 왕홍의 유형과 활동 무대

왕홍은 원래 돈을 버는 것과는 관계없이 단순히 웨이보(微博)와 같은 SNS상에서 인기가 있는 사람을 의미했지만, 인터넷 동영상 콘텐츠 시대가 열린 2016년 이후에는 주로 인기를 바탕으로 인터넷 생방송을 통해 상업적인 목적의 활동을 전개하고 있는 사람들을 의미한다. 왕홍은 크게 콘텐츠 왕홍과 커머스 왕홍의 두 가지 유형으로 나누어진다. 콘텐츠 왕홍은 뷰티, 패션, 헤어, 게임, 미식, 여행, 육아, 영화, 책, 사회적 이슈 등의 분야에 대한 독특하고 매력적인 콘텐츠를 만들어서 올려놓고 네티즌을 자신의 팔로어로 끌어들인다. 이들이 돈을 버는 방법은 두 가지로 나누어진다. 첫째는 팔로어들로부터 현금 팁이나 현금화할 수 있는 가상선물을 받는 것이고, 둘째는 유명 회사들과 계약을 맺고 게시물이나 동영상에 광고를 끼워 넣거나 하이퍼링크를 거는 방식으로 제품 광고를 해주고 광고비를 받는 것이다.

커머스 왕홍은 직접 상품판매를 통해 수입을 창출하는 왕홍을 의미한다. 이들은 전통적인 이커머스 업체, 소셜미디어의 생방송 플랫폼, 순수 생방송 플랫폼 등에 자신의 왕홍점(网红店)을 만들어 놓고 여기에서 기업의 위탁을 받아 그 기업의 상품을 판매하거나 혹은 자신이 스스로 선택하거나 제작한 브랜드를 판매한다. 즉, 커머스 왕홍은 전통적인 전자상거래 업체인 타오바오(淘宝), 징동(京东), 핀둬둬(拼多多) 등의 생방송 플랫폼, 웨이보(微博), 이지보(一直播), 도우인(抖音), 콰이쇼(快手)와 같은 소셜미디어의 생방송 플랫폼, 그리고 화지아오(花椒), 먀오파이(秒拍), 잉커(映客) 등의 순수 생방송 플랫폼 등을 이용하여 생방송을 진행한다. 초기의 왕홍들은 주로 개인적으로 활동하였지만 점차 왕홍 에이전시 회사에 소속되는 경우가 늘고 있다. 중국에서는 왕홍부화회사(网红孵化公司)로 불리고 있는 MCN(Multi-Channel Networks)은 왕홍의 양성은 물론, 왕홍이 방송에만 전념할 수 있도록 유통채널 다각화, 제작 및 마케팅 등 각종 업무를 지원한다. 즉, MCN은 연예기획사와 유사한 개념으로 왕홍, 유튜버 등 인플루언서를 양성하고 지원하는 사업자를 의미한다.

동대문패션타운에서 활동하고 있는 왕홍은 상품을 판매하는 커머스 왕홍이며, 다양한 모바일생방송 플랫폼에서 상품을 판매하고 있다. 가장 대표적인 모바일생방송플랫폼은 타오바오가 2016년 3월에 운영을 시작한 타오바오라이브(淘宝直播)이다. 여기에는 동대문패션타운의 의류를 소개하는 공간이 별도로 개설되어 있는데, 이는 타오바오라이브에 동대문패션타운에서 행해지는 생방송이 많이 송출되고 있음을 의미한다. 주보가 타오바오라이브를 주로 이용하는 이유는 가입하기가 쉽고, 투자비용이 적으며, 무엇보다 타오바오라이브의 이용자수가 많아서 자신의 팔로어가 아니더라도 접속하는 소비자들이 많기 때문이다.

4-3 중국의 모바일생방송 플랫폼

2016년 3월에 문을 연 타오바오라이브는 명실공히 중국의 가장 대표적인 모바일생방송 플랫폼이다. 주보는 여기에서 개인자격으로 생방송을 할 수도 있고 왕홍 에이전트 회사인 MCN에 소속된 신분으로 생방송을 할 수도 있다. 어떤 신분이든 기본적으로 타오바오 계정과 지푸바오(支付宝) 계정을 가지고 있어야 한다. 그 이유는 이렇게 하면 타오바오에서 거래와 결제가 연이어서 신속하고 편리하게 이루어질 수 있기 때문이다. 그렇지만 그 밖의 자격요건이나 수수료 체계는 개인주보인지 혹은 MCN에 소속되어 있는 계약주보인지에 따라 크게 다르다. 개인주보인 경우에는 가입조건이 까다로운 반면 판매에 따른 수수료를 내지 않는다. 반면에 계약주보의 경우에는 자격요건을 따로 규정하고 있지는 않지만 계약주보가 소속된 MCN이 타오바오 측에 판매에 따른 수수료를 지불하여야 하고, 또한 주보는 판매에 따른 수익금을 MCN과 나누어야 하기 때문에 판매가 이루어졌을 때 주보의 수입은 개인주보의 수입에 비해 훨씬 적다.

개인주보의 신분으로 타오바오라이브에서 생방송을 하기 위해서는 여러 가지 조건을 충족해야 한다. 첫째, 웨이보 등의 SNS에 5만 명 이상의 팔로어를 가지고 있어야 한다. 따라서 개인주보는 기의 왕홍의 수준이 아니면 타오바오지보에서 생방송을 하기 어렵다. 둘째, 타오바오달인(淘宝达人)으로서 1만 명 이상의 팔로어를 가지고 있어야 한다. 타오바오달인은 알리바바그룹이 타오바오사이트에서 구매자의 구매활동과 판매자의 판매활동을 원활하게 할 수 있도록 하기 위해 만들어 놓은 제도이다. 이들은 타오바오상에서 구매자들이 좋은 상품을 구매할 수 있도록 조언을 제공하고, 판매자에게는 판매가 잘 이루어질 수 있도록 조언을 제공하는 역할을 수행한다. 이들은 평가를 통해 보통달인, 인증달인, 창작달인 등 8개의 등급으로 구분되며, 이러한 평가는 팔로어의 수, 팔로어의 응집력, 팔로어 관리 능력, 댓글의 창조력 등을 통해 이루어진다. 셋째, 생방송 진행 능력, 상황 대처 능력, 명확한 발성 등을 검증받아야 하며, 넷째, 1분 이내의 동영상을 제출하여 심사를 받아야 한다.

MCN에 소속되어 있는 계약주보의 경우에는 개인주보와는 달리 타오바오 계정과 지푸바오 계정을 가지고 있어야 한다는 것 이외의 특별한 조건은 없다. 타오바오라이브에서 판매가 이루어지면 수입금의 배분은 알리바바 10%, 타오바오라이브 20%, MCN 70%의 비율로 이루어지고, MCN과 주보와의 배분 비율은 MCN과 주보와의 계약조건에 따라 이루어진다. 판매가 이루어지면 대금 결제와 정산은 알리바바의 시스템을 통해 자동적으로 이루어진다. 판매된 상품이 구매자에게 전달되는 시간이 1주일, 그리고 구매자의 구매확인에 걸리는 시간이 최장 2주일인 점 등을 감안하여 빠르면 1주일, 최장 3주일 사이에 정산이 이루어진다. 또한 정산 후의 송금은 MCN과 MCN 소속의 계약주보에게 각각 직접 송금된다. 이렇게 함으로써 계약주보가 MCN에게 돈을 떼이는 일이 원천적으로 발생하지 않도록 하고 있다.

개인주보의 경우에는 수수료가 없기 때문에 판매가에서 구매가를 차감한 마진이 모두 자신의 수입이 되지만 계약주보의 경우에는 30%의 수수료(알리바바 10%, 타오바오라이브 20%)를 내야 하고 또한 나머지 금액을 MCN과 나누어야 하기 때문에 상품의 마진폭이 상당히 크지 않으면 수익을 남기기 힘들다. 예를 들어 상품을 1만원에 구입하여 2만원에 판매하였다고 했을 때 개인주보는 1만원이 모두 자신의 수입이 되지만 계약주보는 2만원에서 상품 구입비 1만원과 알리바바 및 타오바오라이브에 지급하는 수수료 6천원을 차감한 4,000원을 다시 MCN과 나누어야 한다. 만일 MCN과의 계약 내용이 상품 구입비와 수수료를 차감한 금액을 MCN과 계약주보가 각각 50%씩 나누어 갖는 것으로 되어 있다면 계약주보에게 돌아가는 수입은 2천원에 불과하다. 즉, 상품의 마진폭이 1만원이었던 것에 비하면 계약주보에게 돌아가는 몫은 대단히 작은 편이다. 그런데 만일 상품 판매가가 2만원이 아니라 1만5천원이었다고 하면 마진율이 50%로 낮지 않은 수준임에도 불구하고 수수료 4천5백원은 무조건 지불하여야 하고 게다가 나머지 5백원을 MCN과 나눠야 하기 때문에 계약주보는 거의 수입을 기대할 수 없다. 따라서 계약주보가 타오바오라이브에서 상품을 판매하여 돈을 벌려면 마진율이 매우 높은 상품을 팔거나 아니면 박리다매로 수익률은 낮지만 많이 팔 수 있어야 한다.

이처럼 타오바오라이브의 운영 방침은 팔로어를 많이 확보하고 있어서 집객 능력이 우수하고 노련한 경험을 바탕으로 원활한 진행이 가능한 왕홍을 우대함으로써 보다 좋은 품질의 생방송이 이루어질 수 있도록 하는데 있다. MCN은 수수료 30%를 부담하여야 하기 때문에 타오바오라이브는 MCN이 많은 수익을 내기는 힘든 플랫폼이다. 그래서 MCN에 소속된 주보이거나 혹은 개인적으로 활동하는 주보인데 타오바오라이브에 가입할 수 있는 자격이 되지 않는 주보들은 타오바오라이브가 아닌 다른 생방송 플랫폼을 이용하는 경우가 많다. 대표적인 생방송 플랫폼으로 웨이보(微博), 이지보(一直播), 도우인(抖音), 콰이쇼(快手) 등의 SNS 플랫폼을 들 수 있다.

도우인(抖音, 한국에서는 틱톡(TikTok)으로 불림)은 원래 15초의 짧은 동영상을 올려 놓는 SNS 앱으로 시작하였지만 이용자가 많아지면서 지금은 누구나 1분 이상의 동영상을 올릴 수 있고, 생방송 신청을 통해 허가를 얻으면 생방송도 할 수 있다. 이러한 SNS 플랫폼들은 광고비를 수입원으로 하고 있으며, 주보나 MCN으로부터 수수료를 받지 않는다. 동영상을 내보내는 방식은 타오바오라이브와 거의 같다. 그런데 타오바오라이브에서는 생방송은 물론 주문을 받아 결제까지 하는 서비스를 모두 제공하고 있지만 SNS 플랫폼에서는 모바일생방송은 가능하지만 결제를 하는 기능은 가지고 있지 않다. 그래서 이러한 SNS 플랫폼에서는 생방송을 보고 있는 고객들이 구매를 하고 싶으면 타오바오몰에 해당 주보가 개설한 왕홍점(网红店)이나 왕홍이 방송을 하고 있는 제품을 제조한 회사가 티엔마오에 개설한 티엔마오플래그샵(天猫旗舰店)으로 연결되는 버튼을 눌러 결제를 하여야 한다.

타오바오몰은 설립시부터 거래에 따른 수수료를 부과하고 있지 않으며, 대금의 정산은 알리바바의 시스템을 통해 이루어진다. 왕홍점이나 티엔마오플래그샵에 연결되면 같은 회사의 제품들을 추천하는 배너 광고가 게시되어 있는 등 광고 활동도 동시에 진행되고 있다.

4-4 동대문패션타운의 주보

정확한 통계가 없는 동대문패션타운의 특성상 얼마나 많은 왕홍들이 동대문패션타운에서 활동을 하였는지 정확히 알 수는 없지만 타오바오라이브가 시작된 2016년에는 그 수가 약 30명 정도에 불과했으나 2019년 말부터 코로나19로 동대문패션타운을 떠나기까지 약 600명이 활동을 하였던 것으로 추산된다. 이들은 품질이 좋은 한국산 의류를 취급하고 있으면서 동시에 방송하기에 쾌적한 분위기를 가지고 있는 도매점포를 선호했다. 이들이 가장 많이 찾는 도매상가가 apM 계열의 상가들(apM, apM 럭스, apM 플레이스)과 퀸즈스퀘어 등인 것도 바로 이 때문이다. 왕홍들의 판매 비중이 가장 큰 도매상가는 단연 apM 플레이스로 정확한 통계는 없지만 매장에 오는 고객들의 약 90%가 왕홍을 비롯한 중국인들이었고 이들의 판매비중도 그 정도에 이르렀다. apM, apM 럭스, 퀸즈스퀘어 등의 경우에는 중국 고객의 비중이 60% 이상이었던 것으로 추산된다.

주보들은 중국 소비자의 흥미를 끌 수 있을 만한 옷들이 걸려 있는 점포를 선택하여 생방송을 하였는데 모델은 여러 옷들을 바꾸어 입어가며 보여주고, 주보는 모델이 입고 있는 옷에 대해 스타일, 질감, 원단 등에 대해 자세히 설명한다. 이들은 주로 카메라 거치대에 스마트폰을 설치해 놓고 방송을 한다. 방송시간은 보통 8시에 시작하여 새벽 1시까지 진행되지만 주문이 많으면 아침 6~7시까지 진행되기도 한다. 방송이 끝나면 팔로어들로부터의 주문을 정리하여 도매상인에게 주문을 하고, 바로 다음 날 배송을 시작한다. 이러한 과정을 통해 주문한 중국 소비자는 3~7일이면 주문한 옷을 받을 수 있다. 동대문 패션타운의 주보들은 통상적으로 옷 자체의 하자에 의한 경우를 제외하고는 교환/환불을 해주지 않는 것이 일반적이다. 교환/환불을 받지 않는 것은 수익률이 높지 않아 반품/환불을 해줄 경우에 왕홍의 입장에서는 오히려 손실이 발생할 수도 있기 때문이다. 이로 인해 중국 소비자들의 불만이 많이 발생하고 있다. 반품이나 환불을 허용하지 않으려면 생방송 과정에서 이를 시청자들에게 알리는 것이 바람직하다. 법률적인 측면에서 보면 왕홍은 거래 당사자가 아니라 중개자이기 때문에 교환이나 환불의 대한 법적인 책임을 지지는 않는다. 그렇지만 향후의 판매 증진을 위해 반품을 허용하는 주보들도 있는데, 이 경우에 약 30% 정도가 반품이 되고 있다. 그런데 물류비 때문에 실제로 물건이 다시 한국으로 들어오는 경우는 별로 없으며, 대부분 구매액을 변상해 주는 방식으로 문제를 해결해야 한다. 그렇게 되면 앞에서는 돈을 벌지만 결국은 헛장사를 하는 셈이 되어버릴 수도 있다.

주보는 경력이 붙으면서 그때그때 상점을 선택하는 것이 아니라 단골 도매상인들을 두고 거래하는 경우가 많다. 이는 단골 도매상인이 만드는 의류의 품질을 믿을 수 있고, 또한 조금이라도 더 저렴하게 의류를 구매할 수 있기 때문이다. 주보도 도매상인을 선택하지만 도매상인도 주보를 선택한다. 도매상인이 생방송을 할 수 있도록 해줄 것을 요청한 주보의 판매력이 신통치 않아 보이면 방송을 허용하지 않기 때문에 아마추어 주보가 동대문패션타운에서 발을 붙이기는 힘들다. 신참 주보가 동대문패션타운 도매상가에서 발을 붙이기 위해서는 많은 양을 한꺼번에 주문을 할 수 있어야 하는데 그렇게 하기 위해서는 웨이보 등의 SNS 플랫폼에서 팔로어를 확보하는 노력이 선행되어야 한다. 그래서 동대문패션타운에 활발하게 활동하는 주보는 대부분 상당한 팔로어를 가지고 있는 왕홍주보(여기서는 줄여서 그냥 왕홍으로 서술한다)들이다.

왕홍들은 모델과 2인 1조로 활동하기도 하지만 주어진 시간에 많은 옷을 팔기 위해 모델, 고객관리, 댓글관리, 구매 및 배송 등을 위한 인원 등을 포함하여 3~5명 정도로 구성된 팀으로 활동하기도 한다. 왕홍은 보통 한 도매상가에만 방송하지 않고 하루에 3~5개 정도의 도매상가를 돈다. 인기 있는 왕홍의 경우 평균 시청자 수가 20~30만 명에 이르고 옷은 2~3천 벌이 팔린다. 옷값이 2만원이면 하루 매출이 4천만원~6천만원에 이른다. 왕홍은 특정 도매점포에 오면 한두 시간에 적게는 수백만원에서 많게는 천만원 이상의 매출을 올려주고, 또한 이들은 현장에서 바로 주문하고 현금으로 결제를 하기 때문에 대금미납, 배송지연 등의 사고도 거의 없다. 그래서 도매상인의 입장에서는 이들이 대단히 중요한 A급 고객이 아닐 수 없다. 그래서 도매상인들은 대체로 왕홍이 오면 방송 공간을 마련해주고, 도매상인이나 직원이 모델로 나서기도 하고, 왕홍에게 원하는 스타일의 의류를 추천하는 등 적극적으로 대응한다. 그렇지만 이들을 불편하게 생각하는 도매상인들도 적지 않다. 왜냐하면 이들은 빠르고 큰 목소리로 방송을 하기 때문에 쇼핑하기가 불편해진 내국인 손님들과 시비가 붙기도 하고, 또한 이들이 거래를 많이 성사시키기 위해 낮은 마진으로 타오바오에서 거래를 하는 바람에 일반소비자들에게 도매가격이 노출되어 버리는 일이 발생하기 때문이다.

그런데 동대문패션타운의 도매상가에서 판매되는 상품을 주보가 판매힐 때 남기는 마진율은 4~8% 정도에 불과한 것으로 알려지고 있다. 마진율이 이렇게 낮은 이유는 주보들 간의 경쟁이 매우 치열하고, 또한 유사한 의류들이 타오바오몰에서 넘쳐나고 있기 때문이다. 예를 들어 A라는 주보가 높은 마진율로 N이라는 의류를 판매하였다고 하면, N을 판매하는 주보가 A만 있는 것이 아닐 뿐만 아니라 A의 팔로어들 가운데는 다른 주보의 팔로어를 겸하고 있는 경우도 있기 때문에 A의 팔로어들은 오래지 않아 A가 의류를 비싸게 팔고 있다는 것을 알게 되면서 A에게 등을 돌리게 된다. 그렇지 않다고 하더라도 타오바오몰에 있는 유사 상품과의 비교를 통해서도 대강의 가격수준을 알 수 있기 때문에 팔로어들이 A로부터 떨어져 나가는 것은 시간 문제가 된다. 사정이 이렇기 때문에 주보들은 값을 올려 받을 수가 없다. 그럼에도 불구하고 주보가 수익을 올릴 수 있는 것은 판매량이 많기 때문이다. 예를 들어 하루에 가격이 2만원인 의류를 5%의 마진(1,000원)을 붙여 1,000벌을 팔았다고 하면 총마진은 1,000원×1,000벌=1백만원이 된다. 한달에 20일을 일한다면 월수입이 2천만원이 되는 셈이다. 하루에 1,000벌을 판다는 것은 우리나라 시장에서는 상상하기 힘든 일이지만 인구가 많은 중국시장에서는 그리 놀랄 만한 일도 아니다. 이러한 박리다매가 이들이 동대문패션타운에서 일을 할 수 있는 가장 큰 원동력이 되고 있다.

그러나 왕홍에게는 마진 이외에도 또 다른 수입원이 있다. 도매상인이 주보에게 의류를 판매할 때 내국인 소매상인에게 판매할 때의 가격으로 판매하는 것이 일반적이지만 많은 양을 한꺼번에 주문하는 단골 주보이면 가격을 깎아주기도 한다. 만일 주보가 도매상인으로부터 5%의 가격할인을 받으면 마진율은 10%가 되면서 수입은 바로 2배가 된다. 또한 택배비가 수입원이 되기도 한다. 예를 들어 구매자에게 별도로 부과하는 택배비가 5천원이라고 할 때 택배회사에게 많은 물량을 한꺼번에 맡기면, 예를 들어 4천원만 내고 택배서비스를 받을 수 있다. 그러면 옷 한 벌당 1천원의 추가 수입이 발생한다. 여기에서도 또 100만원의 수입이 발생하는 셈이다. 그러면 5% 마진율의 의류 1,000벌을 팔아서 하루에 모두 300만원의 수입이 발생하고 한 달에 20일을 일한다고 하면 매월 6천만원이라는 큰 돈을 벌 수 있다. 모든 주보가 이렇게 많은 수익을 올리는 것은 아니지만 작은 마진율을 가지고도 많은 수익을 올릴 수 있는 가능성은 충분히 있는 것이다.

이러한 의미에서 잘 나가는 왕홍은 '오프라인 점포를 가지고 있지 않으면서, 주문을 받아 판매하기 때문에 재고 부담이 전혀 없고, 또한 소비자들이 원하는 소수의 제품만을 골라 판매하는 움직이는 소매상'이라고 할 수 있으며, 왕홍 에이전시 회사인 MCN은 '소속 왕홍의 수만큼의 가맹점을 보유하고 있는 가맹본부'에 비유될 수 있다. 왕홍은 주로 일반소비자를 대상으로 방송을 하지만 경우에 따라서는 중간상이 의뢰한 의류를 방송을 통해 확인시켜 준 후 주문을 받아 의류를 구입해서 배송을 해주기도 한다. 즉, 왕홍이 과거에 따이공(보따리 상인)들이 했던 업무를 수행하기도 하는 것이다. 그래서 왕홍들이 활발하게 활동하는 상가에는 보따리 상인들이 거의 없다. 왕홍은 경우에 따라서는 도매상점이 아닌 별도의 장소에 동대문 도매상가에서 인기를 얻고 있는 옷들을 모아 놓고 방송을 하는 경우도 있다. 예를 들어 왕홍은 2016년 7월 1일~2019년 8월 31일의 기간에 이루어진 '동대문시장 글로벌명품시장 육성사업'을 계기로 동대문 DDP 패션몰에 위치한 바이어라운지에서 무료로 모바일 생중계를 하기 시작하였으며, 2021년 말 현재에도 바이어라운지에서는 다양한 플랫폼을 활용한 왕홍들의 모바일 생중계 활동이 지속적으로 이루어지고 있다.

왕홍을 비롯한 중국인 주보가 동대문패션타운의 도매시장에서 의류를 구입하는 액수는 2019년을 기준으로 월평균 약 1,500억원에 이르는 것으로 평가되었으며 점차 늘어나는 추세에 있었다. 이로 인해 왕홍은 보따리 상인이 대폭 감소한 동대문패션타운의 도매상가에서 큰 희망이 되었다. 그러나 왕홍의 출현으로 좋은 점만 있었던 것은 아니고 중국 도매상인들의 발길이 끊어졌다는 부작용도 발생하였다. 중국의 도매상인들은 동대문패션타운에서 1만원에 물건을 사면 중국에서는 적어도 2만원~3만원은 받아야 수익을 챙길 수 있다. 그런데 그런 옷들이 왕홍들에 의해 타오바오라이브 등에서 1만1천원도 안 되는 가격에 판매되고 있기 때문에 절대로 경쟁력을 가질 수 없다. 동대문패션타운의 도매상인들은 1년 내내 장사가 안 되다가도 중국의 도매상인이 와서 한꺼번에 많을 구매하는 바람에 일년 장사를 하루에 해결하는 경우도 있었는데 이러한 일들이 이제는 발생할 가능성이 거의 없어진 것이다. 즉, 왕홍이라는 소매상인의 역할을 하는 존재가 등장하여 소비자와 직거래를 하면서 동대문패션타운에서는 중국인 도매상인들이 자취를 감추게 되었다.

5절 웨이샹

웨이샹(微商)은 주로 우리나라의 대표적인 모바일 메신저인 카카오톡에 해당하는 중국의 웨이신(微信, 위챗)을 이용하는 구매대행인들을 의미한다. 이들은 모바일 생방송을 활용하는 주보들과는 달리 사진이나 동영상을 활용하여 판매활동을 전개한다. 이들은 도매시장을 돌면서 마음에 드는 의류를 구입한 후, 적절한 모델을 섭외하여 스튜디오나 야외에서 사진을 찍거나 동영상을 만든다. 이렇게 제작된 사진이나 동영상을 웨이신에 만들어 놓은 위챗방(群聊组)에 올린다. 위챗방은 이를 만든 웨이샹이 방장(群主)이 되고 방장의 초대를 받지 못하면 여기에 들어올 수 없다. 말하자면 이곳은 웨이샹이 관리하는 폐쇄적인 공간이다.

위챗방에서는 영상통화도 할 수도 있기 때문에 생방송과 같은 효과를 누릴 수도 있다. 웨이샹이 만들어 놓은 공간에 참여하는 사람들은 다이리(代理)라고 불리는 사람들이다. 이들은 스스로가 방장이 되어 만든 위챗방을 통해 자신보다 아래 단계의 다이리에게 웨이샹이 제공한 정보를 제공한다. 아래 단계의 다이리도 똑같은 방식으로 자신이 만든 위챗방을 통해 자신보다 아래 단계의 다이리에게 정보를 제공하거나 혹은 일반소비자와의 커뮤니케이션 공간인 펑요첸(朋友圈)을 통해 일반소비자에게 정보를 제공한다. 이처럼 웨이상의 판매활동은 피라미드의 형태를 가지고 있는 인적 조직에 의해 이루어진다. 위챗방에 올리는 동영상에는 시간의 제한이 없지만 펑요첸에 올리는 동영상의 길이는 15초로 제한되어 있다. 펑요첸은 위챗방과는 달리 대화 공간이라기보다는 사진이나 짧은 동영상을 올려놓는 공간으로 그곳에 참여하는 사람들은 사진이나 짧은 동영상에 대한 댓글이나 '좋아요' 등의 반응을 표시할 수 있다. 소비자가 펑요첸에 올라온 사진이나 동영상을 보고 제품에 대해 관심이 생기면 1대1 채팅(私聊)을 통해 자세한 문의와 주문을 할 수 있다. 펑요첸에서는 참여하는 사람이면 누구나 다른 친구를 초대할 수 있기 때문에 펑요첸은 위챗방과는 달리 한 사람에 의해 통제할 수 있는 공간은 아니다.

웨이상의 업무는 피라미드 구조의 조직에서 이루어지기 때문에 판매액이 많아질수록 다이리의 단계와 인원수도 많아진다. 그렇지만 웨이상이든 다이리이든 고객정보에 대해서는 대단히 폐쇄적이다. 즉, 고객정보는 상위의 다이리이든 같은 단계의 다이리이든 공유하지 않는다. 따라서 웨이상이나 웨이상 바로 밑의 다이리도 자신이 직접 관리하고 있는 다이리는 알지만, 자신이 관리하고 있는 다리이들이 관리하고 있는 다이리들이나 일반소비자에 대해서는 알지 못한다. 다만 같은 위챗방에서 얘기를 나누는 같은 단계의 다이리들은 시간이 지나면서 자연히 알게 되는 것이 보통이다. 웨이상의 판매구조가 피라미드 형태를 갖게는 이유는 웨이신을 운영하는 텅쉰(騰讯)이 펑요첸에

참가할 수 있는 친구의 최대 숫자를 5천 명으로 제한하고 있기 때문이다. 즉, 웨이샹은 자신이 선택한 상품을 홍보할 수 있는 소비자의 숫자를 늘리기 위해 피라미드 구조를 이용하고 있는 것이다. 이에 대해 가상적인 예를 들어 설명해보기로 한다.

동대문패션타운에서 활동하는 웨이샹이 산동성을 비롯한 중국의 10개 성에서 활동하는 성대표 다이리 10명에게 자신이 만든 위챗방을 통해 자신이 고른 옷들의 사진과 동영상을 제공한다. 그러면 예를 들어 산동성을 대표하는 다이리는 청도를 비롯한 산동성의 20개 도시에서 활동하는 도시대표 다이리 20명에게 자신이 만든 위챗방에서 웨이샹이 제공한 사진과 동영상을 제공한다. 그 다음 단계에서는 예를 들어 청도에서 활동하는 다이리는 자신이 만든 펑요첸을 통해 청도에 거주하는 일반소비자 2,000명을 대상으로 사진과 동영상을 제공하고 주문을 받는다. 청도 등 산동성 20개 도시의 다이리들은 일반소비자의 주문을 모아 산동성을 대표하는 다이리가 방장으로 있는 위챗방에서 주문을 내고, 또한 산동성 등 10개 성의 대표 다이리들은 동대문패션타운에서 활동하는 웨이샹이 방장으로 있는 위챗방에서 주문을 낸다. 웨이샹은 10명의 성대표 다이리들로부터 주문받은 옷을 도매상인으로부터 구매한 후, 산동성 등 10개 성의 다이리들에게, 또한 각 성의 대표 다이리들은 자신이 관리하는 20개 도시의 다이리들에게, 또한 각 도시의 대표 다이리들은 자신에게 주문한 일반소비자들에게 옷을 배송한다. 즉, 웨이샹이 위챗방이나 펑요첸을 통해 일반소비자들로부터 직접 주문을 받으면 최대 5천 명에게만 정보를 전달할 수 있는데 반해, 앞에서 기술한 예에서와 같이 1단계 다이리가 10명, 2단계 다이리가 20명, 2단계 다이리들의 고객이 각각 2,000명이라면 웨이샹이 상품 정보를 전달할 수 있는 소비자의 수는 10×20×2000=40만명으로 늘어난다.

타오바오 등에서 인터넷 생중계를 통해 의류를 판매하는 주보의 경우에는 가격경쟁력이 중요하기 때문에 10만원 이상의 비싼 의류를 판매하기는 어렵다. 이에 반해 웨이샹은 가장 아래 단계의 다이리들이 보유하고 있는 일반소비자의 특성에 따라서는 얼마든지 높은 가격의 상품도 판매할 수 있다. 그래서 웨이샹은 고급의류는 물론 고가의 액세서리 등도 많이 취급한다. 왕홍도 판매할 물건을 잘 고르는 것이 중요하지만 웨이샹의 경우에는 마진폭이 크면서도 소비자가 가치를 느낄 수 있는 상품을 골라야 하기 때문에 물건을 보는 안목이 더욱 중요하다고 할 수 있다. 웨이샹이 높은 가격의 상품을 판매하여야 하는 근본적인 이유는 웨이샹이 여러 단계의 다이리들과 판매마진을 나누어야 하기 때문이다. 그래서 왕홍이 판매하는 상품과 웨이샹이 판매하는 상품은 그 특성이 매우 다르다. 게다가 주보의 경우에는 주문한 상품을 직접 소비자에게 배송하지만, 웨이샹의 경우에는 적어도 2번 이상의 배송이 이루어져야 하기 때문에 배송비의 부담이 크다는 것도 높은 마진을 확보할 수 있는 상품을 취급하여야 하는 이유가 된다. 웨이샹이 직접 구매자에게 배송하면 비용을 절약할 수 있지만 오직 자신이 거래하는 다이리들에 대한 정보만 가지고 있기 때문에 직접 배송은 불가능하다. 구매자에게 직접 배송하는 것이 가능하다고 해도 배송물량이 많으면 배송업무가 폭증하여 웨이샹이 본업을 수행하기가 어렵게 될 수 있다는 것도 직접 배송을 하지 못하는 또 한 가지의 이유라고 할 수 있다. 다만 주문물량이 많지 않고 소비자에게 직접 판매한 다이리가 요청을 해오는 경우에는 웨이샹이 직접 구매자에게 배송하기도 하는데 이 경우에도 발송자는 웨이샹이 아니라 주문을 받은 다이리로 표시해야 한다.

글 4-1 웨이샹과 일반소비자

여러 층의 다이리들로 구성된 피라미드 구조에서 판매를 하는 웨이샹은 구조상 일반소비자와의 직접적인 접촉을 갖을 수 없다. 하지만 많은 웨이샹들은 피라미드 조직을 통해 다이리들에게 판매하는 한편, 다이리들이 참여하지 않는 별도의 위챗방이나 펑요첸을 만들어 일반소비자들에게 직접 판매를 하기도 한다. 일반소비자들이 참여하는 위챗방이나 펑요첸에서 판매하는 가격은 당연히 다이리들이 참여하는 위챗방에서 판매하는 가격보다 훨씬 더 비싸다. 왜냐하면 피라미드 조직에서 판매하는 경우에는 여러 층의 다이리들과 판매마진(소비자가격-구매가격)을 나누어야 하지만 직접 일반소비자에게 판매하면 판매마진을 자신이 모두 가질 수 있기 때문이다. 즉, 웨이샹은 다이리들로 구성된 피라미드 조직을 통해서는 박리다매를 추구한다고 할 수 있고, 직접 일반소비자를 상대하는 공간을 통해서는 높은 마진을 추구한다고 할 수 있다. 그래서 특정 부류의 소규모 고객들을 대상으로 높은 마진을 올리는 것을 선호하는 웨이샹들은 다이리를 두지 않고 위챗방이나 펑요첸을 통해 직접 일반소비자들에게 판매하는 것에 전념하기도 한다. 더욱이 펑요첸에서는 사진이나 동영상 발송자의 위치가 날짜 및 시간과 함께 게시되기 때문에 동대문패션타운에서 활동하는 웨이샹은 중국 소비자들에게 자신의 위치를 자연스럽게 알려줄 수 있고, 이로 인해 신뢰감을 배가시켜주는 효과를 거둘 수 있다.

5장

소매상가

5장 소매상가

1절 소매상가 개관

소매상가들은 동대문패션타운의 서쪽에 위치해 있다. 두타(두산타워), 밀리오레, 헬로apM, 굿모닝시티, 패션TV 등의 5개 소매상가들이 장충단로를 따라 남북 방향으로 길게 늘어서 있고, 현대시티아울렛 동대문점이 두타의 바로 서쪽에 위치해 있다([표 5-1] 참조). 시기적으로 보면 현대시티아울렛의 전신인 거평프레야가 1996년에 가장 먼저 설립되었다. 거평프레야는 처음에는 도매상가로 출발하였으나 시간이 지나면서 도매와 소매를 병행하였다. 거평프레야는 설립된 이후 프레야타운, 청대문, 케레스타 등으로 상가명이 바뀌었으며 2016년부터 현대백화점과 20년 장기 일괄임대차계약을 맺고 현대시티아울렛 동대문점이 입점해 있다. '일괄임대차계약'이란 임차인이 일정한 액수의 임대료를 소유주체에게 지불하면서 그 대가로 상가를 운영할 수 있는 모든 권리를 부여받는다는 내용을 담은 계약이다.

| 표 5-1 | 동대문패션타운의 소매상가 개관

설립시의 상가명	설립 연도	현재의 상가명	비고
거평프레야	1996	현대시티아울렛 (2016)	도매상가로 출발하여 도소매를 병행하는 과정을 거쳐 1998년에 소매상가로 전환
밀리오레	1998	밀리오레	-
두타	1999	두타	두산은 두산타워를 2020년 9월에 마스턴투자운용에 매각
헬로apM	2002	헬로apM	도매상가에서 소매상가로 전환 (2003~2005년에 걸쳐 서서히 전환됨)
패션TV	2007	패션TV	롯데피트인(2013~2020년)이 철수한 후 2022년 1월 현재 운영할 업체를 물색 중
굿모닝시티	2008	굿모닝시티	2022년 1월 현재 매물로 나와 있음

그 다음으로 1998년에 밀리오레가 설립되었는데 밀리오레는 처음부터 소매상가로 출발하였다. 밀리오레가 설립 초기부터 대대적인 성공을 거두자 도매와 소매를 병행하고 있던 거평프레야도 완전히 소매상가로 전환하였다. 즉, 현재의 소매상가 지역에 소매를 가장 먼저 도입한 상가는 거평프레야이지만 소매를 본격화시킨 상가는 밀리오레이다. 그 다음으로 1999년에 두타가 설립되었다. 두타는 두산㈜이 1999년에 설립하였으며, 두산타워㈜가 운영을 맡고 있었다. 그러다가 두산의 구조조정의 일환으로 두타는 2020년 9월에 마스턴투자운용에 8천억원에 매각되었다. 소유주는 바뀌었으나 매각된 이후에도 의류 및 패션잡화를 판매하는 두타몰의 운영은 여전히 두산측에서 맡고 있다.

2002년에는 헬로apM가 설립되었는데, 설립시에는 도매상가로 출발하였으나 2~3년간에 걸쳐 서서히 소매상가로 전환되었다. 2007년에는 패션TV가 설립되었지만 입점 상인을 구하지 못해 개장을 하지 못하고 있다가 2013년에 롯데자산개발과 20년 장기 일괄임대차계약을 맺고 롯데피트인이 입주하였다. 그러나 롯데피트인은 코로나19의 타격을 이기지 못하고 영업 개시 이후 7년 여가 경과한 2020년 12월 31일 부로 입주해 있던 지하 3~8층의 모든 매장에서 철수하였다. 이에 따라 패션TV 상가관리단은 2022년 1월 현재 상가를 운영할 업체를 찾고 있다. 굿모닝시티는 소매상가 중에서는 마지막으로 2008년에 설립되었다.

2절 소매상가의 유형

동대문패션타운의 6개 소매상가는 두타, 현대시티아울렛, 패션TV 등 대기업이 운영하고 있거나 운영하였던 소매상가와 밀리오레, 헬로apM, 굿모닝시티 등 대기업과는 연관이 없는 소매상가로 나누어질 수 있다. 2022년 1월 현재 패션TV는 롯데피트인이 철수한 후 운영업체를 물색하고 있는 중인데, 코로나19로 인해 운영업체를 찾는데 상당히 오랜 시간이 걸릴 것으로 예상되지만 여전히 대기업이 들어와서 운영될 가능성이 높을 것으로 예상된다. 동대문패션타운에서 대기업이 운영하고 있거나 운영하였던 소매상가는 흔히 '제도권' 소매상가로

| 표 5-2 | 동대문패션타운 소매상가의 유형과 이에 따른 차이

구분	소매상가 명칭	취급 의류	상가운영 방식	매장의 형태
제도권 소매상가	현대시티아울렛, 두타, 패션TV	중대형 의류업체의 브랜드 의류	특정매입계약에 따른 수수료	비정형 매장
비제도권 소매상가	밀리오레, 헬로apM, 굿모닝시티	동대문패션타운 도매상가의 의류	임대차계약에 따른 임대료	구좌형 매장

불리고 그렇지 않은 소매상가는 '비제도권' 소매상가로 불린다. 이 두 유형의 소매상가는 취급하는 의류, 운영방식, 매장형태 등 여러 가지 측면에서 큰 차이를 보인다([표 5-2] 참조).

3절 제도권 소매상가

3-1 취급 의류

제도권 소매상가와 비제도권 소매상가는 취급하는 의류의 유형이 매우 다르다. 현대시티아울렛, 두타, 패션TV 등 대기업이 운영하고 있거나 운영했던 3개의 제도권 소매상가는 설립 초기에는 동대문패션타운의 도매상가에서 공급되는 의류를 판매하기도 하였지만 설립 초기를 제외하면 대부분 중대형 의류업체의 브랜드 의류를 취급해오고 있다. 따라서 제도권 소매상가들은 동대문패션 생태계와 직접적인 연관성은 없고, 다만 동대문패션타운의 유동인구를 증가시켜 동대문패션타운 전체에 활력을 불어넣는 역할을 하고 있다고 할 수 있다.

3-2 상가운영 방식

제도권 소매상가에서는 중대형 브랜드 의류업체가 임차인이 되어 점포를 운영한다. 제도권 소매상가에 입점해 있는 브랜드 의류업체들은 백화점에 입점해 있는 브랜드 의류업체들과 마찬가지로 상가의 관리 운영업체와 특정매입계약을 맺고 매출의 일정 비율을 수수료로 지급한다([글 5-1] 참조). 판매수수료율은 대략 30% 수준이다. 판매수수료는 마진(판매액에서 구입액을 뺀 차액)을 기준으로 부과되는 것이 아니라 판매액을 기준으로 부과되기 때문에 이를 지급해야 하는 입점업체의 입장에서는 상당한 부담이 아닐 수 없다.

두타의 경우에 처음부터 중대형 브랜드 의류업체가 입점해 있었던 것이 아니라 2007년까지도 많은 상인들이 입점해 있었다. 두타가 매장 대형화를 위해 브랜드 의류를 입점시키면서 특정매입계약을 맺고 30%의 판매수수료를 징수하였는데, 이러한 방식을 기존의 상인들에게도 적용시켰다. 이로 인해 상인들은 매출액에서 약 30%를 차감한 금액을 가지고 종업원의 월급, 관리비 등 모든 것을 해결해야 했고, 또한 두타에서는 현금거래를 통해 매출을 누락시켜 세금을 줄이는 불법행위가 근원적으로 불가능했기 때문에 돈을 버는 것이 극히 어려워졌으며 그 결과 상인들은 대량으로 두타를 떠나게 되었다. 이러한 과정을 거쳐 두타는 동대문표 의류가 아닌 중대형 브랜드 의류기업이 생산하는 메이커 의류가 판매되는 상가로 전환되었다.

현대시티아울렛에는 지금도 브랜드 의류업체가 아닌 일반 상인들이 일부 입점해 있는데 이들도 고율의 판매수수료를 지급하여야 하기 때문에 마진율이 높지 않은 도매상가의 의류보다는 주로 마진율이 높은 디자이너의 옷이나 수입의류 등을 취급하고 있다.

글 5-1 특정매입매장

특정매입은 '백화점, 대형마트, 아울렛 등의 대형 유통업체가 제조업체 등의 입점업체로부터 상품을 외상으로 매입하여 판매하고, 팔리지 않은 재고는 다시 입점업체에게 반품할 수 있는 위수탁거래'로 정의되며, '반품 조건부 매입'이라고도 한다. 즉, 대형 유통업체는 상품을 소유하면서 판매되는 상품에 대해 자사의 명의로 영수증을 발급하지만, 팔리지 않은 상품은 입점업체에 반품을 할 수 있다. 대형 유통업체는 판매마감 후에 판매액에서 일정비율의 수수료를 차감한 금액을 입점업체에게 지급한다. 그래서 특정매입매장을 운영하는 입점업체는 판매가 이루어지지 않은 상품을 모두 재고로 떠안아야 하고, 매출에 대한 미수금이 짧게는 한 달에서 길게는 두 달 가까이 발생하기 때문에 유동성 부족이 발생할 수 있는 부담을 진다. 원칙적으로 위수탁거래인 특정매입에서는 매장에서 이루어지는 모든 활동이 수탁자인 대형 유통업체에 의해 수행되어야 함에도 불구하고, 대형 유통업체는 매장운영이나 영업활동 가운데 매장 전체에 적용되는 일반적인 사항만을 관리하고 매장관리, 재고관리, 영업관리 등의 거의 모든 경영활동을 위탁자인 입점업체가 수행하고 있다.

특정매입계약은 우리나라의 백화점들이 유통산업발전법에서 규정하고 있는 백화점의 '직영비율'이 50% 이상이 되어야 한다는 규정을 어기지 않으면서 동시에 불량재고의 처리와 같은 운영상에서의 부담을 최소화하는 수단으로 오랜 기간 동안 활용되어 왔다. 이러한 관행이 '직영비율' 규정이 없는 대형마트, 복합쇼핑몰, 아울렛 등은 물론, 홈쇼핑, 온라인쇼핑몰 등에도 확산되어 있다. 또한 백화점과 같이 의류가 주력 품목이고, 주로 백화점 기업들이 운영하는 동대문 패션타운의 '제도권 소매상가'에서도 특정매입계약은 광범위하게 활용되고 있다. 유통산업발전법에는 백화점의 '직영비율'에 대한 정의가 없지만 일반적인 해석은 '백화점의 매출액 중에서 백화점이 직접 구매한 물품 판매액의 비중'이라고 할 수 있다. 하지만 우리나라의 백화점들은 이를 '백화점의 매출액 중에서 백화점 및 고객의 명의로 거래가 이루어진 매출액의 비중'으로 해석하고, 이를 위해 특정매입계약이라는 편법을 도입하였다고 할 수 있다. 이러한 관행은 우리나라의 백화점들이 '직매입' 비중에 매우 낮은 일본 백화점의 운영 방식을 모방하였기 때문이다. 직매입은 백화점이 실제로 돈을 주고 상품을 사온 후 자신의 책임하에 판매하는 방식을 의미한다. 결국 일반인들이 듣기에는 같은 의미로 들리는 '직영'과 '직매입'의 의미를 교묘하게 구분해서 법망을 피해가는 편법이 공공연히 사용되고 있는 것이다. 백화점의 직매입 비중은 미국이 80~90%, 영국과 프랑스가 60~70%에 달하는 반면, 일본은 5~10%에 불과하고 우리나라의 백화점은 5%에도 미치지 못한다. 특정매입매장은 우리나라의 백화점들이 가장 많이 채택하고 있는 매장으로 전체의 70~80%를 차지하고 있으며, 의류, 화장품, 패션잡화 등의 주력상품의 대부분이 특정매입 형태로 운영되고 있다. 여기에 고정임대료와 판매수수료가 혼합된 임대을 매장까지 포함하면 판매수수료를 내는 매장이 거의 대부분을 차지하고 있다고 하여도 과언이 아니다. 판매수수료율은 품목에 따라 크게 차이가 난다. 소비자가격 대비 마진율이 높은 제품은 상대적으로 판매수수료율이 높다. 현재 우리나라 백화점의 수수료율은 의류 및 잡화는 35~38%, 화장품은 30%, 가전제품은 10% 수준이고, 대형마트, 복합쇼핑몰, 아울렛 등에서의 판매수수료율은 이보다 낮은 20~30% 수준이다.

제도권 소매상가에 입점해 있는 의류업체들은 소매상가의 관리운영주체에게 판매수수료와 관리비를 지급한다. 즉, 제도권 소매상가의 입점업체는 두산타워㈜, 현대백화점 등의 상가를 운영관리하고 있는 업체에게 매월 판매수수료와 관리비를 지급하여야 한다. 그리고 두산타워㈜, 현대백화점, 2020년 말까지 패션TV를 운영관리하던 롯데자산개발 등은 소유주체가 아니기 때문에 이들 업체는 소유주체와의 별도

계약을 맺고 임대료를 지급한다. 즉, 두타몰을 운영하는 두산타워㈜는 마스터투자운용과 일괄임대차계약을 맺고 있고, 현대시티아울렛을 운용하는 현대백화점도 소유주체인 코람코자산신탁과 20년 장기 일괄임대차계약을 맺고 있으며, 패션TV에 입점해 있던 롯데피트인도 소유주체인 패션TV 상가관리단(구분소유자들로 구성된 단체)과 20년 장기 일괄임대차계약을 맺고 있었으며, 이러한 계약을 바탕으로 소유주체에게 계약서에 명기된 금액의 임대료를 매달 지급한다([그림 5-1] 참조).

매장의 운영은 해당 매장에 입점해 있는 브랜드 의류업체가 고용한 매장관리자에 의해 이루어진다. 매장관리자는 정식직원인 경우도 있지만 대부분 1년 단위의 계약직이며, 자신이 월급을 지급하는 판매사원을 채용할 수 있다. 매장관리자는 브랜드 의류업체로부터 의류의 판매를 위탁받아 판매한다. 즉, 매장관리자가 의류업체로부터 의류를 구입한 후 마진을 붙여 판매하는 것이 아니라 의류업체가 자사의 전략에 맞추어 매장에 진열한 의류를 매장관리자가 판매하면 의류업체는 매장관리자에게 판매액의 일정 비율을 수수료로 지급한다. 또한 매장에 공급되는 모든 의류는 의류업체의 소유이기 때문에 팔다 남은 재고의류는 의류업체의 책임하에 상설할인점 등을 통해 처리된다.

그림 5-1 | 제도권 소매상가의 운영

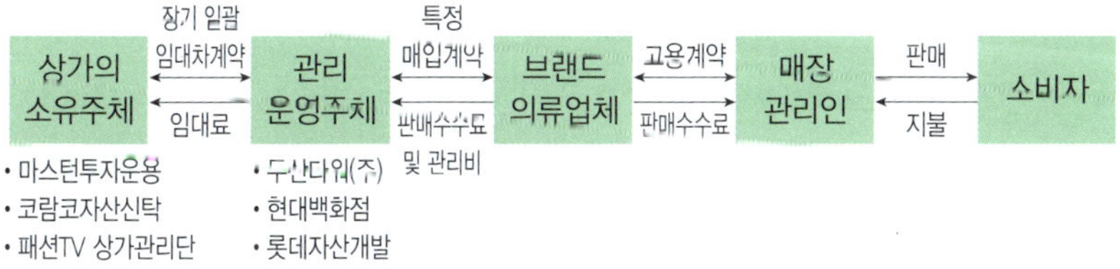

3-3 매장의 형태

소매상가의 매장 형태도 해당 소매상가가 제도권이냐 혹은 비제도권이냐에 따라 차이가 있다. 비제도권 소매상가는 구좌형 매장인 반면, 제도권 소매상가는 비구좌형 매장이다([글 5-2] 참조). 제도권 소매상가 중에서 유일하게 등기분양이 아닌 임대분양을 한 두타는 처음에는 구좌 단위의 점포로 상가를 운영하였지만 나중에 큰 규모의 비정형 매장으로 전환하고자 했을 때에는 임대분양을 하였기 때문에 비교적 쉽게 실행에 옮길 수 있었다.

롯데피트인이 입주해 있던 패션TV는 모두 등기분양을 했기 때문에 지금도 소유는 구좌 단위로 되어 있다. 하지만 롯데피트인이 일괄임대차계약을 통해 입점하면서 임대료는 구좌 단위로 각 구분소유자에게 지불되지만 매장의 운영은 구좌 단위와는 상관없이 관리운영주체인 롯데자산개발에 의해 진행되었다. 즉, 패션TV는 매장의 소유는 구좌 단위로 되어 있지만 매장의 형태는 구좌의 개념에 기반하지 않고 만들어져 있다. 비구좌형 매장은 구좌형 매장과는 달리 사각형 형태의 구좌의 개념 없이 둥글게도 만들어질 수 있고, 직선과 곡선이 섞여 있는 형태로 만들어질 수도 있으며, 심지어 한 층의 전체가 두세 개의 유명 브랜드 매장들만으로 구성될 수도 있다.

제도권 도매상가가 비구좌형 매장을 선호하는 이유는 매장을 공급하는 임대인의 입장과 상가에 매장을 개설하고자 하는 임차인의 입장에서 모두 찾아질 수 있다. 소매상가의 임차인의 입장에서는 일반소비자를 상대하기 때문에 도매상인보다는 자사의 제품에 어울리는 스타일의 매장을 꾸미고자 하는 욕구가 강하고, 따라서 구좌의 구분에 얽매이는 것이 매우 불편할 수 있다. 또한 임대인의 입장에서는 불경기에는 많은 수의 임차인을 찾기가 매우 어렵기 때문에 점포를 넓게 만들어서 소수의 임차인을 관리하는 것이 상가를 보다 용이하게 운영할 수 있다. 이로 인해 제도권 소매상가에 들어서면 비제도권 소매상가에 들어설 때에 비해 점포들이 넓직하고 화려하며 유명브랜드를 많이 취급하고 있다는 것이 바로 느낄 수 있다.

글 5-2 분양의 유형과 매장의 형태

건물의 건축주가 설립 예정인 상가를 분양할 때 점포가 들어설 예정으로 있는 건물 내의 모든 지역을 구좌 단위로 잘게 나눈 뒤 이 구좌 단위로 분양을 하는 경우가 많다. 구좌는 분양이 이루어지는 단위로 통상적으로 1평(3.3m²)을 의미한다. 분양의 형태는 임대를 목적으로 하는 임대분양과 소유권까지 넘기는 등기분양으로 나누어진다. 임대분양의 경우에는 분양주체가 소유권을 가지고 있으면서 임차인에게 일정 기간 동안 사용할 수 있는 권리만 부여하는 것이기 때문에 임대가 이루어지지 않은 공간은 얼마든지 자신의 의사에 따라 매장을 꾸밀 수 있다. 하지만 등기분양의 경우에는 구좌마다 소유주가 다르기 때문에 임대도 소유주별로 이루어지고 따라서 구좌의 구분을 무시하고 점포를 만드는 것은 불가능하지는 않지만 매우 어렵다. 즉, 건물의 소유주가 1개(혹은 1인)인가 혹은 다수(구좌의 소유주들로 수백명에서 1,2천명에 이르기도 함)인가에 따라 매장의 형태는 크게 달라진다. 소유주가 다수인 경우에는 구좌 단위로 매장이 구성되기 때문에 이른바 '닭장매장'이라고 불리는 조그만 매장들이 다닥다닥 붙어 있는 형태가 되는 경우가 많고(물론 2~3개의 구좌를 터놓은 비교적 큰 매장들도 있다) 소유주가 1개 혹은 1인인 경우에는 매장의 형태는 소유주의 의도에 따라 결정된다. 그러나 등기분양이 이루어진 경우에도 소유주체가 특정 업체에게 일괄임대차계약을 통해 상가의 운영을 위임한 경우에는 위임받은 업체가 구좌에 상관없이 점포를 만들 수 있다.

3-4 소매상가들의 연혁과 특징

3-4-1 현대시티아울렛 동대문점

현대백화점은 가산점(2014), 동대문점(2016), 가든파이브점(2017, 송파구), 대구점(2018) 등 모두 4개의 현대시티아울렛을 운영하고 있다. '현대시티아울렛 동대문점'의 역사는 1996년에 거평그룹이 설립한 거평프레야로 거슬러 올라간다. 1979년에 설립된 거평그룹은 부동산 및 건설사업으로 시작하여 1994년에는 대한중석을 인수하였고, 1997년에는 30대 기업에까지 올랐으나 IMF 외환위기 시기에 무리한 기업 인수로 자금부족을 겪다가 1998년에 부도를 내면서 해체되었다.

거평프레야는 지하 5층~지상 22층의 27층 규모의 건물로 지하 1층~지상 4층의 5개 층에서 신사복, 숙녀복, 아동복 등 각종 의류를 판매했었다. 거평프레야는 처음에는 도매상가로 시작하였으나 점차 소매를 도입하면서 도매와 소매를 병행하다가 1998년에 설립된 소매상가인 밀리오레가 선풍적인 인기를 끌면서 대대적인 성공을 거두자 이에 자극을 받아 1998년에 완전히 소매상가로 전환하였다. 거평그룹이 1998년 부도를 낸 후에는 임차인들의 단체인 '입주자협의회'가 거평프레야를 경영했다. 입주자협의회는 프레야타운, 청대문 등으로 상가명을 바꾸어가며 운영해오다가 2008년에는 3년간의 리모델링을 거쳐 케레스타라는 이름으로 다시 오픈했다. 하지만 케레스타의 운영관리업체가 부도를 내면서 2011년에 소유권이 파인트리자산운용으로 넘어갔고, 그 후 약 5년을 폐점 상태로 있다가 리모델링을 거쳐 2016년에 현대백화점과 20년 장기 일괄임대차계약을 맺으면서 '현대시티아울렛 동대문점'이 운영되고 있다. 파인트리자산운영은 2019년에 코람코자산신탁에 이 건물을 매각했다.

현대시티아울렛은 1층과 3~8층의 7개 층에서 의류 등 패션 관련 제품들을 판매하고 있다. 취급하고 있는 상품은 잡화(피혁잡화, 패션잡화), 숙녀복, 영캐주얼, 남성복, 스포츠웨어, 아동유아복, 란제리 등 매우 다양하며 꼼빠니아, 톰보이, 잠뱅이, 카파, 로가디스, 나이키, 네파, 블랙야크 키즈 등 많은 수의 유명 브랜드들이 입점해 있다. 영업시간은 오전 11시~저녁 10시 30분이다. 거평프레야 시절의 매장들은 흔히 '닭장매장'이라고 일컫는 1평 규모의 매장들로 구성되어 있었다. 즉, 거평프레야는 설립시에는 도매상가로 출발하였기 때문에 당연히 도매상가의 전형적인 매장 형태를 취하고 있었으나 입주자협의회가 프레야라는 상가명으로 운영하고 있던 시기인 2000년대 중반에 백화점식 오픈매장 형태로 매장을 확장하기 시작하였다. 현대시티아울렛이 2016년에 입점하고 나서는 매장의 확장은 물론, 전반적인 인테리어 등을 백화점식으로 리모델링하였다. 그 결과 제도권 소매상가를 포함한 모든 소매상가 중에서 가장 화려한 분위기를 연출하고 있으며 또한 유명 브랜드를 가장 많이 취급하고 있다. 현대시티아울렛도 2020년 코로나19로 인해 매출이 감소하였지만 다른 소매상가에 비해 비교적 큰 타격은 받지 않고 유지가 잘 되고 있는 편이다.

3-4-2 두타

두타는 두산㈜이 자사가 보유하고 있던 부지에 1999년에 설립한 지하 7층, 지상 34층의 대형 건물이며, 현재 두산타워㈜가 그 운영을 맡고 있다. 두타는 그룹차원의 구조조정이 이루어지면서 2020년 9월에 마스턴투자운용에 매각되었지만 두타몰의 운영관리는 여전히 두산타워㈜에 의해 이루어지고 있다. 현재 패션관련 소매상가로 활용되고 있는 층은 지하 2층~지상 5층의 7개 층이다. 지하 2층에는 패션잡화 매장, 유니섹스캐주얼 매장, 음식점(7개) 등 모두 19개의 매장이 있으며, 지하 1층에는 유니섹스캐주얼과 스포츠웨어를 중심으로 32개의 매장이 있다. 1층에는 2019년 4월에 오픈한 나이키 매장이 전체 면적의 약 50% 정도를 차지하고 있고, 그 외에 아디다스 등 4개의 매장이 있다. 2층에는 패션잡화, 디자이너패션, 여성패션 등을 취급하는 33개 매장이 있으며, 3층에는 여성패션 중심의 20개 매장, 4층에는 패션잡화 중심의 12개 매장, 5층에는 남성패션 중심의 21개 매장이 있다. 영업시간은 원래 오전 10시 30분~익일 새벽 5시였으나 코로나19로 영업이 단축되면서 오전 10시 30분~오후 10시로 변경되었다. 6~13층의 8개 층에는 2020년 2월 20일부터 현대백화점시내면세점 2호점이 입점해 있으며 그 위의 층들은 대부분 두산 계열사의 사무실로 쓰이고 있다. 현대백화점시내면세점이 들어오기 전에 6층은 명품의류, 명품잡화, 명품선글라스 등을 병행수입 하여 판매하는 D:Maison이라는 이름의 명품 편집매장이 있었으며, 7~11층에서는 두산이 두타면세점을 운영하고 있었다.

두타는 1999년 개장 당시에는 점포를 구좌 단위인 1평 크기로 개장하였다. 이는 동대문패션타운의 도매상가는 물론, 동대문 도매상가의 선배격인 남대문시장에부터 면면히 이어오던 방식으로 다분히 부동산적인 마인드의 산물이었다. 즉, 부동산 개발주체의 입장에서는 임대를 하든 매각을 하든 큰 단위로 매각이나 임대를 하는 것보다 작은 단위로 하는 것이 더 많은 수익을 가져다주었기 때문이다. 그런데 1990년대 말부터 이어온 호황이 2003년경부터 내리막을 타면서 상인들이 대량으로 이탈하고, 이로 인해 대량의 공실이 발생하자 불황으로 빈 점포를 채우기 힘들어진 상가의 운영주체는 큰 곤란에 겪게 되었다. 두산도 예외없이 곤경에 빠졌고 이를 극복하기 위한 방안을 모색하지 않으면 안 되었다. 그런데 두산은 자신의 토지에 자신의 자금으로 건물을 지은 뒤 점포의 소유권을 넘겨주는 등기분양을 한 것이 아니라 상인에게 장사를 할 권리를 주는 임대분양을 하였기 때문에 점포 소유주의 동의라는 과정을 거치지 않고도 극복 방안을 비교직 수월하게 진행할 수 있었다.

두타는 변화의 큰 흐름을 점포의 고급화에 두었다. 주변의 소매상가와의 차별화는 물론 장기적으로 미래를 준비하기 위해서는 패션산업을 선도하는 업체로서의 이미지를 정립하여야 한다는 판단을 하였다고 볼 수 있다. 고급화의 구체적인 방향은 매장의 개선과 제품의 개선의 두 가지 축으로 나누어 설명될 수 있다. 매장의 개선을 위해서는 우선 점포의 크기를 넓히는 노력을 기울였다. 두산은 2004년부터 점포의 임대 기간이 종료되는 대로 이른바 '닭장매장'으로 불렸던 1평짜리 점포를 없애고 대신 3~5배로 면석이 늘어난 점포를 개설하였다. 당연히 매장의 수는 크게 줄어들었다. 1999년의 매장 수는 무려 약 2,000개에 달했지만, 2004년에는 약 1,200개, 2009년에는 약 540개로 줄었고, 2019년에는 약 260개, 2021년에는 148개로 줄어들었다. 22년 사이에 매장의 수가 10분의 1 이하로 줄어들었다. 2019년에 1층으로 옮긴 나이키는 5개 점포밖에 없는 1층에서 전체 면적의 약 50%를 차지하고 있을 정도로 규모가 크다.

매장의 수만 변화한 것이 아니라 취급하는 의류의 종류도 크게 변화하였다. 즉, 초기에는 대부분의 점포가 동대문의 도매상가에서 만들어진 메이드인동대문 의류를 취급하였지만 매장이 대형화되고 숫자가 줄면서 메이커의 유명 브랜드를 취급하는 점포가 증가하게 되었고, 지금은 모든 매장이 상당히 알려진 메이커 브랜드들로 채워져 있다. 이러한 방침은 최근까지도 계속 진행 중에 있으며 이를 위해 2019년에도 8월 한달 동안 지하 2층과 5층 매장을 대대적으로 리모델링했다. 또한 두타는 디자인 부문에서의 차별화를 강화하기 위해 유명 디자이너와 신진 디자이너의 점포를 개설하는 데에도 힘을 기울였다. 특히 신진 디자이너의 육성을 위해 점포를 일정 기간 동안 매우 저렴한 임대료나 혹은 무료로 사용할 수 있는 기회를 주기도 하였다. 이러한 전통은 아직도 살아 있어서 지금도 유명 브랜드 점포와 함께 소수이지만 유명 디자이너 점포도 같이 운용되고 있다. 또한 두타는 동대문에서는 최초로 2003년에 정가제를 실시했고, 손님들의 쾌적한 쇼핑을 위해 호객행위를 엄격하게 규제하고 있다. 두타는 2020년에 발발한 코로나19로 인해 관광객이 끊기면서 큰 타격을 받고 있다. 2021년 11월 현재 공실률이 20~30%에 이르고 있다. 두타는 위기 극복을 위해 층별 리뉴얼, MD 개편 등의 지속적인 노력을 기울이고 있다.

3-4-3 패션TV

패션TV는 2007년에 건립되었으며, 2013~2020년의 기간 동안 롯데피트인이 입점해 있었다. 지하 3층~지상 8층 규모의 패션TV는 건립 무렵에 점포 구좌의 등기분양은 모두 끝냈지만 입주할 상인을 구하지 못해 장기간 개장을 하지 못하고 방치되어 있있다. 당시 롯데그룹은 피트인(Fitin)이라는 브랜드를 개발하고 이를 활용한 쇼핑몰 사업을 기획하고 있었다. 이렇게 양자의 이해관계가 부합하면서 롯데그룹 산하의 롯데자산개발은 2011년에 1,500여 명의 패션TV 분양권자들을 대표하는 상가관리단과 20년의 장기 일괄임대차계약을 체결하고 리뉴얼을 작업을 거쳐 2013년에 상기를 오픈했다.

패션TV 상가관리단과의 협상 당시 롯데산업개발은 20년 장기임대를 조건으로 1구좌당 월 50만원(1층 기준)의 임대료를 구분소유주들에게 지불할 것을 제안했다. 그런데 롯데자산개발은 원래 패션TV아 아니라 굿모닝시티에 입주하는 것에 더 많은 관심을 가지고 있었다. 2008년에 오픈한 굿모닝시티는 이미 설립되어 있었던 밀리오레(1998), 케레스타(2008, 현재의 현대시티아울렛), 두타(1999), 헬로apM(2002) 등의 소매상가들과 치열한 경쟁을 하여야 했음은 물론, 2000년대에 들어 활성화되기 시작한 온라인쇼핑, 2005년에 우리나라에 도입되어 2010년대 들어서면서 매우 가파른 성장세를 보이고 있던 SPA 등에 밀려 공실이 많이 발생되고 있는 상황이었다. 롯데자산개발은 굿모닝시티와 장기 일괄임대차계약을 맺기 위해 공을 들였으나 3천 명에 이르는 굿모닝시티의 분양권자 가운데 약 15%가 롯데와의 계약을 강력히 반대하면서 양자 간의 협상은 정체 상태에 빠졌다. 이런 상황에서 건립 이래 개장소차 하지 못하고 있던 패션TV의 상가관리단은 패션TV의 모든 분양권자들부터 동의서를 받아낸 뒤 롯데 측에 협상을 제안하면서 양자 간에 장기 일괄임대차계약이 체결되었다.

2020년 초를 기준으로 롯데피트인의 지하 2층에는 유니클로가 입점해 있었고, 지하 1층은 스포츠웨어 및 신발(9개 상점), 1층은 여성의류 및 잡화(17개 상점), 2층은 영캐주얼 및 잡화(17개 상점), 3층은 영캐주얼 및 잡화(12개 매장), 4층은 남성의류(13개 매장)를 주로 취급하고 있었다. 롯데피트인은 특히 유명 메이커들의 브랜드들과 함께 동대문, 홍대, 가로수길 등지에서 배출된 신진디자이너의 제품을 많이 갖추고 있었다. 개장 이래 상가들 간의 치열한 경쟁과 장기적인 경기침체로 고전을 면치 못하던 롯데피트인은 엎친 데 덮친 격으로 2020년 초에 코로나19가 발생하자 더 이상 버티지 못하고 2020년 12월 31일부로 7년 남짓 지속했던 영업을 종료했다. 2022년 1월 현재 패션TV 상가관리단은 상가의 운영관리를 맡아줄 업체를 물색하고 있다.

4절 비제도권 소매상가

4-1 취급 의류

밀리오레, 헬로apM, 굿모닝시티 등의 3개 비제도권 소매상가는 동대문패션타운의 도매상가에서 공급되는 의류를 주로 취급하고 있다. 특히 밀리오레와 헬로apM은 설립시부터 도매상가의 의류를 판매하기 위한 목적으로 만들어졌다. 밀리오레는 동대문패션타운의 도매상가인 팀204를 운영하고 있던 성창F&D가 설립한 소매상가이고, 헬로apM은 역시 동대문패션타운의 도매상가인 apM을 운영하고 있던 apM 그룹이 설립한 소매상가이다. 즉, 밀리오레와 헬로apM은 성창F&B나 apM 그룹과 같은 상가운영 전문회사들이 자신들이 운영하는 도매상가에서 만든 의류를 원활하게 판매할 목적으로 설립되었다. 따라서 비제도권 소매상가들은 제도권 소매상가들과는 달리 동대문패션타운의 도매상가는 물론, 봉제공장, 원단 및 부자재의 생산업체 및 전문 도매상가 등을 포괄하는 동대문패션 생태계와 직접적인 관련이 있다.

4-2 상가운영 방식

비제도권 소매상가에 입점해 있는 점포는 상가의 소유주체에게 임대료(월세)를 지급하는 소매상인에 의해 운영된다. 소매상인은 판매가에서 매입가를 차감한 마진을 수입원으로 하며, 팔다 남은 재고는 자신의 소유이기 때문에 스스로 처리해야 한다. 비제도권 소매상가들의 경우에는 임차인인 소매상인이 점포의 구분소유자와 임대차계약을 맺고 계약에 따라 매월 일정액의 임대료를 구분소유자에게 지불한다. 이렇게 비제도권 소매상가에서는 소매상인이 구분소유자와 개별적으로 임대차 계약을 맺기 때문에 경우에 따라서는 비슷한 위치에 있는 점포라도 임대료가 다를 수 있다. 상가의 관리운영업체(유통산업발전법상의 명칭은 '대규모점포관리자')는 입주 상인들로부터 관리비를 수령하고, 상가의 각종 시설을 관리하며, 상인의 입퇴점, 상가의 홍보 등 상가의 운영을 위한 업무를 수행한다([그림 5-2] 참조).

그림 5-2 | 비제도권 소매상가의 운영

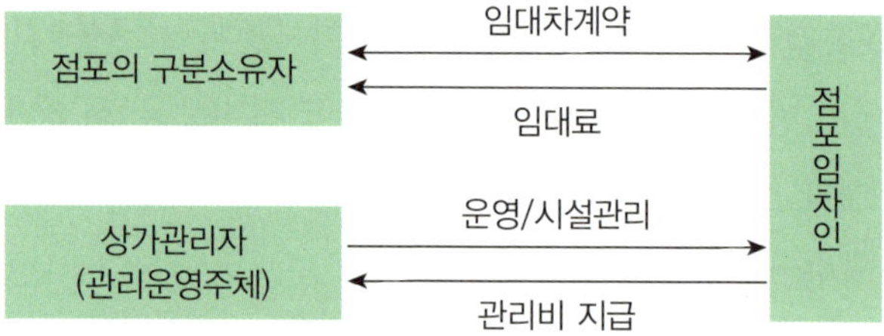

4-3 매장의 형태

비제도권 소매상가의 매장은 구좌형 매장이다. 구좌형 매장은 건물주가 등기분양을 할 당시에 분양의 단위로 사용되었던 구좌를 단위로 만들어진 매장을 의미한다. 임차인인 소매상인은 1구좌만 임차하여 상점을 개설할 수도 있고, 2~3개의 구좌를 임차하여 더 넓게 상점을 개설할 수도 있지만, 구좌의 구분을 무시하고 상점을 만들 수는 없다. 그래서 구좌형 매장이 만들어지면 분양 당시의 도면에 그려져 있는 기존의 복도는 그대로 유지된다.

4-4 소매상가들의 연혁과 특징

4-4-1 밀리오레

밀리오레는 외환위기 직후인 1998년 8월에 개점하였다. 밀리오레(Migliore)는 이태리어로 '더 좋은(The Better)'이라는 의미를 담고 있다. 동대문 밀리오레 상가는 성창F&D의 유종환 대표가 이곳에 있던 '을육스포츠센터'를 헐고 새로 지은 건물이다. 을육스포츠센터는 유종환 대표가 1996년에 매입한 건물이다. 이미 1996년에 도매상가인 팀204를 설립하여 운영하고 있었던 유종환 대표는 우수한 도매상인들이 만들어낸 옷을 중간단계 없이 10~20대의 젊은 소비자에게 싼 가격에 옷을 공급할 수 있다면 충분히 승산이 있다는 판단하에 밀리오레를 설립하였다. 즉, 동대문에서 도매와 소매가 원활하게 연결되면 소비자는 물론 도소매사업자들도 모두 승자가 될 수 있다는 확신을 가지고 밀리오레를 설립한 것이다.

밀리오레는 설립 초기에는 상인을 구하지 못해 고전을 면치 못했으나 매장이 점차 채워지면서 6개월 정도가 지나면서부터는 안정된 영업활동을 전개할 수 있었다. 밀리오레는 설립 이후 2003년까지 '대박신화'라고 불릴 만큼 큰 성공을 거두었다. 1999년의 밀리오레 상가 전체의 매출액은 약 7천억원이었는데, 당시의 총 점포수가 약 1,600개였던 점을 감안하면 1.5평 정도되는 점포에서 연간 무려 4억원 이상의 매출을 올린 셈이다. 밀리오레의 영업이 잘 되었던 가장 큰 이유는 구조적으로 엄청난 가격경쟁력을 확보하고 있었기 때문이다. 즉, 밀리오레에 입점한 상인들의 대다수가 도매시장에서 의류를 직접 생산하고 있었기 때문에 소비자들에게 싼 가격에 팔 수 있었다. 예를 들어 도매상가에서 1만원에 사입해 간 소매상들이 자신의 매장에서 2~3만원에 판매하는 의류를 이곳에서는 소비자들이 1만~1만5천원 정도에 살 수 있었다. 그래서 젊은이들이 삼삼오오 모여 이곳에 와서 옷도 사고, 음식도 먹고, 공연도 즐길 수 있는 공간으로 자리잡게 된 것이다. 당시에는 동대문패션타운에서 연예인이 등장하는 공연 등 많은 행사들이 진행되었다.

또한 시대적인 상황도 밀리오레에 유리하게 작용했다. 즉, 1997년의 외환위기로 촉발된 경제위기는 비싼 옷보다는 값싸고 질 좋은 실속 있는 옷을 선호하는 소비 풍조를 불러왔고, 동대문에서 도매와 소매를 연결시킴으로써 가성비 좋은 의류를 공급한다는 밀리오레의 사업 모델은 이러한 소비 풍조에 정확히 부응할 수 있었다. 또한 성창F&D의 철저한 운영관리도 밀리오레의 성공에 큰 역할을 했다. 성창F&D는 상가규칙을 정해 놓고 상인들로 하여금 이를 철저히 준수하도록 요구했다. 상인들은 개장 20분 전에 출근해서 영업 준비를 해야 했고, 영업 시간에 책을 읽거나 화장을 해서도 안 되었다. 도박은 물론, 손님이나 다른 상인들과 다투어서도 안 되었다. 3회 이상 위반 행위가 적발되면 상가에서 퇴출되었다. 또한 상표를 위조하거나 매출이 극히 부진해도 퇴출되었고, 지정된 품목이 아닌 상품을 판매해도 퇴출되었다. 이런 규칙 때문에 첫해에만 100여 명의 상인들이 퇴출되었다. 알뜰 구매를 중시하는 소비풍조와 자체적인 노력 덕분에 밀리오레는 한때 '동대문에 가자'는 곧 '밀리오레에 가자'라는 의미로 받아들여질 정도로 동대문을 상징하는 랜드마크였다.

밀리오레의 성공으로 동대문은 도매뿐만 아니라 소매까지 같이 활성화되어 있는 지역으로 자리잡게 되었다. 밀리오레의 성공에 고무된 성창F&D는 밀리오레의 전국화를 위해 2000년 명동점과 부산점, 2001년 대구점, 광주점, 수원점, 2004년 신촌점을 잇달아 개점하면서 전국 체인점으로서의 면모를 갖췄다. 그러나 그 영광은 그리 오래가지 못하였다. 동대문점과 명동점은 상가운영을 둘러싼 잡음으로 균열이 발생했고, 부산점도 극심한 매출부진에 시달렸으며, 대구점, 광주점, 수원점, 신촌점은 분양 과정에서부터 어려움을 겪었다. 즉, 운영주체였던 성창F&D는 소유주체와의 끝없는 분쟁, 소매상가 간의 치열한 경쟁, 무리한 확장, 경기의 침체 등이 겹치면서 밀리오레는 짧았던 전성기를 뒤로 하고 몰락의 길을 걸었다. 2007년에는 밀리오레 대구점과 도매상가인 팀204를 매각했고, 2008년에는 밀리오레 수원점을 매각했다.

밀리오레는 지하 2층~지상 20층의 모두 22개 층으로 이루어져 있다. 지하 2~9층은 상가로 사용되고 있고, 10~18층은 사무실, 19층과 20층은 호텔로 사용되고 있다. 코로나19 이전까지 지하 2층에는 수입명품, 수입잡화, 스포츠의류 관련 매장, 지하 1층에서는 아동복, 임산부복 매장, 1~3층에서는 여성의류 매장, 4층에는 남성의류 매장, 5층에는 가방, 모자, 액세서리 등의 패션잡화 매장, 6층에는 한복, 혼수용품 매장 7층에는 신발 매장, 8층에는 관리사무실과 치과, 그리고 9층에는 식당가가 있었다. 그런데 동대문을 대표하는 소매상가인 밀리오레도 코로나19를 비켜가지 못했다. 코로나19가 성행하면서 매장을 1~4층에서만 운영하고 있지만 그나마 공실률이 30%에 이른다. 그러면서 점포 매매가도 코로나 이전의 2분의 1 수준으로 하락했다. 영업 시간은 원래 오전 10시 30분~익일 새벽 4시 30분이었으나 코로나19로 영업이 단축되면서 오전 10시 30분~익일 새벽 2시로 변경되었다.

4-4-2 헬로apM

헬로apM은 1999년에 도매상가 apM을 설립한 apM 그룹에 의해 2002년에 설립되었다. 즉, 헬로apM은 apM에서 만들어진 의류를 소비자에게 직접 판매하겠다는 의도를 가지고 만들어진 소매상가이다. 지하 4층, 지상 10층 규모의 건물로 1,300여 개 구좌(1평 단위)로 구성돼 있다. 분양은 소유권을 이양하는 등기분양의 형태로 이루어졌는데 구좌당 분양가는 층에 따라 다르지만 9,000만~1억 2,000만원 정도였다.

점포는 전형적인 동대문 방식으로 1~2평의 매장으로 운영되고 있다. 코로나19 이전까지 지하 1층은 스포츠의류와 영캐주얼, 1층은 여성의류, 2층은 여성의류와 아동복, 3층은 여성의류 및 여성잡화, 4층은 남성의류 및 남성잡화, 5층은 볼링장, 6층은 중국대상 라이브커머스 센터, 7층에는 2017년에 입점한 VR테마파크 '판타VR'이 위치해 있었다. 코로나19 이전부터 공실이 늘어나고 있었으며 이를 극복하기 위해 상층에 대형매장을 활성화시키려고 시도하였으나 코로나19로 성공하지 못하면서 볼링장, VR테마파크 등은 철수하였고 6층의 라이브커머스 센터도 폐쇄되었다. 영업시간은 오전 10시 20분부터 다음날 새벽 4시 30분까지이지만 코로나19 이후에는 자정에 영업이 종료되고 있다.

4-4-3 굿모닝시티

굿모닝시티는 건물이 들어서기 훨씬 이전부터 많은 우여곡절을 겪었다. 2001년부터 부지도 확보하지 못한 상태에서 분양 모집을 했던 굿모닝시티의 대표가 3,442명으로부터 받은 약 3,700억원의 분양대금 중 수백억원을 횡령했다는 혐의로 2003년 6월에 구속이 되면서 개발사업은 중단되었다. 횡령사건이 발생한 직후 분양계약자들은 '굿모닝시티 계약자협의회'를 결성했다. 계약자협의회는 그해 9월 법원에 법정관리를 신청하였으며, 법원이 법정관리 인가 조건으로 제시한 초기 사업자금 1,700억원 조성, 땅 매입조건 조성 등을 모두 성공적으로 마치면서 2004년 7월에 법정관리 인가를 받았다.

굿모닝시티는 법정관리인의 관리하에 2005년 5월에 착공되어 2008년 8월에 준공되었다. 2008년은 미국발 금융위기가 촉발된 해였으며, 소매상권의 후발주자였던 굿모닝시티는 이로 인한 경기침체로 고전을 면치 못했다. 이를 극복하기 위해 굿모닝시티의 구분소유자들로 구성된 '굿모닝시티 관리단'은 롯데피트인을 동대문 지역에 설립하고자 했던 롯데자산관리를 대상으로 2011년부터 '일괄임대차계약'을 추진하였으나, 15% 정도의 구분소유자들이 이를 반대를 하면서 무산되고 말았다. 결국 롯데자산관리는 2013년에 점포소유주들의 '일괄임대차계약'에 대한 동의를 100% 받아낸 패션TV 건물에 롯데피트인을 입주시켰다. 굿모닝시티는 상가의 운영을 둘러싸고 구분소유주들 간의 다툼이 이어져 왔으며 이로 인해 전기요금 등 공공요금이 납부되지 못해 입점해 있던 메가박스의 영업이 중단되는 등 많은 어려움을 겪었다.

굿모닝시티는 지하 7층~지상 16층 규모의 건물이다. 지하 7층~지하 4층은 주차장이고 2021년 말 현재 지하 3층에는 찜질방인 '스파렉스'가 들어와 있으나 코로나19로 영업을 중단하였다. 지하 2층과 지하 1층은 2019년부터 비워져 있었고, 로얄층이라고 할 수 있는 1~3층에서만 패션관련 제품의 영업이 이루어지고 있다. 1층에는 여성복 매장, 2층에는 패션잡화, 아동복, 가방, 모자 등의 매장이 있으며, 3층에는 남성복 매장이 있다. 모두 전형적인 구좌형 매장들로 구성되어 있다. 4층에는 VR(가상현실), AR(증강현실), MR(혼합현실) 시설이 갖춰진 국내 최대의 도심형 VR테마파크인 '일루션 월드'가 2019년 1월에 입점하여 운영을 하고 있었고, 5층에는 볼링장, 8층에는 웨딩컨벤션 센터인 에스티아, 9층에는 1,700여 석 규모의 영화관인 메가박스가 들어와 있었다. 이렇게 건물 한 층을 거의 전부를 쓰고 있는 영화관, 웨딩홀, 테마파크, 볼링장, 사우나 등을 입점시킨 이유는 의류매장을 운영하는 것에 비해 수익률은 낮더라고 영업의 부진으로 인해 상인들이 이탈하면서 공실이 발생하는 것보다는 안정적인 수입원을 확보할 수 있었기 때문이다. 그러나 코로나19가 발발하면서 2021년 말을 기준으로 4~9층의 대형 매장들은 거의 철수한 상태이다. 약 3천 명의 굿모닝시티 구분소유자들 중 일부는 경기침체에 코로나19까지 겹치면서 공실률이 높아지자 2021년 3월 매각준비위원회를 구성하고 매각을 추진하고 있다.

6장

원부자재상가

6장 원부자재상가

1절 원부자재상가 개요

동대문패션타운에는 도매상가와 소매상가 이외에 원단과 의류부자재를 취급하는 의류 원부자재상가들이 있다. 대표적인 상가로는 동대문종합시장, 동화상가, 통일상가 등을 들 수 있다. 이들 세 상가는 청계6가에 위치한 전태일다리(버들다리)를 사이에 두고 100m 이내의 지근거리에 위치해 있으며, 평화시장과도 매우 가깝다. 동화상가는 의류부자재만을 취급하고 있고, 통일상가는 의류부자재와 함께 남성복도 같이 취급하고 있으며, 동대문종합시장에는 원단과 의류부자재 점포가 가장 많지만 그 외에도 혼수/홈인테리어와 액세서리 및 액세서리부자재 점포들도 많이 있다. 원부자재상가는 도매상가와의 협업을 통해 동대문패션타운의 '패스트 패션'을 실현하는데 결정적인 역할을 수행하고 있다. 도매상가에서 디자인이 완성되면 의류를 제작하기 위해서는 원단과 의류부자재들이 필요한데 도매상가에서 1~2km 이내에 위치하고 있는 원부자재상가들은 의류 제작에 소요되는 시간을 단축시켜주는 역할을 한다.

그런데 이 상가들은 모두 처음부터 원부자재 상가로 출발한 것은 아니었다. 1969년에 설립된 동화상가는 처음에는 평화시장과 같이 의류를 취급하는 상가로 출발했으며, 거의 30년이 지난 1990년대 후반에 들어 다른 도매상가와의 경쟁보다는 상생을 통해 경쟁력을 강화하기 위해 의류부자재상가로 전환하였다. 역시 1969년에 설립된 통일상가는 남성복상가로 출발하였지만, 2010년을 전후로 동대문종합시장의 의류부자재 상인들을 유치하면서 의류부자재를 취급하기 시작하였다. 1970년에 설립된 동대문종합시장도 처음에는 혼수/홈인테리어 상가로 시작하였다. 그런데 1980년대에 들어 기성복시장이 성장하면서 양복지와 한복주단에 대한 수요가 대폭 줄어들었고 이로 인해 공실이 늘어났으며, 이러한 와중에 원단과 의류부자재를 취급하는 점포들이 양복지와 한복주단의 빈자리를 채워가면서 대표적인 의류 원부자재상가로 부상하게 되었다. 원부자재와 함께 남성복을 동시에 취급하고 있는 통일상가는 2장 도매상가에서 기술하고 여기서는 동대문종합시장과 동화상가에 대해 기술한다.

2절 동대문패션타운의 원부자재상가

2-1 동대문종합시장

원단 및 의류부자재 전문 상가인 동대문종합시장은 1970년에 설립되었다. 동대문종합시장을 운영하는 동대문종합시장㈜는 1991년에 동승㈜로 명칭이 변경되었다. 동승㈜는 현재 동대문종합시장 이외에도 JW메이어트 동대문스퀘어호텔, 2개의 골프장, 3개의 대형쇼핑몰(미국 조지아주) 등을 운영하고 있다. 동대문종합시장의 설립자는 12대와 13대 국회의원(1985~1992년)을 지낸 정시봉 전 회장이다. 그는 동대문구 신설동에서 재봉기(미싱) 등을 취급하던 청년사업가였는데, 부동산 개발, 건축자재 등과 관련한 사업을 전개하면서 큰 자본을 축적하였다. 축적된 자본을 바탕으로 1969년에는 종로를 동서로 관통하던 노면전차가 운행을 중단하면서 유휴지가 되었던 전차차고부지를 서울시로부터 구입하였다. 당시 서울시는 청계고가도로와 삼일아파트의 건축 자금을 마련하기 위해 전차차고부지를 공개입찰하였는데 이 부지를 당시 이 지역의 대표적인 자산가가 사들인 것이다. 이 땅은 현재 종로, 청계천로, 종로40길, 장충단로 둘러싸인 직사각형 형태의 땅으로 현재 동대문종합시장과 JW메리어트 동대문스퀘어호텔이 들어서 있다.

1970년에 바로 이곳에 동승㈜에 의해 당시로서는 동양 최대 규모의 단일상가인 동대문종합시장이 설립되었다. 이때 지어진 건물은 A동

(지하 1층~지상 7층), B동(지하 1층~지상 6층), D동(지하 1층~지상 3층)의 3개 동이었으며, C동은 지하 1층~지상 6층의 규모로 몇 년 후에 지어졌다. 당시에 이미 설립되어 있었던 상가인 평화시장, 통일상가, 동화시장(현재의 동화상가), 성동상가(현재의 신평화패션타운) 등과는 달리 냉·난방시설은 물론 에스컬레이터, 엘리베이터까지 갖춘 현대식 건물이었다. 임대분양이 이루어진 A동, B동, C동은 지금도 동승㈜의 소유이지만, D동은 당시 분양이 잘 이루어지지 않으면서 동대문종합시장 전체가 부도의 위기에 처하자 분할 매매를 하였고, 이로 인해 D동은 지금도 '동대문종합시장 D동'이라고 불리고는 있지만 상가의 상인회에 의해 운영되고 있는 엄연히 법인이 다른 상가이다. 1972년에는 정시봉 전 회장이 서울시로부터 매입한 땅의 일부인 동대문종합시장의 동쪽 부지에 고속버스터미널이 설립되었다. 각자의 터미널을 운영하고 있던 고속버스회사들이 이곳으로 속속 몰려들면서 면적, 차량대수, 이용인원 등에서 국내 최대 규모의 고속버스터미널이 되었다. 덕분에 전국에서 도소매상들이 몰려들면서 시작 초기에 광장시장과의 경쟁으로 인해 점포 분양에 어려움을 겪던 동대문종합시장은 점차 자리를 잡아갈 수 있었다.

1970년대 중반에 들어 서울시가 도심의 6개 고속버스터미널을 강남지역으로 이전시키려는 계획이 알려지자 고속버스터미널 부지 소유자들이 그곳에 건물이나 상가를 지으려는 움직임을 보였다. 그러자 서울시는 고속버스터미널에 큰 상가나 대형 건물이 들어서면 도심의 혼잡을 가중시킬 것이라고 판단하고, 1977년에 동대문 고속버스터미널을 필두로 도심의 모든 고속버스터미널을 정류장 시설에서 주차장 시설로 변경하여 고지했다. 그후 이곳은 동대문종합시장의 주차장으로 쓰였다. 그러다가 2011년부터 현재의 JW메리어트 동대문스퀘어호텔을 짓기 시작하여 2014년에 완공하였다. 동대문종합시장㈜은 1985년에 C동 북쪽에 '동대문쇼핑타운'이라는 이름의 지하 1층~지상 5층 규모의 상가를 설립하였다. 이 건물은 2015년에 리모델링을 거치면서 브랜드 통합 사업의 일환으로 '동대문종합시장 신관(N동)'으로 개명되었으며, 2018년에는 약 1년 6개월이 소요된 공사를 거쳐 9층으로 증축되었다. 이러한 과정을 통해 동대문종합시장은 A동, B동, C동, N동의 네 개의 건물로 이루어진 상가가 되었다.

동대문종합시장은 개장 당시에는 양복지, 한복주단, 침구류 등 혼수에 필요한 물품을 주로 취급하는 상가였다. 지금도 한복주단, 침구, 그릇, 카페트, 커튼 등의 혼수/홈인테리어 관련 점포들이 많이 있는 것은 설립 초창기의 전통이 남아있기 때문이다. 당시에는 많은 사람들이 결혼식에 입을 양복과 한복을 준비하기 위해 이곳에 와서 옷감을 구입한 후, 양복점이나 한복집에 가서 옷을 맞춰 입었다. 그러다가 1980년대에 들어서 산업화의 진전과 함께 기성복이 보편화되면서 양복지와 한복주단은 크게 쇠퇴하였고 반면에 기성복을 대량으로 만드는데 필요한 원단이 크게 주목받게 되었다. 평화시장이 전성기를 맞게 된 것도 기성복이 유행하기 시작한 바로 이 시기였다. 그 결과 동대문종합시장에서도 양복지나 한복주단을 취급하던 점포는 빠른 속도로 기성복을 만드는데 필요한 다양한 유형의 원단을 취급하는 점포들로 대체되었으며, 이와 더불어 기성복을 만드는데 필요한 의류부자재 점포도 늘어났다. 원단을 취급하기 위해서는 상당한 안목과 자본을 갖추고 있어야 했는데 광장시장에서 오랫 동안 원단을 취급하면서 단단한 기반을 가지고 있었던 상인들이 이 시기에 동대문종합시장으로 많이 이주하였다.

기성복의 제작에 필요한 원단의 종류가 다양해지면서 매장의 형태도 양복지나 한복주단을 쌓아 놓고 팔던 형태에서 원단은 샘플만 진열해 놓고 나머지 공간의 인테리어를 세련되게 만들어서 손님들이 편하고 쾌적하게 쇼핑을 할 수 있는 형태로 바뀌어 갔다. 그러다가 2000년대에 들이 불황이 깊어지면서 동대문패션타운이 전반적으로 침체되었고, 이에 따라 원단이나 의류부자재의 판매도 부진해지면서 동대문종합시장에도 빈 점포이 늘어났다. 마침 이 무렵에 알뜰 살림을 추구하는 소비자들 사이에 DIY(do-it-yourself) 열풍이 불기 시작했고, 이로 인해 옷을 만드는데 필요한 패션 액세서리와 액세서리부자재에 대한 관심이 높아졌다. 이를 계기로 동승㈜는 원단 및 의류부자재 상가의 수를 줄이고 대신 액세서리와 관련한 점포를 유치하기 위해 심혈을 기울였다. 이러한 전략은 많은 소비자들을 점포로 끌어 들이면서 큰 성공을 거두었으며, 현재 A동과 B동의 5층에 위치한 약 500개의 점포가 액세서리 및 액세서리부자재를 취급하는 점포로 채워져 있다. 이러한 과정을 거치면서 '혼수와 홈인테리어'로 시작한 동대문종합시장은 시장의 변화에 맞추어 상품구색에 '원단과 의류부자재', '액세서리와 액세서리부자재'를 추가하면서 현재는 이들 3개 유형의 제품을 취급하는 상가로 자리잡게 되었다.

동대문종합시장에서는 도매와 소매가 모두 이루어지며, 영업시간은 제품의 종류에 따라 조금씩 차이가 있다. 원단 및 의류부자재는 아침

8시~저녁 6시, 액세서리부자재 및 액세서리는 아침 9시 30분~저녁 7시, 실과 혼수용품 및 홈인테리어는 아침 8시~저녁 7시이다. A동은 8개층, B동, C동, N동은 7개층으로 이루어져 있다. A동의 6층과 7층, B동의 6층, N동의 5~6층에는 식당가, 병원, 사무실 등이 입주해 있다. 동대문종합시장의 A · B · C동의 옥상과 옆 건물인 JW메리어트 동대문스퀘어호텔의 지하 4~6층을 주차장으로 쓰고 있다. 동대문종합시장에는 약 4,000개의 점포가 있다. A동에 약 1,500개, B동에 약 1,250개, C동에 약 950개, N동에 약 300개가 있다. 취급하는 품목의 유형별로 보면 원단(화섬, 면, 다이마루, 모피, 나염, 직기 등)을 취급하는 점포가 약 1,800개로 가장 많고, 의류부자재(레이즈, 지퍼, 단추 등)를 취급하는 점포가 약 700개로 그 다음으로 많다. 혼수/홈인테리어(한복주단, 침구, 그릇, 카페트, 타올 등)를 취급하는 점포가 약 600개, 실(원사, 재봉사, 뜨개실, 화학사 등)을 취급하는 점포가 약 400개, 액세서리부자재(금속, 원석, 가죽, 퀼트, 펠트, 리본, 테이프, 십자수 등)를 취급하는 점포가 약 260개, 액세서리를 취급하는 점포가 약 240개가 있다. 각 품목의 층별 분포를 살펴보면 실과 혼수/홈인테리어는 주로 지하 1층과 1층에 분포되고 있고, 의류부자재는 1층에 많이 있다. 원단은 3층과 4층에 많이 있고, 액세서리와 액세서리부자재는 5층에 밀집되어 있다.

2-2 동화상가

동화상가는 동대문초등학교가 폐교된 부지에 1969년에 '동화시장'이라는 이름으로 설립되었다. 설립 당시에는 3층 건물이었으나 1971년 신축공사를 거쳐 5층 건물이 되었다. 동화상가는 동대문패션타운의 상가 중에서 유일하게 주식회사의 형태를 갖추고 있는 상가여서 금융감독원의 전자공시시스템에서 연도별 재무제표를 검색해볼 수 있다. [표 6-1]을 살펴보면 2018~2020년의 기간 동안 동화상가의 매출액, 영업이익, 당기순이익 등이 모두 감소추세를 보이고는 있으나 2020년에는 코로나19에도 불구하고 매출액, 영업이익, 당기순이익이 전년 대비 각각 6.4%, 8.6%, 7.7% 감소하는데 그쳤음을 알 수 있다. 이러한 수치는 2019년에 매출액, 영업이익, 당기순이익이 전년 대비 각각 3.2%, 3.8%, 4.0% 감소한 것에 비해 약 2배가량 증가한 것이기는 하지만 동대문패션타운에 2020년 매출액이 30% 이상 감소한 상가들이 적지 않은 현실을 감안하면 매우 양호하게 코로나19의 위기를 극복하고 있음을 보여준다.

| 표 6-1 | 동화상가의 2018~2020년의 매출액, 영업이익 및 당기순이익

구분	2018년	2019년	2020년
매출액(백만원)	16,292	15,775	14,762
영업이익(백만원)	11,607	11,162	10,200
당기순이익(백만원)	9,385	9,006	8,317

자료 : 금융감독원, 전자공시시스템 > 동화상가 재무제표

동화상가의 영업시간은 아침 9시부터 저녁 7시까지이다. 동화상가는 지금은 의류부자재 상가로 특화하고 있지만 처음부터 그랬던 것은 아니다. 동화시장은 평화시장의 성공에 자극을 받아 설립되었기 때문에

처음에는 평화시장과 유사한 형태를 지니고 있었다. 즉, 설립시부터 상당기간 동안 3층 건물에 1층은 상가, 2~3층은 공장의 형태로 운영되다가 1980년대 말부터 전 건물이 상점화되기 시작했다. 동화상가는 1970년대에는 평화시장, 통일상가 등과 함께 의류 수출 물량의 70%를 담당하면서 국내 산업의 발전에 크게 이바지했다. 국내 최초로 청바지를 만들기 시작한 한국의 중견 의류기업인 '뱅뱅'도 바로 이 동화상가에서 시작되었다. 그러다가 동대문패션타운에 많은 도매상가가 들어서면서 경쟁이 치열해지자 1990년대 후반에 들어서 생존을 위한 변신을 시도하였다. 다른 도매상가와의 경쟁보다는 공존관계를 형성하기 위해 의류도매업을 접고 의류부자재를 취급하기 시작했다. 또한 이미 의류부자재를 취급하고 있는 동대문종합시장과의 차별화를 위해 원단을 취급하지 않는 한편, 의류부자재도 단순히 판매만 하는 것이 아니라 의류부자재를 활용한 다양한 작업을 점포 내에서 직접 수행해줌으로써 도매상가의 편의를 극대화시켜줄 수 있도록 도모하였다. 그 결과 약 700개의 점포가 있는 동화상가는 동대문종합시장에 비해 전체 규모는 훨씬 작지만 의류부자재만 따지면 동대문종합시장과 점포수가 거의 같은 수준까지 성장하였다. 이러한 과정을 거쳐 동화상가는 동대문패션상가에서 상당히 독보적인 존재로 자리잡고 있다.

동화상가는 1~2층과 3~5층의 분위기가 사뭇 다르다. 1~2층은 다른 상가의 여느 점포처럼 진열된 상품을 판매하는 점포라고 하면, 3~5층은 소규모 공장들이 모여 있는 곳이라는 느낌을 준다. 1층에서는 단추, 지퍼, 벨트 부속, 테이프, 핫픽스 등의 의류부자재뿐만 아니라 넥타이, 와이셔츠, 타월 등의 완성품들도 판매되고 있다. 2층에서는 와펜, 라벨, 마크, 전사프린트, 테그 등을 취급하는 점포들이 많다. 3~5층은 각종 부자재를 판매하면서 실제로 '후작업'을 해주는 점포들로 이루어져 있다. 즉, 점포 바깥 쪽에는 상품들이 전시되어 있고 안에서는 미싱이나 특수 장비를 이용한 작업이 이루어지고 있다. '후작업'이란 원단을 재단한 후에 이루어지는 수동자수, 컴퓨터자수, 오버로크, 전사, 프린팅, 라벨, 스모킹(잔주름 작업), 나염, 스터드(찡), 꽃수 등의 작업들을 의미한다. 봉제공장에서 재단이 이루어지면 자수, 오바로크, 라벨 등의 후작업이 필요한 옷감 부분만 이곳에 보내 작업을 의뢰한다.

7장

동대문신발도매상가

7장 동대문신발도매상가

1절 건립초기의 모습

현재 '동대문신발도매상가'로 불리고 있는 건물의 1968년 건립 당시의 명칭은 '동대문상가아파트'였다. '동대문상가아파트'는 주상복합아파트로 서울시와 중앙정부가 1960년대 들어 청계천변의 무허가 건축물 철거와 민간개발업자에 의한 주택공급을 활성화시키려는 정책의 일환으로 건립되었다. 원래는 7층 건물로 계획되었지만 엘리베이터의 설치에 따른 전력소비가 과다하게 소요된다는 등의 반론에 부딪히면서 5층으로 변경되었다. 동대문상가아파트는 무허가 판자촌이 난립해 있던 청계천변을 민간이 매립하여 지은 동대문 최초의 주상복합아파트였으며, 1968년 9월에 완공되었을 때에는 '최고급 주상복합아파트'로 명성을 떨쳤다. A동에서 D동까지 4개의 동으로 지어진 이 건물에는 4~5층에 각각 120가구가 들어서도록 설계되었는데 건물이 노후화되면서 안전문제가 심각해짐에 따라 많은 입주민들이 아파트를 떠났다.

현재 5층은 여전히 주거시설로 사용되고 있지만 4층은 대부분 사무실이나 창고로 쓰이고 있다.

1968년에 건물이 지어졌던 당시 서울시가 책정한 상가 입주금이 너무 비싸서 입주희망 상인이 적었다. 이로 인해 상가 형성이 어려워지자 서울시는 소방도로를 확보한다는 명목으로 청계천변의 노점들을 철거한 후 노점상들을 강제로 상가에 입주시키기도 하였다. 노점상들은 업종이 매우 다양했고 또한 모든 노점상이 입주비를 부담하면서 입주를 할 수 있는 것도 아니었기 때문에 상가는 만들어졌지만 상가가 현재와 같은 신발전문상가로서 입지를 굳히는 데는 긴 시간이 필요했다. 즉, 현재의 동대문신발도매상가가 설립시부터 신발중심의 상가인 것은 아니었으며, 1970년대 후반까지도 A~D동 모두가 특색이 없는 상가들이었다. 4층과 5층은 공히 주거시설로 이용되었지만 1층에는 순대국밥 식당 등 많은 수의 음식점들이 있었고, C동에는 LG전자의 전신인 금성사의 대리점이 들어서 있었다. 그리고 2층과 3층은 봉제공장, 사무실, 인근 업체들의 창고 등의 용도로 사용되고 있었다.

2절 신발도매상가로의 성장 과정

'동대문상가아파트'가 신발전문상가로서의 입지를 다지는 계기를 제공한 것은 1970년대에 이루어진 우리나라 신발산업의 급성장이었다. 즉, 한국이 국제적으로 중요한 신발생산기지로 떠오르면서 신발전문

상가 형성의 분위기가 조성되었다. 특히 1977년부터 1981년까지 4년간 미국의 수입규제정책으로 신발수출이 줄어듦에 따라 내수 중심의 판매활동이 더욱 적극적으로 이루어지면서 '동대문상가아파트'의 신발전문상가로의 변신을 위한 분위기가 조성되었다. 이로 인해 종로5가 쪽에 있었던 구두점들, 서울운동장 뒤쪽에 있었던 운동화점 등 주변에 흩어져 있던 신발점포의 상인들과 남대문시장에서 임대료가 상대적으로 저렴한 동대문으로 유입된 신발상인들이 모여들면서 1978년 무렵에 A동과 B동은 신발전문상가로 발전하기 시작하였다. 1980년대 후반부터 1990년대 초에 이르는 시기에는 86아시안게임과 88서울올림픽을 계기로 국가인지도가 높아지면서 신발 수출이 다시 크게 증가하였으며, 각국의 보따리상인들도 신발을 사기 위해 동대문에 모여들었다. 이러한 분위기를 타고 이 시기에 C동도 신발전문상가로 입지를 다지게 되었다. 이처럼 A동~C동으로 구성된 신발전문상가가 형성된 것은 건물이 지어지고 나서 약 20여 년이 경과하고 난 후였다.

그런데 A동과 B동이 동대문에서 가장 먼저 신발전문상가로서 입지를 굳힌 것은 아니었다. 동대문신발도매상가에 앞서 바로 인근에 위치해 있는 동문상가와 청계상가가 먼저 신발전문상가로서의 위상을 다지고 있었다. 1970년에 준공된 '동문상가아파트'는 동대문상가아파트와 마찬가지로 주상복합아파트로 지어졌으며, 6개층 중에서 1~4층이 상가로 사용되었다. 동문상가는 1970년대 초부터 신발전문 상가로 발전해가면서 1980년대 말까지도 국내 최대규모의 신발전문상가로서의 명성을 가지고 있었다. 동문상가는 지금도 그렇지만 초기부터 '덤핑'상가로 유명하였다. 현재 동문상가는 1층은 주로 신제품을 중심으로 도매와 소매를 병행하고 있지만, 2~4층은 '덤핑'상품 전문 도매상가로 운영되고 있다. 신발의 가격은 위층으로 올라갈수록 점점 더 저렴해진다. 덤핑 상품은 매우 다양한 경로로 동문상가에 유입되고 있다. 메이커에 의해 생산된지 1년 이상이 경과한 재고신발, 유행이 지나버린 비인기 품목의 신발, 신발 제조업체가 외국에서 수주받은 신발을 생산하면서 주문 물량보다 20% 정도 추가적으로 생산한 후 국내시장에 흘려보내는 보세신발, 신제품의 판매가 원활하게 이루어지지 않아 자금사정이 급박해진 중소 제조업체의 재고신발, 중국 · 베트남 등지에서 수입된 초저가 신발 등 덤핑 상품의 원천은 매우 다양하다.

A동, B동, C동, D동은 같은 시기에 준공된 똑같은 모양의 건물이었지만 매우 상이한 역정을 거치면서 현재에 이르고 있다. 즉, A동과 B동은 이미 1970년대 말부터 신발도매상가로서 입지를 굳혀가고 있었던 반면, C동과 D동은 건물이 설립된지 20여 년이 지난 1990년에도 신발도매상가로서의 이미지를 확고히 하지 못하고 부진한 매출 속에서 끊임없는 변신을 모색하여야 했다. 그 결과 신발도매상가로서의 업력이 긴 A동과 B동은 현재도 1960년대에 형성된 평화시장이나 동평화패션타운과 같은 의류 전통상가들과 유사한 분위기를 물씬 풍기고 있는 반면, 끊임없이 변신을 시도해야 했던 C동과 D동은 모든 층이 다 그런 것은 아니지만 1990년대 이후에 형성된 apM이나 디오트 등과 같은 신흥상가들과 닮은 모습을 보이고 있다. 이렇게 C, D동이 A, B동에 비해 신발상가로서의 안착이 늦어지게 된 중요한 이유 중의 하나는 A, B동이 C, D동보다 서쪽에 위치해 있다는 점이다. 역사적으로 보면 현재 동대문패션타운 일대는 서쪽에서부터 발전해 왔다.

왜냐하면 1905년에 설립된 광장시장을 중심으로 하는 당시로 보면 거대한 상권이 동대문패션타운의 서쪽에 형성되어 있었기 때문이다. 즉, 1962년에 설립된 평화시장, 1969년에 설립된 통일상가, 성동상가(현재의 신평화패션타운), 동화시장(현재의 동화상가), 1970년에 설립된 동대문종합시장 등 동대문패션타운 형성 초기에 설립된 상가들이 모두 서쪽에 치우쳐 있다. 또한 1971년에 청계고가도로가 건립되고, 1972년에는 동대문 고속버스터미널이 현재 JW메리어트 동대문스퀘어호텔 자리에 들어서면서 서쪽 중심의 발전은 가속화되었다. 따라서 상대적으로 서쪽에 위치해 있는 A, B동이 먼저 신발도매상가로서 안착하였던 것은 매우 자연스런 현상이었다고 할 수 있다.

3절 동별 현황

A동과 B동에는 젊은층보다는 중장년층이나 어린이를 위한 제품을 많이 취급하고 있으며, 여성화보다는 남성화를 많이 취급하고 있다는 특징이 있다. 또한 A동, B동 모두 신발들이 진열대에 빼곡하게 촘촘히 진열되어 있으며, 유행이나 트렌드에 따른 디자인의 변화가 별로 관찰되지 않는다. 즉, 디자인보다는 가격과 품질에 중점을 두는 방식의 점포 운영을 하고 있으며, 매장 간의 차이도 두드러지게 나타나지는 않는다. 2층과 3층은 도매만 가능하지만 1층에서는 소매도 가능하다.

A동의 1층에는 구두, 운동화, 등산화, 유아 및 어린이용 신발, 가죽신

발, 실내화, 작업화, 댄스화, 빅사이즈화 등 매우 다양한 유형의 신발이 판매되고 있다. 또한 '공장직영 가죽 수제화'를 판매하는 점포들이 많이 있다. 이 점포들은 '공장직영'이라고 써 있는 팻말을 매장벽에 걸어놓고 있다. '공장직영' 매장 중에는 수제화를 팔고 있는 상인이 직접 공장을 운영하면서 가죽 수제화를 생산하는 경우도 있고, 자신이 디자인한 제품을 공장에 주문생산을 하는 경우도 있으며, 가죽 수제화를 만들어내고 있는 공장의 제품을 들여와 판매하는 경우도 있다. 가죽 수제화 공장은 서울의 성수동과 신설동에 많이 들어서 있다. 특히 성수동에는 한국의 신발제조업체들이 생산비를 줄이기 위해 중국, 베트남 등으로 공장을 옮기기 전까지 500개 이상의 수제화공장들이 있었다. 그런데 공장 해외이전이 이루어지고 중국의 값싼 신발이 들어옴에 따라 공장들이 문을 닫으면서 공장의 수는 50개까지 줄어들기도 하였다.

하지만 2000년대 들어 온라인이라는 새로운 유통경로가 등장하면서 그 수가 다시 100여 개까지 늘어났다. 이 공장들은 대부분 디자인 능력을 갖추고 있기 때문에 주문받은 디자인의 수제화를 생산하기보다는 스스로 디자인한 제품을 생산한다. 이렇게 생산된 수제화가 A동의 '가죽 수제화'를 취급하는 상인들에게 판매된다. 가죽 수제화뿐만 아니라 다른 유형의 신발들도 상인들이 디자인을 한 후 주문 생산하는 제품은 거의 없고 공장에서 디자인을 해서 생산한 제품을 들여와 판매하는 것이 일반적이다. B동의 1층에서는 A동의 1층과 마찬가지로 연령대가 비교적 높은 고객층을 대상으로 하는 신발들이 많으며, 남성용구두, 운동화, 등산화, 유아 및 어린이용 신발, 장화, 슬리퍼 등을 많이 취급하고 있다. B동은 특히 아동화를 많이 취급하고 있다.

C동은 A동과 B동에 비해 후발주자라고 할 수 있으며, 1980년대 말에 와서야 신발전문상가로 자리를 잡기 시작했다. 하지만 1990년대에 들어 신발 경기가 하락하고 특히 2008년의 금융위기에 따른 수요감소가 심화되면서 비교적 안정적인 운영을 하고 있는 A동과 B동에 비해 더 큰 타격을 받았다. 그 결과 C동은 상당히 오랜 기간 동안 제 기능을 하지 못하고 슬럼화되어가는 어려움을 겪었다. C동은 위기 극복을 위해 A동 및 B동과의 차별화를 하지 않으면 안 되었다. 차별화를 위해 C동은 2010년대 초에 목표고객을 20~40대의 젊은 여성층으로 전환하고 이미 활성화단계에 진입해 있었던 온라인쇼핑몰의 운영자들을 위주로 하는 판매를 시도하였다. 이를 위해 2010년대 초에 리모델링을 실행하였다. 리모델링은 특히 1층 매장을 대상으로 가장 과감하게 진행되었다. 1층 각 매장의 면적을 기존 매장 면적의 2배 정도로 늘리고, 복도를 넓혔으며, 인테리어를 상당히 세련되게 함으로써 젊은층에 어필할 수 있는 쾌적하고 고급스러운 분위기를 연출할 수 있도록 도모하였다. 신발의 진열도 빼곡하게 늘어놓는 방식을 지양하고 진열된 신발 간의 공간을 여유 있게 둠으로써 찾아오는 손님들이 각각의 신발에 더 많은 주의를 기울일 수 있도록 하였다. 가성비보다는 트렌드에 부합하는 디자인에 초점을 둠으로써 상품을 통해 개성을 표출하기를 원하는 젊은층에 다가갈 수 있도록 하는 운영방식을 채택하고 있다.

남성화와 아동화가 많은 A동과 B동과는 달리 C동은 젊은 여성을 중심으로 하는 상품구색을 갖추고 있으며, 여성구두, 스니커즈, 슬리퍼,

등산화, 빅사이즈화, 웨딩슈즈 등의 다양한 신발들이 판매되고 있다. 각 매장들도 매장의 컨셉을 분명하게 정한 후 신발의 스타일, 매장 인테리어, 진열 방식 등을 선정하고 있으며, 이로 인해 매장마다 사뭇 다른 분위기를 연출하고 있다. 2층도 20~40대를 대상으로 하는 리모델링이 이루어졌지만 리모델링의 정도는 1층보다 훨씬 덜한 편이다. 매장의 면적도 기존 매장과 비슷하고, 인테리어의 수준도 1층에 못 미친다. 그렇지만 기존 매장에 비해서는 훨씬 세련된 분위기를 연출하고 있다. 3층은 1층이나 2층과는 달리 리모델링이 되어 있지 않다. 대부분 박스 단위로 재고가 쌓여 있으며 일부 구역에서는 상품을 진열해 놓고 판매를 하고 있다. 즉, 3층은 주로 창고로 사용되고 있으며, 일부는 덤핑상품 매장으로 운영되고 있다.

C동의 상인들은 A동이나 B동의 상인들과는 달리 직접 디자인을 하여 공장에 주문을 넣어 생산한 제품을 판매하는 경우가 많다. 상인들의 연령층도 A동이나 B동에 비해 훨씬 젊은 편이다. C동의 모든 상인들이 그런 것은 아니지만 많은 수의 상인들이 디자인 능력을 갖추고 주로 젊은 여성에 어울리는 트렌디한 디자인을 만들어서 주로 인근의 신발공장에서 주문생산을 한다. C동은 이러한 과감한 변신을 통해 동대문패션타운에서 가장 대표적인 신발상가로 거듭나게 되었다. C동은 A동~D동 중에서 신발의 가격이 가장 비싼 편에 속함에도 불구하고 가장 많은 고객들이 찾는 상가가 되었다. C동, 특히 C동의 1층에서 판매되고 있는 신발의 생산방식은 동대문의류도매상가 중에서 가장 각광을 받고 있는 apM 계열 도매상가의 상인들이 취하고 있는 상품조달 방식과 비슷하다고 할 수 있고, 온라인쇼핑몰 운영자를 주된

판매대상으로 정한 것은 세련되고 트렌디한 디자인의 의류에 집중하고 젊은층에 어필할 수 있는 매장으로 변신함으로써 경영 위기를 극복한 청평화패션몰이나 디오트에 비견될 수 있다.

D동은 건립시 건물의 약 1/3 정도만 신발상가로 활용되고 있고 나머지 공간은 신발상가와는 벽으로 완전히 분리되어 있는 신청계의류상가, 우리은행 등이 차지하고 있다. D동의 1층은 도로에서 건물에 들어오는 과정 없이 바로 접근할 수 있는 외곽점포의 형태로 운영되고 있는데, 거북이, 물고기, 앵무새, 토끼, 햄스터 등 애완동물 상가가 많이 포진되어 있고 그 외에도 잡화, 애완동물사료 등을 취급하는 상점들이 들어서 있다. 2층은 2010년대 후반에 리모델링을 거쳐 숙녀화를 중심으로 하는 매장으로 운영되고 있다. 매장의 면적, 인테리어, 매장 분위기 등은 C동의 2층과 유사하며 매장수는 20개 미만이다. 3층은 주로 창고, 4~5층은 사무실로 쓰이고 있다.

8장

동대문패션타운의 경기변동

8장 동대문패션타운의 경기변동

1절 개요

동대문패션타운의 경기(景氣)는 여러 가지 요인에 의해 영향을 받아왔다. 가장 중요한 요인으로는 우리나라의 경제상황이 되겠지만, 그 외에도 소비자의 패션에 대한 의식 변화, 외국인 거래규모의 증감, 온라인쇼핑몰의 성장 등과도 밀접하게 연관되어 있다. 특히 2020년에 발생한 코로나19는 동대문패션타운 경기에 심대한 영향을 미치고 있다.

1960년대 초 평화시장에서 시작된 동대문패션타운은 1960년대에서 1980년대에 이르는 기간 동안에 지속적으로 성장하였다. 이는 무엇보다 한국경제가 고도성장을 하고 있었기 때문이었다. 한국경제는 1960년대에는 8.8%, 1970년대에는 10.5%, 1980년대에는 8.8%의 높은 경제성장률을 달성하고 있었으며, 이러한 고도성장에 힘입어 우리나라의 의류시장도 성장하였고, 덩달아 동대문 의류시장도 성장하였다.

1970년대에 동대문의 의류는 이미 내수시장의 70%를 차지하고 있었다. 특히 1980년대에 시작된 기성복의 활성화는 동대문패션타운의 성장에 결정적인 역할을 하였다. 즉, 1960~1970년대에 집에서 옷을 만들어 입던 많은 서민들이 동대문에서 저렴하게 옷을 사 입을 수 있게 되면서 동대문시장의 매출액이 급증하였다. 이로 인해 의류 거래를 위한 공간에 대한 수요가 증가하면서 1980년대 중반부터는 주로 '평화' 계열의 상가들(평화, 동평화, 신평화 등)의 2~3층에 위치하던 공장들이 인근 지역의 주택가로 대거 이동하기 시작했다.

1990년대에 들어서서는 동대문패션타운의 경기변동 상황은 훨씬 더 복잡한 모습으로 전개되기 시작했다. 우선 동대문패션타운의 구성원들이 이전에 비해 훨씬 다양해졌다. 1990년에 설립된 아트프라자를 필두로 '패션'을 기치로 내건 신흥 도매상가들이 속속 들어섰고, 1998년에 설립된 밀리오레를 필두로 소매상가들도 등장하기 시작했다. 여전히 경제성장률은 동대문패션타운의 경기에 크게 영향을 미쳤다. 그런데 1960~1980년대와는 달리 1990년대에 들어서면서는 경제성장이 둔화되기 시작했고, 외환위기(1997), 금융위기(2008) 등과 같이 경제에 크게 영향을 미치는 대형사건들이 발생하는 등 경제상황이 상당히 복잡해졌다. 또한 외국인 구매자들의 증가와 온라인쇼핑몰이나 SPA와 같은 새로운 소매업태의 활성화도 동대문패션타운의 경기에 크게 영향을 미쳤다. 그런데 동대문패션시장의 경기변동은 도매상가와 소매상가를 나누어서 살펴보는 것이 바람직하다. 왜냐하면 외부의 환경변화가 도매시장과 소매시장에 주는 영향이 다를 수 있기 때문이다. 예를 들어 온라인쇼핑몰의 활성화는 소매시장에는 직격탄이 되었지만, 도매시장의 경우에는 온라인쇼핑몰 업체가 주고객이 되면서 오히려 활성화에 도움이 되는 측면이 있었다.

2절 소매상가의 경기변동

동대문에 소매상가가 들어서기 시작한 것은 1998년으로 동대문패션타운의 전성기가 시작될 무렵이었다. 1998년에 한국의 경제성장률은 외환위기의 영향으로 마이너스(약 −7%)를 기록했지만 1999~2002년까지 4년간 평균 7%가 넘는 경제성장률을 기록하면서 동대문 소매상가도 이 시기에 최고의 전성기를 맞았다. 한국경제를 강타한 1997년의 외환위기도 소비자들의 실속구매 심리를 자극하면서 오히려 가격경쟁력이 강했던 소매상가를 활성화시키는 요인으로 작용했다. 2003년부터는 경기가 급강하하면서 소매상가는 하향세로 접어들었다. 2008년에 발생한 금융위기로 인한 경기하강도 고스란히 소매상가에 영향을 미쳤으며, 2015년의 메르스 사태와 2017년의 사드(THAAD, 고고도미사일방어) 사태로 인해 중국 단체관광이 급격히 줄어들면서 불황은 더욱 깊어졌다. 더욱이 2020년에 발생한 코로나19는 그렇지 않아도 불황을 겪고 있는 소매상가에 직격탄이 되었다. 즉, 1999~2002년의 길지 않은 기간 동안 엄청난 호황을 누리던 소매상권은 그 이후로는 침체를 면치 못하고 있다.

밀리오레, 두타 등 1990년대 말에 설립된 소매상가들은 2002년까지 호황을 누렸지만 2003년 이후에 설립된 소매상가들은 설립 이래 호황을 한번도 맞아보지 못했다. 2006년에 설립된 라모도는 건물도 지어지고 분양도 끝냈으나 입점할 상인을 구하지 못해 약 10년간 방치되어 있다가 2016년 도매상가인 apM 플레이스로 바뀌었고, 2007년에 설립된 패션TV도 마찬가지 사정으로 인해 약 6년간 개점을 하지 못하다가 2013년 롯데피트인이 일괄임대차 계약을 통해 입점하였으나 장기불황에 코로나19가 겹치면서 2020년 말에 영업을 종료하고 말았다. 2008년에 설립된 굿모닝시티는 개점은 하였지만 설립 이래 줄곧 고전을 면치 못하였다. 굿모닝시티는 볼링장, 대형VR체험장, 대형사우나 등 대형매장을 입주시켜 위기를 돌파하고자 하였으나 코로나19로 폐점 혹은 휴점 사태가 지속되면서 더욱 깊은 침체에 빠졌다.

소매상가의 지속적인 불황은 우리나라의 전반적인 경기가 좋지 않았던 탓도 있지만 다른 소매업태와의 경쟁에서 밀렸던 점도 크게 작용하였다. 2010년대에 들어서면서부터 한국의 의류시장에는 신흥 소매업태가 빠른 속도로 성장하고 있다. 그 중 하나는 온라인쇼핑몰이고, 또 하나는 SPA이다. 우리나라의 온라인쇼핑시장은 2010년대에 들어 모바일인터넷의 급속한 성장을 바탕으로 매출액이 2010년 약 27조원에서 2015년 약 53조원, 2018년 약 113조원, 2020년 약 159조원으로 증가하였다. SPA는 한 의류업체가 디자인에서 판매에 이르기까지의 모든 과정을 통제하는 의류 소매업태를 의미하는데, 그 매출규모가 2010년의 1.2조원에서 2015년에는 약 4조원이 되었으며, 정점을 찍은 2018년에는 5조원대로 성장했다.

젊은 소비층이 많이 이용하는 온라인쇼핑몰과 SPA의 성장은 동대문의 소매상가에 부정적인 영향을 미쳤다. 또한 의류분야의 대기업과 중견기업이 운영하는 로드샵과 아울렛도 동대문에 부정적인 영향을 미치고 있다. 특히 신세계, 롯데, 현대 등 유통 대기업들은 대형마트와 백화점의 성장이 둔화되자 아울렛과 복합쇼핑몰 분야로 적극 진출하면서 가격에 민감한 젊은 소비자들을 끌어들이고 있다. 즉, 동대문 패션타운의 소매상가는 2010년대에 들어 온라인쇼핑몰, SPA, 대형 아울렛, 복합쇼핑몰 등이 크게 성장하면서 지속되고 있는 불황에서 벗어나고 있지 못하고 있다. 설상가상으로 2020년 2월에 발생한 코로나19로 인해 관광객이 끊기면서 소매상가는 직격탄을 맞았다. 서울시의 자료에 따르면 서울을 방문한 외국인 관광객의 수는 2019년에는 1,390만 명으로 사상 최대치를 기록했지만 2020년에는 그 수가 192만 명으로 무려 85.6%가 감소했다. 도매상가들이 B2B 온라인 플렛폼 등의 통해 새로운 활로를 모색할 수 있었던 것에 비해 거의 대부분의 매출을 내방 고객, 특히 중국의 요커에게 의존했던 소매상가는 타격이 훨씬 클 수밖에 없었다. 한국부동산원의 통계에 따르면 2021년 2사분기의 동대문상권 중대형 상가의 공실률은 서울 전체의 평균 공실률인 9.5%보다 2.4% 높은 11.9%였다. 그런데 비슷한 시기에 소매상가인 굿모닝시티의 공실률은 75%, 밀리오레의 공실률은 40%로 도매상가의 공실률에 비해 훨씬 높았다.

3절 도매상가의 경기변동

동대문패션타운의 도매시장은 1960년대 초 설립 이래 1990년대까지 큰 기복없이 지속적으로 성장했다. 높은 경제성장률의 덕이 가장 컸지만 기성복의 확산, 교복자율화, 소비자들의 패션에 대한 의식 증가, 외국인의 유입 등의 요인들이 크게 작용했다. 경기침체가 시작된 1990년대에도 패션에 대해 관심이 많은 젊은 소비자들이 지속적으로 늘어나고 있었고, 또한 이들은 가성비를 중시하는 성향이 높았기 때문에 품질도 우수하고 가격도 비교적 저렴한 동대문 의류에 대한 수요가 폭발적으로 늘어났다. 1997년에 발생한 IMF 외환위기는 동대문패션타운의 도매상가에 오히려 긍정적으로 작용했다. 경기침체로 주머니가 가벼워진 국내 소비자들이 실속 있는 쇼핑을 위해 동대문을 더욱 찾게 되면서 동대문의 활성화에 크게 기여했다. 또한 외환위기는 동대문 의류의 업그레이드와 글로벌화에도 기여했다. 경기침체로 인해 대기업에 다니던 많은 수의 디자이너들이 퇴사를 하면서 동대문에 진출하였는데, 이렇게 새로운 시각과 우수한 실력으로 무장한 많은 디자이너들의 유입은 동대문패션타운 의류의 품질을 한 단계 더 높이는 발판이 되었다.

또한 원화 가치의 급격한 하락으로 외환 기준의 의류 가격이 엄청나게 싸지면서 외국인의 유입이 크게 증가했다. 바로 이 시기에 중국, 일본, 러시아 등은 물론 베트남, 나이지리아, 네팔, 몽고, 대만 등 많은 국가의 보따리 상인들이 본격적으로 진출하면서 동대문을 활성화시키는 데 큰 역할을 하였다. 그 가운데에서도 특히 따이공(代工)이라고 불리는 중국의 보따리 상인들이 동대문의 활성화에 크게 기여했다. 중국의 보따리 상인들이 동대문에 몰리게 된 데는 1990년대 말에 한국의 드라마가 수출이 되면서 중국에서 한류가 성행하게 된 것도 큰 몫을 했다. 한류가 성행하면서 한국을 방문하는 요커들도 늘었지만 한국의 의류에 대한 관심도 높아지면서 중국의 소비자를 위해 의류구매를 대행하는 따이공도 크게 늘어난 것이다. 2000년에는 기준중량(25kg)을 초과한 수하물의 반입을 묵인해오던 중국세관이 이 기준을 엄격히 적용할 것을 공표하면서 타격이 크게 우려되었지만, 중국세관에서 지속적으로 이 기준을 엄격하게 적용한 것은 아니었고, 또한 중국 물류회사들이 이 기준을 피해가는 방법을 만들어내기도 하였기 때문에 큰 타격을 입지는 않았다([글 8-1] 참조). 중국 보따리 상인들은 초기에는 도매시장에 진열되어 있는 의류 중에서 중국인들의 취향에 맞는 의류를 사가는 것이 일반적이었지만 시간이 지나면서 자신이 활동하는 지역의 소비자의 취향에 부합하는 의류를 주문제작해서 사가는 경우가 증가하였다.

글 8-1 중국 보따리 상인과 물류

중국 보따리 상인들은 초기에는 도매상가에서 구입한 의류를 직접 들고 운반하는 경우가 많았지만 동대문에 물류회사가 등장하면서 점차 의류를 배로 운송하는 시스템으로 바뀌었다. 주로 인천항을 이용하여 한국에서 제일 가까운 중국 항구인 웨이하이시 롱청항(威海市荣成港)으로 의류를 실어 날랐다. 중국 보따리 상인들의 구매 규모가 커지면서 물류회사의 사장이 점차 한국인에서 중국인으로 바뀌어갔다. 2010년대 초반까지는 한국인 사장이 중국인 직원을 두고 있는 물류회사가 압도적으로 많았지만, 점차 중국 자본으로 상당히 큰 규모의 물류회사가 설립되면서 지금은 중국 보따리 상인과 거래하는 물류회사 중 약 90%가 중국인이 사장으로 있는 회사이다. 물류회사의 규모도 자본이 들어오고, 영세한 업체들은 규모의 경제를 갖추기 위해 통합을 하면서 점차 기업형으로 바뀌어 갔다.

2000년대 중반에 들어서면서 중국 광동성의 광저우에 위치한 의류 도매상가가 크게 성장하면서 중국시장에서 한국산 의류에 대한 수요가 줄어들었음은 물론, 오히려 저가로 무장한 중국산 의류가 동대문패션타운에도 급속히 유입되기 시작하였다. 이러한 중국산의 대량유입은 봉제공장에게는 직격탄이 되었지만 도매상가에 미치는 영향은 제한적이었다. 왜냐하면 많은 도매상인들이 디자인을 한 후 봉제공장에 의뢰하여 제작하지 않고 중국산 의류를 수입해서 판매하거나 디자인만 하고 제작은 중국공장에서 해서 들여온 후 판매하는 방향으로 전환하였기 때문이다. 그러나 도매상가의 주고객인 온라인쇼핑몰이나 오프라인 매장의 규모가 커지면서 디자인은 스스로 해결하고 생산을 중국에서 하거나 혹은 아예 중국 도매시장에 가서 구매를 해오는 사례가 증가하고 있으며, 이러한 현상이 시간이 갈수록 심해지면서 도매상가에 미치는 부정적인 영향이 커질 것으로 예상되고 있다([글 8-2] 참조).

글 8-2 내수시장과 도매상가의 경기

동대문패션타운 도매상인의 입장에서 내수시장의 주요 고객은 온라인쇼핑몰과 오프라인 매장이다. 오프라인 매장에는 소규모 편집샵, 고속터미널 지하상가 등이 있다. 그런데 온라인쇼핑몰과 오프라인 매장 모두 규모가 커지기 시작하면서 직접 생산을 하거나 혹은 중국 등에서 사입을 해오는 사례가 늘어나고 있다. 즉, 온라인쇼핑몰의 운영자가 인터넷을 통해 생산에 대한 지식을 습득하면서 디자인, 샘플제작 등 도매상인이 전통적으로 해오고 있는 업무를 스스로 수행하고, 더 나아가 봉제공장을 운영하는 경우도 많아지고 있다. 또한 중국의 의류 도매상가에서 직접 사입을 해오는 온라인쇼핑몰 운영자도 늘어나고 있다. 오프라인에서 큰 규모의 매장을 운영하거나 작지만 여러 매장을 운영하고 있는 사업자들도 특정 의류가 잘 팔리면 직접 중국에 가서 적당한 공장을 찾아 해당 의류를 만들어서 들여오기도 하고, 광저우의 도매상가에서 가성비가 우수한 의류를 사입해서 들여오기도 한다. 이러한 추세가 동대문패션타운의 도매상인들에게는 매우 불리하게 작용하고 있다. 이처럼 규모가 큰 소매상을 중심으로 자체적으로 생산을 하거나 중국 등지에서 사입하는 경우가 늘어나면서 도매상가의 주요 수요처가 생산 능력이 없거나 많은 물량을 한꺼번에 구입하기 어려운 작은 규모의 소매상들이 되어 가는 경향이 심해지고 있다. 이는 전반적인 경기가 회복되어도 도매상인이 체감하는 내수 경기는 크게 개선되지 않을 수 있다는 것을 의미한다.

또한 이 시기에 동대문패션타운에는 한국산 의류를 대량으로 구입하기보다는 소량만 구매해 가져가서 똑같거나 혹은 약간 수정된 디자인의 의류를 중국의 봉제공장에서 생산하려는 보따리 상인들이 증가했다. 그럼에도 불구하고 동대문패션타운에서 보따리 상인들이 크게 줄어들지는 않았다. 다만 이들은 전방위적인 구매 양태에서 벗어나 한국산 의류를 생산하여 판매하는 도매상가를 중심으로 구매하기 시작했다. 이들은 주로 의류의 제조과정이 모두 한국에서 이루어질 수 있도록 강한 운영관리 정책을 실행하고 있던 apM 계열의 상가, 유어스, 디자이너클럽, 누존 등으로 몰리는 경향을 보였다. 아무튼 1990년대 후반부터 2010년대 중반에 이르는 시기에 중국 보따리 상인들의 거래 규모는 꾸준히 증가하거나 유지되었으며, 이로 인해 내수가 부진했음에도 불구하고 동대문패션타운의 도매상가는 큰 타격없이 지속적으로 성장해 나갔다. 2000년대에 들어 활성화되기 시작한 온라인쇼핑도 도매상가에는 부정적이기보다는 오히려 긍정적인 영향을 미쳤다. 왜냐하면 B2C 온라인 의류 쇼핑몰이 소매상가 상인들에게는 경쟁자였지만 도매상가의 상인들에게는 새로운 유형의 고객이었기 때문이다. 2005년 청평화패션몰을 필두로 디오트(2010), 테크노상가(2017), DWP(2017) 등이 온라인쇼핑몰을 주고객으로 하는 낮시장 도매상가로 변신하면서 온라인쇼핑몰의 동반자로서의 도매상가의 역할이 더욱 선명하게 부각되었다.

그런데 2017년의 사드 도입에 따른 중국정부 보복의 일환으로 중국의 세관이 한국에서 오는 보따리 상인들의 물품에 대한 검사를 강화하면서 동대문패션타운의 보따리 상인도 급격히 줄어들었다. 그러면서 동대문패션타운의 도매상가들은 큰 어려움을 겪기 시작했다. 또한 중국정부가 2019년 1월 1일부터 전자상거래의 투명화를 위해 전자상거래법을 시행하면서 주로 전자상거래 업체에게 물건을 넘기던 보따리 상인에게도 상당한 부담으로 작용하였다. 이렇게 내수도 좋지 않은 데다가 중국 보따리 상인들의 급격한 감소가 겹치면서 도매시장은 이때까지 경험해보지 못했던 침체기로 들어서게 되었다. 그런데 이 무렵에 등장한 라이브커머스는 도매시장을 활성화시키는데 큰 역할을 하였다. 2016~2017부터 동대문패션타운에는 중국의 텅쉰(腾讯, 영어명 Tencent)에서 운영하는 웨이신(微信) 등에서 사진, 짧은 동영상, 영상통화 등을 통해 물품을 판매하는 웨이샹(微商)과 인터넷 생방송을 통해 타오바오라이브(淘宝直播)에서 중국인을 대상으로 의류를 판매하는 BJ(Broadcasting Jockey; 라이브커머스 진행자)가 등장하기 시작하였다. 특히 중국인 BJ는 도매상가를 활성화시킬 수 있는 새로운 대안으로 떠올랐다.

중국인 BJ는 10만 명 이상의 팔로어(follow)가 확보되면 왕홍(网红)으로 불린다. 이들은 스마트폰 혹은 영상카메라를 활용하여 인터넷에서 생방송을 하면서 자국의 소비자를 대상으로 도매상가의 의류를 판매하였다. 라이브커머스가 시작된 2016~2017년에는 숫자도 많지 않고 전문 BJ가 아니라 중국 유학생 등 아마추어 BJ들이 많았다. 그런데 중국인들을 대상으로 하는 메이드인동대문 의류를 판매하는 라이브커머스가 인기를 얻으면서 많은 왕홍들이 동대문패션타운에 모여들었다. 이들은 주로 일반소비자를 대상으로 생방송을 하지만 경우에 따라서는 중국의 중간상을 대상으로 생방송을 하기도 했다. 즉, 중간상에게 의뢰받은 상품을 중간상에게 직접 생방송을 통해 확인시켜주고, 확인이 되면 현장에서 주문하고 결제한다. 이로 인해 거래도 보따리 상인을 활용하는 것에 비해 훨씬 안전해졌다. 왜냐하면 보따리 상인이 사입금을 받고 물건을 보내지 않거나 선적량을 맞추지 못해 배송을 지연시키는 사고가 없어졌기 때문이다. 즉, 중국인 왕홍으로 인해 보따리 상인의 존재가치는 줄어들었고, 그 결과 그렇지 않아도 급격히 줄어들었던 보따리 상인은 동대문패션타운에서 거의 자취를 감추게 되었다.

그런데 2020년 2월에 발발한 코로나19는 도매상가를 포함한 동대문 생태계 전체를 침체에 빠뜨렸다. 도매상가에서 외국인 관광객은 사라졌고, 약 600명에 달했던 왕홍들도 대부분 자취를 감췄다. 집에서 머무는 시간이 증가함에 따라 의류 내수가 줄어들면서 도매상가를 꽉 채워주었던 소매상인, 사입대행인, 일반소비자들도 현격히 줄어들었다. 공식적인 통계는 없지만 매출수준은 코로나19 이전에 비해 50% 이상 줄어든 도매상가가 속출했고 공실률도 역대 최고를 기록했다. 임대료와 관리비를 감면해주는 상가도 적지 않았지만 대부분 감면율이 20~30% 정도였고 그마저 한시적인 것이어서 매출이 절반 이상 줄어든 도매상인은 여전히 적자에 시달릴 수밖에 없었다. 도매상가는 코로나19로 인해 앞날을 기약하기 힘든 상황에 빠져들었다. 그러나 2021년 11월 1일부터 위드코로나(with Corona)가 도입되기 시작하고, 2022년에 들어서는 전파력은 강하지만 치명률은 매우 낮아진 오미크론이 우세종이 되고, 국민들의 백신접종률이 매우 높아지면서 위드코로나 정책이 더욱 강화될 것으로 예상되고 있다. 이에 따라 동대문패션타운의 경기도 점차 회복될 것으로 기대되고 있다.

9장

상가의 운영

9장 상가의 운영

1절 상가 운영과 관련한 법규

1-1 개요

대규모 상가의 운영에 대한 기본 골격은 대규모 상가의 운영과 관련한 법규에 의해 정해진다. 대규모 상가의 운영과 관련한 법규로는 집합건물법(집합건물의 소유 및 관리에 관한 법률)과 유통산업발전법이 있다. 집합건물법은 구분소유자들의 상가 운영과 관련한 사항들을 규정하고 있고, 유통산업발전법은 입점상인들의 상가 운영과 관련한 사항들을 규정하고 있다. 따라서 한 개의 법인이 상가 전체를 소유하고 있는 경우에는 집합건물법의 적용은 받지 않고 유통산업발전법의 적용만을 받지만, 상가의 소유자가 다수의 구분소유자로 구성되어 있는 경우에는 집합건물법과 유통산업발전법 모두의 적용을 받게 된다. 그런데 동대문패션타운의 상가 중에서 하나의 법인이 상가 전체를 소유하고 있는 경우는 많지 않다. 소매상가인 두타와 현대시티아울렛, 원부자재상가인 동대문종합시장과 동화상가, 그리고 도매상가인 엘리시움, DDP 패션몰, DWP 정도가 이러한 유형에 속한다.

1999년에 설립된 두타는 두산의 소유였다가 2020년 9월에 마스턴투자운용으로 소유주가 바뀌었으며, 두산타워가 운영관리를 맡고 있다. 현대시티아울렛은 2017년 소유주인 파인트리자산운용과의 일괄임대계약을 통해 입점하면서 운영관리를 맡고 있으며, 소유주는 2019년에 다시 파인트리자산운용에서 자산관리회사인 코람코자산신탁으로 바뀌었다. 1970년에 설립된 동대문종합시장은 동승㈜에 의해 설립되어 운영되고 있다. 동화상가는 1968년 설립 당시 구분소유자들이 설립한 회사인 동화상가㈜가 소유하면서 운영하고 있다. 엘리시움은 의류업체인 혜양섬유에 의해 1997년에 설립되었으며, 혜양개발에 의해 운영되고 있다. 2006년에 설립된 유어스(U:US)가 그 전신인 DDP 패션몰은 서울시의 소유이며, 2018년부터 서울시설공단이 운영관리를 맡고 있다. 2017년에 개장한 DWP는 부동산 및 외식산업 업체인 구성산업개발주식회사에 의해 설립되었으며, 이 회사가 설립한 DWP에 의해 운영관리되고 있다.

이상 언급한 7개의 상가 이외의 20여 개 상가는 모두 다수의 구분소유자가 있는 상가들이다. 구분소유자가 있다는 것은 상가의 건축주가 시공사를 선정하여 건물을 짓고 분양을 하는 과정에서 점포를 일정기간 빌려주는 임대분양이 아니라 구좌단위(약 1평)로 돈을 받고 소유권을 넘겨주는 등기분양을 하였다는 것을 의미한다. 예를 들어 2,000개 구좌 규모의 상가라면 최대 2,000명의 소유주('집합건물법'상의 용어로는 구분소유자)가 있을 수 있다. 구분소유자는 자신이 직접 상인의 신분으로 점포를 운영하기도 하지만 대개는 상인에게 임대를 주고 그 대가로 임대료를 수취한다.

1-2 집합건물법

집합건물법에 따르면 구분소유자가 10인 이상인 경우에는 구분소유자 전원으로 구성되는 관리단이 설립되어야 하고, 관리단은 관리단을 대표하여 업무를 집행할 '관리인'을 선임하여야 한다. 관리인은 반드시 구분소유자일 필요는 없으며, 임기는 2년의 범위에서 각 상가의 운영규약이나 관리규약에 의해 정해지고, 관리단 집회의 결의로 선임되거나 해임된다. 관리인은 공용부분(예를 들어 주차장, 창고, 복도, 계단 등)의 보존, 관리 및 변경을 위한 행위를 할 수 있는 권한과 의무가 있으며, 관리단의 사무 집행을 위한 분담 금액과 비용을 구분소유자로부터 수령하여 집행할 수 있다. 관리단은 또한 관리인의 업무 집행을 감독하는 관리위원회를 설치할 수 있고, 집회의 결의를 통해 관리위원회의 위원들을 선출할 수 있다. 관리위원회는 관리인이 제안하는 안건을 심의하고 의결하는 기관이기도 하고, 관리인을 감독하고 감사하는 기관이기도 하다. 이렇게 집합건물법에 따른 구분소유자의 상가 운영과 관련한 개념에는 구분소유자, 관리단, 관리인, 관리위원회 등이 있다. 예를 들어 지분 참여를 하고 있는 1,000명의 회원으로 구성된 단체가 있다면 '구분소유자'는 이 단체의 회원, '관리단'은 1,000명의 회원 전원으로 구성된 단체, '관리인'은 회원들의 결의를 통해 선출된 구분소유자의 대표, '관리위원회'는 회원들의 결의를 통해 선출된 이사들로 구성된 이사회에 해당된다고 할 수 있다.

1-3 유통산업발전법

유통산업발전법은 대규모 상가의 '관리자'에 대해 규정하고 있다. 전체 입점상인의 3분의 2 이상의 동의를 얻어 설립된 사단법인, 주식회사, 협동조합 등이 관리자가 될 수 있다. 따라서 유통산업발전법의 관리자는 집합건물법의 관리인과는 달리 사람이 아니라 법인이다. 관리자는 상거래질서의 확립, 소비자의 안전유지와 소비자 및 인근 지역 주민의 피해 · 불만의 신속한 처리, 상가의 유지 · 관리하기 위하여 필요한 업무 등을 수행한다. 관리자는 상가를 유지 · 관리하기 위한 관리비를 입점상인(공실일 경우에는 구분소유자)으로부터 수령하여 집행할 수 있다. 관리자가 수령하는 관리비는 상가마다 차이는 있지만 대개 구좌당 15만원~20만원 정도이다. 관리비가 20만원이고 구좌의 수가 1,500개 있는 상가라면 한 달의 관리비 수입은 3억원, 1년이면 36억원이 된다. 또한 관리자는 입찰방식을 통해 외부 업체와 상가의 유지 · 관리를 위한 위탁관리, 공사, 용역(경비, 청소 등) 등과 관련한 계약을 체결할 수 있다. 관리자는 시설의 관리뿐만 아니라 상가의 활성화를 위한 여러 가지 업무(입점 및 퇴점 관리, 상인의 심사 및 선정, 상가 홍보, 상거래질서의 확립 등)도 수행하기 때문에 입점상인들로부터 홍보비, 입점비, 퇴점비, 지각비 등도 수령할 수 있다.

2절 상가 운영과 관련한 갈등

상가의 소유주가 한 개의 법인으로 되어 있는 경우에는 운영관리를 둘러싼 소유자들 간의 이권다툼이 발생할 가능성은 원천적으로 낮다고 볼 수 있다. 또한 상가의 소유주는 입점하는 상인들과 임대차계약을 맺을 때 소유주가 설립한 관리자에 대한 지정동의서를 받기 때문에 관리자의 선출 문제를 가지고 상인들 간의 갈등이 발생할 가능성도 적다. 하지만 관리비나 임대료의 인상, 인테리어 비용의 부담 등을 두고 소유주와 입점상인 간에 갈등이 빚어질 수 있고, 더 나아가 입점상인들이 관리자에 대한 지정동의서를 부정하고 상인들을 중심으로 하는 관리자를 세우려고 하면서 소유주와 갈등이 빚어질 수 있다. 그러나 소유가 구분소유자에게 있는 경우보다는 구성원들 간에 갈등이 발생할 가능성이 훨씬 적다.

구성원들 간의 갈등은 소유권이 구분소유자로 되어 있는 경우에 발생할 가능성이 훨씬 크다. 먼저 구분소유자 전체로 구성된 관리단의 대표인 관리인의 선출을 둘러싸고 구분소유자 간의 갈등이 빚어질 수 있다. 이는 관리인의 권한과 이권이 적지 않기 때문이다. 관리인은 주차장이나 창고 등의 운영에서 나오는 수입과 관리자로부터의 지원금이나 급여 등의 금전적인 측면에서는 물론이고 공사, 경비, 보안, 청소 등을 위한 업체 선정에도 일정한 영향력을 행사할 수 있기 때문에 관리인의 선출을 둘러싸고 이해관계가 맞는 구분소유자들끼리 여러 집단을 형성하여 갈등을 빚을 수 있다. 전체가 아닌 일부 구분소유자들의 모임은 통상적으로 '지주회'라 불리는데 한 상가에 여러 개의 지주회가 만들어지면서 지주회 간에 갈등이 빚어질 수 있는 것이다. 또한 관리인은 관리인에 대한 감독의 권한과 의무가 있는 관리위원회와 갈등을 빚을 수 있으며, 관리단/관리인과 관리자는 임대료의 수준은 물론, 공사업체, 경비업체, 청소업체 선정 등 각종 이권을 둘러싸고 갈등을 빚을 수 있다. 또한 관리자의 선정과 관련하여 상인들 간의 갈등이 빚어질 수도 있다. 이는 관리자의 권한이 많고 이로 인해 많은 이권이 관련되기 때문이다. 관리자는 관리비뿐만 아니라 홍보비, 입점비, 퇴점비, 지각비 등 각종 명목으로 상인들로부터 비용을 갹출할 수 있고, 외부업체와 계약도 할 수 있을 뿐만 아니라 상인들을 대상으로 평가, 입점, 퇴점 등을 할 수 있는 권한을 갖고 있다. 이로 인해 상인들은 여러 집단을 형성하여 서로 자신들에게 유리한 관리자를 세우기 위해 다툴 수 있다. 그런데 지금은 거의 모든 상가에서 입점하는 상인들로부터 현재의 관리자에 대한 지정동의서를 받고 있기 때문에 이러한 분쟁이 실제로 일어나는 일은 극히 드물다.

구분소유자들이 소유하고 있는 대규모 상가를 운영하는 가장 중요한 주체는 관리단의 대표인 관리인과 상가 운영의 주체인 관리자라고 할 수 있다. 관리인과 관리자는 갈등 관계를 형성할 수도 있고 상호존중하는 관계를 형성할 수도 있으며, 한 집단이 양쪽을 모두 장악함으로써 갈등의 소지가 원천적으로 존재하지 않을 수도 있다. 그런데 관리인과 관리자의 관계를 명시적으로 규정해 놓은 법규가 없기 때문에 양자 간의 관계는 상가마다 다를 수밖에 없다. 즉, 관리인과 관리자의 관계에 대한 세부적인 사항들은 각 상가의 관리규약이나 운영규약에 규정하는 것이 일반적이다. 관리인과 관리자 간의 분쟁이 생겼을 때 분쟁이 송사로 이어지는 경우가 있는데 최근의 판례들은 구분소유자의 이해를 대변하는 관리인보다는 상인의 이해를 대변하는 관리자에 유리한 판결을 하는 경우가 많아지고 있다. 이러한 추세에 비추어보면 구분소유자들의 대표인 관리인보다는 상인들을 대표하는 관리자가 상가의 운영에서 더 주된 역할을 하고 있다고 볼 수 있다.

3절 관리자의 운영관리 스타일

관리자는 상가운영에 있어서 가장 핵심적인 역할을 수행하고 있는데 이는 법률에서 부여한 권한이 매우 포괄적이기 때문이다. 먼저 관리자는 유통산업발전법에 의해 부여된 권한을 바탕으로 입점상인에게 많은 영향력을 행사할 수 있다. 관리자는 유통산업발전법을 근거로 관리비를 수령하여 집행할 수 있는 권한을 가지고 있음은 물론, 상가의 유지 및 발전을 위한 운영관리도 함께 책임을 지고 있다. 관리자는 입점상인 3분의 2 이상의 동의를 받아 '관리규약'을 제정하여야 하는데, 일단 관리규약이 만들어지면 이를 근거로 관리자는 입점희망 상인에 대한 평가, 입점상인의 선정, 상인의 근태관리, 상인들의 성과에 대한 평가, 퇴점조건에 해당하는 상인들의 퇴출 등 다양한 활동을 전개할 수 있으며, 그 과정에서 얼마든지 상인에 대해 영향력을 행사할 수 있다. 또한 관리자는 구분소유자에 대해서도 영향력을 행사할 수 있는 방법이 많이 있다.

구분소유자는 임대료를 받을 목적으로 구좌를 구입한 것이기 때문에 임대료가 안정적으로 들어오는 것이 가장 중요하다. 일반적으로 임대료는 구분소유자와 임차인 사이의 임대차계약에 의해 정해지며, 상인이 직접 구분소유자에게 지급한다. 그런데 공실이 발생하면 구분소유자는 임대료를 받을 수 없을 뿐만 아니라 관리비도 자신이 납부하여야 한다. 그래서 관리자는 이 점을 이용하여 구분소유자를 압박할 수 있다. 즉, 특정 점포의 상인을 근태, 의류제작 과정의 타당성, 상거래질서 등을 근거로 합법적으로 퇴출시킬 수 있는데 그렇게 되면 구분소유자는 금전적으로 많은 손실을 보게 된다. 새로운 상인을 입점시키려 해도 관리자가 '입점증'을 내주지 않으면 새로운 상인을 입점시킬 수 없기 때문에 곤경에 빠질 수 있다. 송사를 통해 해결하려고 해도 비용이 많이 들뿐만 아니라 관리자의 권한을 중시하는 법원 판결의 추세를 감안하면 승소할 수 있는 가능성도 높지 않다. 이러한 역학관계가 있기 때문에 강력한 관리자는 구분소유자들에게 영향력을 행사하여 자신과 호흡이 맞는 관리인이 선출될 수 있도록 영향력을 행사하려 할 수도 있다.

이렇게 많은 권한과 영향력을 행사할 수 있는 관리자가 어떠한 스타일로 상가를 운영하는가에 따라 해당 상가의 분위기나 발전 등에도 큰 영향을 미칠 수밖에 없다. 관리자가 상인에 대한 규제를 최소화하고 자율성을 최대한 보장하는 방향으로 운영관리를 하는 상가들이 있는가 하면, 반대로 관리자가 상인에 대한 규제를 강화하면서 자신이 구상하는 상가 발전전략을 일사불란하게 수행할 수 있는 방향으로 운영관리를 하는 상가들도 있다. 상가의 유형별로 보면 평화시장을 비롯한 대부분의 전통상가에서는 상인에 대한 규제가 거의 없으면서 자율권을 최대한으로 보장하는 방향으로 운영되고 있다. 예를 들어 임대료는 입점상인과 구분소유자 간의 협상을 통해 자율적으로 정해지고, 입점상인으로부터 홍보비 등도 거의 갹출하지도 않으며, 상인의 입퇴점, 출퇴근시간 등 업무상의 모든 면에서 관리자의 적극적인 개입이 없는 편이다. 이에 비해 신흥상가에서는 관리자의 상인들에 대한 규제가 강한 편이다. 즉, 관리자가 임대료의 책정, 상인들의 출퇴근, 의류의 원산지, 입퇴점 절차, 상인에 대한 평가 등에 적극적으로 관여하는 편이다.

또한 구분소유자가 임대료를 과도하게 올리면 장사를 잘하고 있던 상인들도 이주하고, 좋은 상인들도 들어오지 않게 되어 상가가 활성화되지 않기 때문에 임대료를 정할 때 관리자의 동의를 받게 하는 경우도 있다. 이는 임대료의 인상률을 억제하고 동시에 비슷한 위치에 입점해 있는 상인들은 모두 일정한 금액의 임대료를 지불하도록 하기 위함이다. 입점상인들이 출퇴근을 정확하게 지키도록 하기 위해 지각비를 물리기도 하고, 판매하는 의류의 품질을 유지하기 위해 관리자가 수시로 상인들이 정말로 국내에서 의류를 제작하고 있는지를 점검하기도 한다. 또한 퇴출 조건을 정해 놓고 매출실적이 좋지 않은 상인들을 정기적으로 걸러내기도 하고, 외부의 우수한 상인들을 좋은 점포위치를 제공하면서 스카우트를 하기도 한다.

어떠한 스타일의 관리자가 바람직한지는 일률적으로 얘기할 수 없다. 상인들도 자신의 취향에 따라 선호하는 운영관리가 이루어지고 있는 상가를 선택하고 있다. 자율적이고 자유로운 상가 분위기를 중시하는 상인들은 관리자의 개입이 적은 상가를 선호하고, 반면에 관리자의 요구사항이 많더라도 그것이 자신의 발전과 보다 많은 매출을 올리는 데 도움이 된다고 판단하는 상인들은 강력한 업무 스타일의 관리자가 운영관리를 하는 상가를 선호한다. 그런데 현재 강력한 운영관리 체계가 형성되어 있는 상가들이 동대문패션타운의 '패스트 패션' 이미지를 유지시켜주고 있는 현실에 비추어보면 강력한 스타일의 관리자가 합리적이고 합법적인 방법으로 상가를 운영하는 것이 동대문패션타운 전체의 발전을 위해서는 보다 바람직하다고 할 수 있다.

10장

봉제공장 의류의 제작 과정

10장 봉제공장 의류의 제작 과정

1절 동대문 의류 제작 과정의 개관

동대문패션의 가장 큰 장점인 '패스트 패션'은 도매상가, 원부자재상가, 봉제공장 등이 근거리에 몰려 있다는 점을 기반으로 하고 있다. 이로 인해 근거리 운반에 편리한 오토바이나 봉고차가 원부자재상가, 도매상가, 봉제공장 등을 오가며 주변 도로의 교통체증 상황과는 관계없이 의류, 원단, 의류부자재 등을 신속하게 이동시키고 있다. 그래서 원부자재나 옷을 잔뜩 싣고 봉제공장, 도매상가, 원부자재상가를 오가는 오토바이나 봉고차의 숫자는 동대문패션타운의 경기를 가늠할 수 있는 척도가 된다. 또한 도매상인, 디자이너 등이 봉제공장과 원부자재상가를 오가는 이동거리도 짧기 때문에 모든 업무가 신속하게 진행될 수 있다. 동대문패션타운의 의류는 여러 단계의 과정을 거쳐 만들어지는데 이 과정에서 도매상인이 직접 디자인을 하는 경우가 아니라면 도매상인은 옷에 대한 '기획' 과정에 주로 관여하고 그 외의 대부분의 과정은 도매상인이 고용한 디자이너에 의해 이루어진다.

첫 번째 단계인 옷에 대한 '기획'은 어떠한 컨셉(concept)의 옷을 만들 것인가를 결정하는 것을 의미한다. 소비자의 기호에 부합하는 옷을 만들어야 하기 때문에 컨셉을 정할 때는 무엇보다 소비자의 트렌드를 파악하는 것이 중요하다. 그래서 도매상인이나 디자이너들은 여러 가지 방법으로 소비자의 트렌드를 반영할 수 있는 컨셉이 무엇인지를 알아내기 위해 노력한다. 패션관련 서적이나 인터넷 사이트를 보는 것은 물론, 다른 도매상인이나 디자이너의 의견을 듣기도 하고, 동대문패션타운에 위치한 경쟁 점포나 외부의 백화점, SPA, 아울렛 등에 들려서 잘 팔리는 옷을 살피기도 한다. 또한 도매상인은 디자이너를 대동하고 새로운 디자인의 옷이 많이 있는 일본, 홍콩, 유럽 등지의 의류상가를 돌며 어떠한 옷들이 유행하고 있는지를 보고 오기도 한다. 그런데 실제로 디자인을 하는 것은 디자이너이지만 컨셉을 정할 때는 도매상인이 자신의 주장을 관철하려 하는 경우가 많다. 왜냐하면 도매상인은 스스로 디자인을 하지는 않더라도 다년간 장사를 해오면서 축적한 유행에 대한 '감'을 가지고 있고, 그래서 디테일은 디자이너에게 맡기더라도 큰 방향은 자신의 '감'에 의존하여 결정하려는 성향이 있기 때문이다. 그래서 도매상인은 자신이 고용한 디자이너의 의견을 그대로 수용하기보다는 자신이 생각하는 옷을 디자이너가 그리도록 하거나, 혹은 디자이너가 가지고 온 디자인을 자신의 생각에 맞게 수정하도록 하는 경우가 많다.

두 번째 단계는 디자이너가 디자인을 하는 단계이다. 디자이너가 그린 몇 개의 스케치가 그려지면 도매상인과의 논의를 바탕으로 수정

단계를 거쳐 디자인이 확정된다. 이러한 논의는 대개 매장이나 사무실에서 간단한 회의를 하는 방식으로 이루어지는데 이렇게 간단하고 짧은 논의를 거쳐 디자인을 확정하는 것도 동대문패션타운의 '스피드'를 높여주는 요인 중의 하나라고 할 수 있다. 디자인이 확정되면 디자이너는 작업지시서를 작성하는데 여기에는 제작순서, 제작방법, 의류의 소재, 원부자재 소요량, 봉제시 주의사항 등이 기술된다.

작업지시서가 완성되면 그 다음 단계는 샘플을 제작하는 과정이다. 샘플을 만드는 과정은 크게 두 가지 유형으로 나누어진다. 하나는 봉제공장에 샘플과 생산을 일괄적으로 의뢰하는 방법이고, 또 하나는 샘플제작 전문업체에게 의뢰하여 샘플을 만든 후 봉제공장에 생산을 의뢰하는 방법이다. 어떤 방법을 선택하는가는 도매상인의 스타일에 따라 다르지만 의류의 디자인이 매우 새로운 것이 아니라면 봉제공장에 일괄적으로 샘플제작과 생산을 의뢰하는 것이 일반적이다. 왜냐하면 이렇게 하는 것이 비용적인 측면에서나 시간적인 측면에서 유리하기 때문이다. 또한 많은 수의 봉제공장이 샘플제작에 필요한 패턴 제작이나 재단에 대해 상당한 노하우를 이미 가지고 있기 때문이기도 하다. 그래서 봉제(박음질)뿐만 아니라 패턴과 샘플의 제작에도 일가견이 있는 봉제공장들을 잘 알고, 더 나아가 이들 봉제공장과 돈독한 관계를 맺는 것도 디자이너의 중요한 능력 중의 하나이다. 여기에서는 먼저 전문업체(재단실, 샘플실)를 거쳐 샘플이 만들어진 후 생산이 이루어지는 과정에 대해 기술하고, 그 다음으로 봉제공장에서 일괄적으로 샘플제작과 생산이 이루어지는 과정에 대해 기술한다.

2절 전문업체에 의한 샘플제작과 봉제공장에 의한 생산

샘플제작과 관련한 업무를 전문으로 하는 업체에는 패턴실과 샘플실이 있다. 이런 전문업체들은 신당동 지역에 약 200개 정도가 몰려 있으며, 그 중에는 패턴작업을 동시에 수행하는 샘플실도 많이 있다. 이러한 업체들의 주고객은 중대형 의류업체이며, 동대문패션타운 도매상가의 디자이너들이 이곳을 찾는 것은 예외적인 경우라고 할 수 있다. 여기에서는 동대문패션타운 도매상가의 디자이너가 이곳을 활용하는 경우에 대해 기술한다([그림 10-1] 참조). 디자인 스케치와 작업지시서가 만들어지면 디자이너는 '패턴실'이라고 불리는 업체에 가서 패턴작업을 맡긴다. 패턴작업은 디자이너가 그린 스케치에 따라 옷의 본을 만들어내는 작업을 의미하며, '패턴사'라고 불리는 전문인에 의해 이루어진다. 패턴사는 디자이너가 건네준 스케치와 작업지시서를 바탕으로 스케치한 옷이 만들어지기 위해 필요한 천 조각들을 재봉(재단과 봉제)이 이루어져야 하는 단위로 분류한 후, 이 천 조각들을 실물 크기로 패턴용지에 그린다. 그런 후 패턴용지에 그려진 천 조각 모양들을 오려내면 패턴이 완성된다. 패턴이 완성이 되면 옷 한 벌을 만들기 위해 원단이 어느 정도 소요되는지를 상당히 정확하게 파악할 수 있다.

패턴이 만들어지면 디자이너는 동대문종합시장이나 동화상가와 같은 원부자재상가에서 샘플제작에 필요한 원단과 의류부자재를 구입한다. 일반적으로 동대문패션타운 도매상가에서는 샘플을 한 벌만 만들

그림 10-1 | 패턴실 및 샘플실에 의한 샘플제작과 봉제공장에 의한 생산 과정

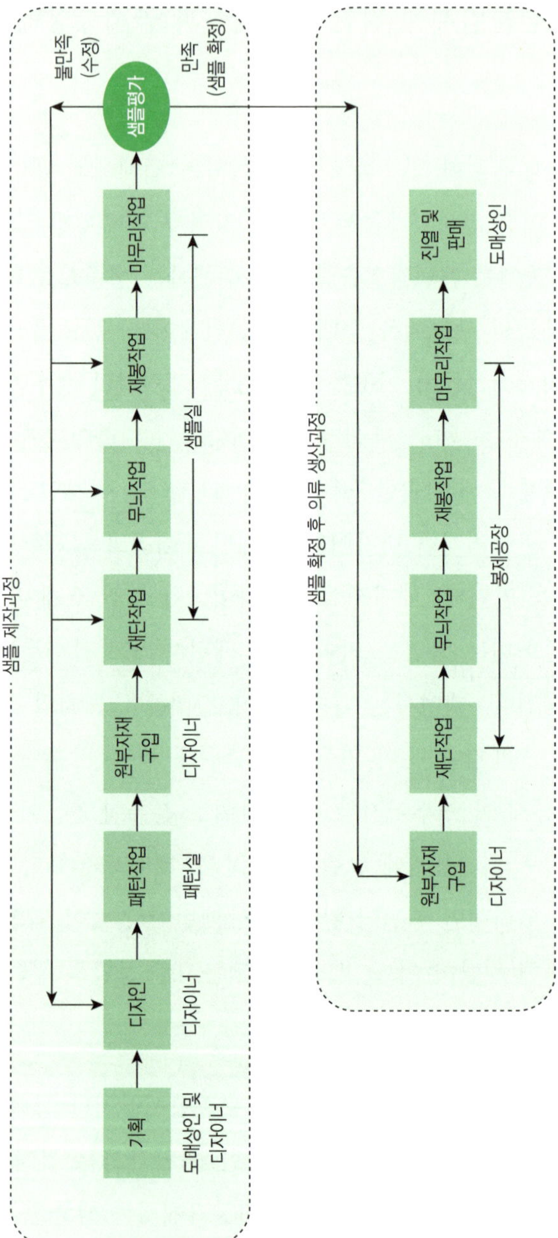

거나, 혹은 샘플을 제작하는 '샘플실'의 보관용까지 포함하여 두 벌의 샘플을 제작하는 것이 일반적이고, 따라서 원단과 의류부자재를 아주 소량으로 구매한다. 그래서 원단이나 부자재 점포가 단골인 경우에는 어차피 디자인이 확정되면 거래가 본격적으로 이루어질 것이기 때문에 원단이나 부자재를 공짜로 얻어오는 경우도 있다. 그런 후 디자이너는 패턴, 작업지시서, 원단과 부자재, 스케치 등을 '샘플실'에 전달하면서 샘플제작을 의뢰한다.

재단작업에서 마무리작업까지의 작업은 샘플실의 주도로 이루어진다. 재단작업은 '재단사'가 패턴실에서 만들어진 패턴 모양으로 원단을 잘라내는 것을 의미한다. 이때 원단을 가장 절약할 수 있는 방향으로 재단이 이루어져야 하기 때문에 재단사의 역량은 원가 절감을 위해 매우 중요하다. 옷에 무늬를 넣을 필요가 있는 경우(예를 들어 수를 놓거나 열을 이용하여 장식물을 붙이는 작업이 필요한 경우)에는 샘플실에서 무늬가 들어가는 부분만 무늬작업을 전문으로 하는 공장에 보내서 작업을 의뢰한다. 의류부자재를 취급하는 동화상가에는 의류부자재도 팔면서 무늬작업을 해주는 점포들이 많이 있다. 무늬작업까지 이루어지면 그 다음의 작업인 봉제작업과 마무리작업은 샘플실에서 직접 한다. 봉제작업은 재단된 원단들을 재봉틀(미싱)로 이어붙이는 작업을 의미하고, 마무리작업은 재봉틀로 하기 어려운 단삼처리, 단추 및 부자재 달기 등 섬세한 손바느질이 필요한 작업과 다림질, 실밥정리 등의 정리작업을 의미한다. 이러한 일련의 과정을 통해 샘플이 만들어지고 디자이너가 처음에 기획한 대로 만들어진 것이 확인되면 이제 본격적인 생산으로 들어가게 된다. 그렇지 않고 샘플이 처음에 기획한 의도대로 만들어지지 않았다고 판단되면 수정작업을 거쳐야 한다. 옷의 디자인 자체에 문제가 있다면 디자인 작업부터 다시 시작하여야 하지만 그렇지 않고 옷 일부의 색상 변경, 약간의 치수 변경 등과 같이 큰 수정이 없는 경우에는 간단한 피팅작업을 거쳐 샘플이 완성된다. 샘플이 완성되면 디자이너는 원하는 수량의 의류 생산에 필요한 원단과 의류부자재를 구입한 후 샘플, 패턴, 작업지시서 등을 가지고 봉제공장에 가서 생산을 의뢰한다. 봉제공장에서는 만들어진 패턴을 바탕으로 원단재단, 무늬작업, 봉제작업, 마무리작업을 거쳐 주문을 받은 수량만큼의 의류를 생산한다.

3절 봉제공장에 의한 샘플제작과 생산

봉제공장에서 샘플제작과 생산이 모두 이루어지는 과정도 패턴제작과 샘플제작이 전문업체에 의해 만들어지는 과정과 크게 다르지 않다. 다만 이 경우에는 디자이너가 디자인 스케치와 구입한 원부자재를 봉제공장에 전달하면 패턴작업, 샘플제작, 생산 등의 일련의 모든 과정이 봉제공장에 의해 이루어진다([그림 10-2] 참조). 봉제공장은 이전에 만들었던 의류의 패턴을 가지고 있기 때문에 제작을 의뢰하는 의류가 기존의 의류와 크게 다르지 않다면 기존의 패턴을 이용하여 신속하게 패턴을 만들어낼 수 있고, 샘플이 확정되면 디자이너의 추가적인 설명 없이도 바로 생산에 들어갈 수 있기 때문에 생산일정을 단축시킬 수 있다.

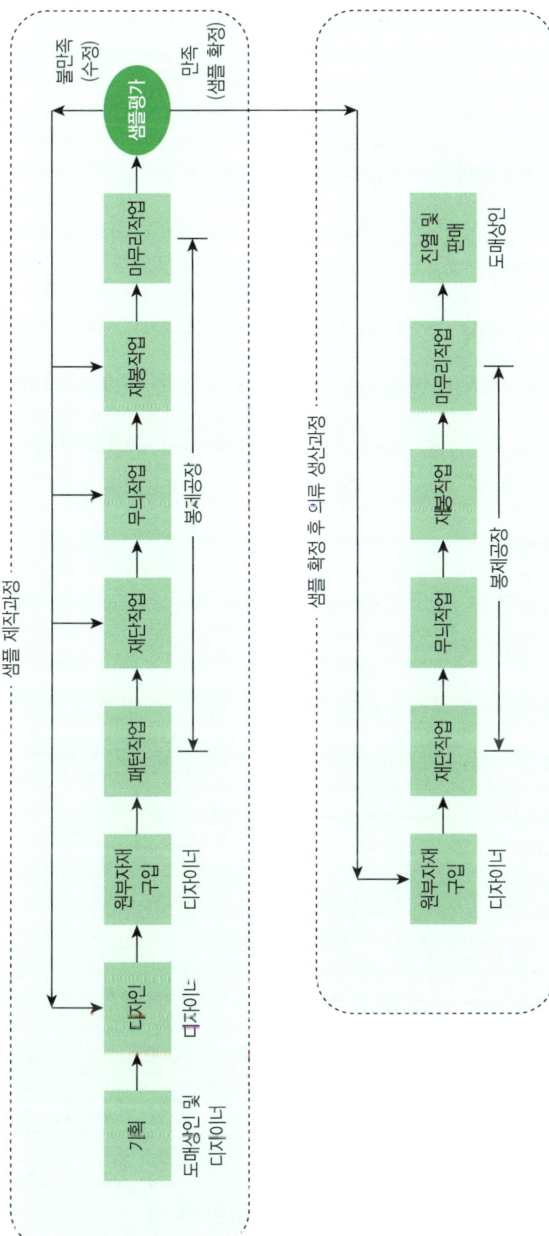

그림 10-2 | 봉제공장에 의한 샘플제작과 생산 과정

4절 도매상인과 봉제공장의 관계

동대문패션타운에서 의류가 신속하게 만들어질 수 있는 것은 도매상가와 봉제공장이 지리적으로 매우 가깝게 위치해 있다는 점에도 그 원인이 있지만 그와 더불어 도매상인과 봉제공장과의 끈끈한 관계에 기인하는 측면이 크다. 비즈니스적인 관점에서만 보면 주문을 하는 도매상인과 주문을 받아 생산을 하는 봉제공장과의 관계는 '갑을관계'이지만 이렇게 비즈니스적으로만 파악하려 하면 동대문 도매시장의 본질을 이해하기 어렵다. 왜냐하면 이들 간의 거래는 긴 세월에 걸쳐 축적된 끈끈한 관계가 깔려 있는 경우가 많기 때문이다. 심지어 동대문 도매시장에는 부모님은 수십년간 봉제공장을 하고 계시고, 자신들은 도매상인인 사람들도 있다. 또한 도매상인이 스스로 봉제공장을 같이 운영하는 경우도 있다. 특별한 사유가 없으면 도매상인은 거래하는 봉제공장을 바꾸지 않기 때문에 그 관계는 상당히 오랜 시간 지속된다.

봉제공장의 숫자는 수천 개에 이르지만 특정 도매상인이 거래하는 봉제공장은 평균적으로 2~4개에 불과하고 그 중에서도 한 업체와 고정적으로 거래하는 경우가 많다. 이들 간의 관계는 업무에만 머무르지 않고 일상생활의 일부인 경우가 많다. 예를 들어 도매상인 5~6명, 봉제공장 사장 5~6명 등 뜻이 맞는 10여 명이 계모임, 등산모임 등 친목 모임을 만들어 같이 놀러도 다니고 운동도 같이 하는 등 하나의 생활 공동체를 이룬다. 자연스럽게 상대방의 집안 사정도 잘 알게 되고,

서로의 경조사에도 참석한다. 이러한 관계 속에서 비즈니스를 하기 때문에 갑을관계라는 의식이 강하지 않고, 사업을 하는 과정에서 서로 상대방의 사정을 고려해줄 수 있다. 예를 들어 도매상인이 시급히 옷을 만들어 달라고 부탁하면 봉제공장 사장님은 밤을 새우더라도 만들어주고, 봉제공장이 자금사정이 어렵다고 하면 도매상인이 자금을 융통해주기도 한다. 이러한 관계가 바탕이 되어 있기 때문에 도매상인과 봉제공장은 하나의 조직처럼 움직일 수 있다. 즉, 봉제공장과 도매상인은 분명히 주인이 다른 별도의 법인이지만 끈끈한 관계를 바탕으로 한 몸처럼 움직인다. 바로 이러한 특성이 동대문 도매시장의 가장 큰 장점인 '초스피드 패션'을 구현하는 가장 강력한 원동력이 되고 있다.

일반적으로 공급망관리(SCM)에서 생산업체와 중간상의 수직적 통합은 소유나 계약을 통해서 이루어지지만 동대문 의류 도매시장에서는 소유나 계약이 아니라 끈끈한 관계에 의해 생산과 도매가 수직적으로 통합을 이루는 현상을 보이고 있다. 도매상인이 봉제공장에 생산을 의뢰할 때에도 계약서를 작성하는 것이 아니라 그냥 말에 의한 합의로 이루어지고, 대금도 현금으로 지불되고 영수증이 없는 경우가 많다. 이러한 관행이 위험해보이기도 하지만 이로 인해 사고가 나는 경우는 별로 없다. 또한 이러한 관행으로 인해 일의 추진이 빨라지기 때문에 이러한 관행은 동대문 의류 생태계의 '스피드'를 높여주는 또 하나의 요인이 되고 있다.

그러나 도매상인과 봉제공장과의 끈끈한 관계도 시간이 흐르면서 점차 희미해지는 경향을 보이고 있다. 동대문패션타운이 큰 어려움 없이 순탄하게 성장하고 있던 1960년대부터 1990년대에 이르는 시기에는 도매상인과 봉제공장과의 관계는 가족관계를 뛰어넘을 정도의 유대감을 가지고 있었다. 예를 들어 불황이 닥쳐 봉제공장에 일감이 부족해졌을 때에도 도매상인은 자신도 어렵기 때문에 어쩔 수 없이 납품가격을 좀 깎더라도 봉제공장으로 하여금 수천 벌의 옷을 미리 생산하게 하여 창고에 쌓아 놓는 일이 많았다. 이처럼 양자 간의 관계는 갑을관계이라기보다는 공생하는 파트너의 관계였다. 그런데 시장의 상황이 복잡해지고 세대가 바뀌면서 파트너로서의 인식은 흐려지고 도매상인이 봉제공장을 단순히 거래처로만 인식하는 경향이 커지고 있다. 즉, 동대문패션타운을 건설했던 1세대가 퇴장하고 사고방식이 전세대와는 많이 다른 2~3세대가 주역으로 등장하고, 또한 경제성장의 둔화와 경쟁의 심화로 생존의 논리에 큰 변화가 오면서 도매상인과 봉제공장과의 끈끈했던 유대관계는 점차 희미해지고 있다. 그렇지만 아직도 도매상인이 거래하는 봉제공장이 여러 개가 아닌 한두 개에 불과하다는 사실은 끈끈하고 정감 넘치는 관계의 전통이 아직까지 면면히 살아있음을 시사해주고 있다.

11장

봉제공장 의류의 유통경로

11장 봉제공장 의류의 유통경로

1절 개요

우리나라에는 종로구의 창신동, 숭인동, 이화동 등지에 약 3,000개의 봉제공장이 밀집되어 있다. 여기에서 만들어진 의류의 유통경로는 [그림 11-1]과 같이 나타낼 수 있다. 봉제공장 의류의 도매 과정에는 도매상인과 프로모션업체가 있고, 소매 과정에는 디자이너샵, 소규모 가두편집샵 등 오프라인 의류 소매상과 소규모 온라인쇼핑몰, 기업형 온라인플랫폼, 라이브커머스 등 온라인 의류 소매상이 있다.

그림 11-1 | 봉제공장 의류의 유통경로

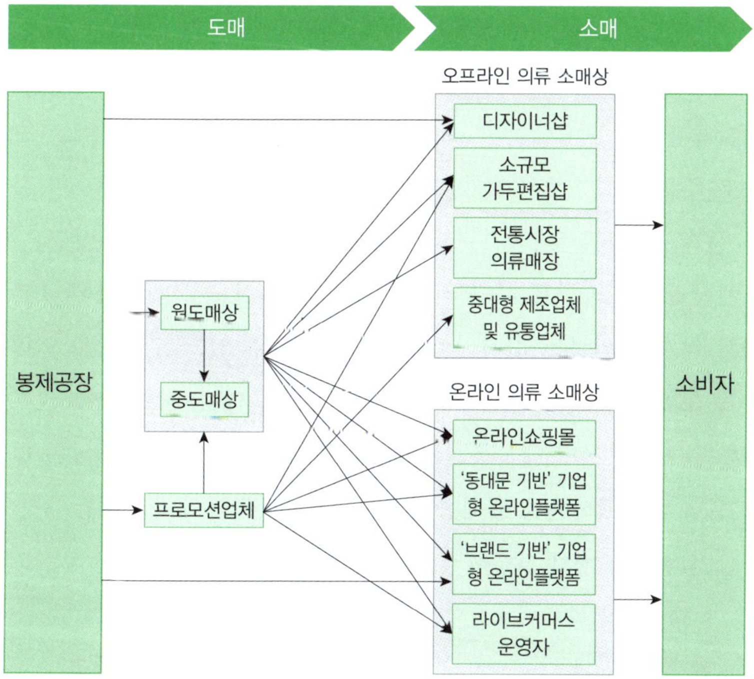

2절 도매상인

봉제공장에서 생산된 의류의 대부분은 동대문패션타운의 도매상가에 입주해 있는 도매상인들에게 공급된다. 동대문패션타운에 있는 20여 개의 의류 도매상가에는 약 2만 명의 도매상인들이 의류를 소매상들에게 판매하고 있다. 그런데 이랜드, LF, 형지 등의 중대형 의류 제조업체와는 달리 봉제공장은 스스로 기획한 옷을 만들어서 파는 것이 아니라 도매상인으로부터 주문받은 디자인의 의류를 주문받은 수량만큼 제작하여 판매한다. 또한 대부분 반품을 받지 않는다. 즉, 봉제공장은 도매상인이 의뢰한 옷을 만드는 역할만 할 뿐, 디자인에는 관여하지 않는다. 도매상인은 새로운 디자인의 옷에 대해 처음에는 소량으로 주문하여 소매상으로부터의 반응을 살피고 반응이 좋으면 물량을 늘려 주문하는 방식으로 시장의 수요에 대응한다. 도매상인은 원도매상과 중도매상으로 나누어지는데 원도매상은 봉제공장에 주문을 해서 자신이 원하는 디자인의 옷을 생산할 수 있는 도매상을 의미하고 중도매상은 직접 봉제공장에 주문을 하지 않고 원도매상으로부터 의류를 공급받는 도매상을 의미한다. 도매상인은 확보한 의류를 다양한 유형의 소매상에게 판매한다. 도매상인의 유형에 대해서는 '3장 도매상인의 유형'에서 상술하였다.

3절 프로모션업체

동대문패션타운에는 도매상가의 도매상인 이외에 도매상의 역할을 하는 직종이 또 하나 있다. 바로 '프로모션'이라고 불리는 업체인데 이 업체는 동대문패션타운의 도매상인, 온라인쇼핑몰 운영자, 오프라인 가두편집샵 운영자, 중대형 의류 제조업체나 유통업체, 라이브커머스 운영자 등으로부터 의뢰를 받아서 의류의 생산에 필요한 모든 공정, 즉 디자인, 샘플제작, 원부자재 구입, 생산 등의 모든 과정을 대행해

주고 일정한 대행수수료를 수취한다. 즉, 프로모션업체는 자신의 판단에 의해 물품을 구매한 후 마진을 붙여 판매하는 '상인도매상'이 아니라 '생산공정 관리서비스'를 제공하고 수수료를 수취하는 '수수료도매상'이라고 할 수 있다. 프로모션업체는 옷을 주문하는 소매상, 도매상, 제조업체 등과 일정한 수량의 생산 및 납품과 관련하여 자신의 명의로 계약을 맺고, 또한 봉제공장과도 자신의 명의로 계약을 맺는 방식으로 업무를 수행한다. 프로모션업체와 도매상인과의 거래는 도매상이 도매상과 거래하는 '도도매(都都賣)'로 이해될 수 있다.

프로모션업체를 운영하기 위해서는 디자인 능력은 필수이기 때문에 운영자 중에는 디자이너 출신들이 많다. 프로모션업체 중에는 회사 전체 차원의 디자인 능력을 제고시키기 위해 사내에 '디자인연구소'를 두고 있는 경우도 있다. 프로모션업체의 고객은 도매상인, 온라인쇼핑몰 운영자, 소규모 가두편집샵 운영자, 라이브커머스 운영자 등 매우 다양하다. 이 고객들의 공통된 니즈는 '판매 이외의 업무는 모두 외부업체에 의뢰하고 자신은 오로지 판매에 힘을 쏟고 싶다'로 요약될 수 있다. 동대문패션타운의 도매상인 중 약 3분의 1은 디자인에서 생산에 이르는 모든 과정을 프로모션업체에 의뢰하고 판매와 관련한 업무에만 집중한다. 즉, 이러한 유형의 도매상인은 프로모션업체가 보유하고 있는 의류 샘플 중에서 선택을 하거나 혹은 약간의 수정을 거쳐 디자인을 확정한 후 일정 물량의 생산을 의뢰한다. 또한 온라인쇼핑몰 운영자나 소규모 가두편집샵 운영자 중에는 도매상가에서 의류를 구입해서 판매하기보다는 자신이 원하는 디자인의 옷을 만들어서 판매하려는 운영자들도 있는데 이들도 대부분 프로모션업체에 의뢰하여 자신이 원하는 디자인의 옷을 만든다.

프로모션업체는 도매상인과는 달리 구태여 임대료가 비싼 도매상가 매장에서 일을 할 필요가 없기 때문에 임대료가 저렴한 사무실을 임대함으로써 운영비를 낮출 수 있고, 그래서 온라인쇼핑몰 운영자나 오프라인 가두편집샵 운영자는 도매상가에서 구매할 때보다 더 저렴한 가격에 자신이 원하는 디자인의 옷을 확보할 수 있다. 다만 프로모션업체와 거래를 하려면 생산물량이 어느 정도 이상이 되어야 하기 때문에 판매에 대해서 어느 정도 자신이 있는 운영자만이 프로모션업체와 거래를 할 수 있다. 프로모션업체가 중대형 의류 제조업체나 백화점, 아울렛과 같은 대형 유통업체로부터 많은 물량의 납품을 의뢰받으면 생산은 주로 인건비가 저렴한 베트남이나 중국의 공장에서 이루어지기 때문에 한국의 봉제공장과는 아무런 관련이 없지만 도매상인, 온라인쇼핑몰 운영자, 소규모 가두편집샵 등이 고객인 경우에는 생산은 대부분 우리나라의 봉제공장에서 이루어진다.

4절 오프라인 의류 소매상

오프라인 의류 소매상에는 디자이너샵, 소규모 가두편집샵, 전통시장 의류매장 등이 포함된다. 디자이너샵은 디자이너가 운영하는 소규모 오프라인 점포를 의미하는데 이들은 직접 디자인한 옷을 봉제공장에 주문하여 제작하지만, 구색을 갖추기 위해 일부 의류는 도매상인으로부터 구입하기도 한다. 오프라인 소매상 중에서 가장 큰 비중을 차지하는 소매상은 소규모 가두편집샵이다. 소규모 가두편집샵 운영자는 보통 면적이 5~10평 정도 되는 매장을 운영하면서 매장의 컨셉에 부합하는 의류를 동대문패션타운의 도매상인으로부터 구입하여 판매한다. 소규모 가두편집샵 운영자들은 도매상가에 가서 옷을 직접 보고 주문하기도 하지만 '사입삼촌'이라고 불리는 구매대행인을 통해 구매하기도 한다. 또한 2010년대 후반부터는 '신상마켓', '링크샵스', '골라라' 등 동대문패션타운의 도매상인들과 전국의 의류 소매상들을 연결시켜주는 B2B 온라인 의류 플랫폼을 이용하는 주문이 늘고 있다.

그런데 소규모 가두편집샵의 수는 점차 감소하는 경향을 보이고 있다. 온라인쇼핑이 활성화되기 이전에는 명동, 가로수길, 홍대앞 등이 소규모 가두편집샵들이 몰려 있는 곳으로 유명했다. 가두편집샵이 줄어들고 있는 가장 주된 이유는 2010년대 들어 급격히 늘어난 B2C 온라인쇼핑몰과의 가격경쟁에서 뒤처지고 있기 때문이다. 물론 동대문패션타운의 의류라고 하더라도 소규모 가두편집샵에서 판매하고 있는 의류와 B2C 온라인쇼핑몰에서 판매하고 있는 의류는 다르다. 동대문패션타운의 도매상가도 가두편집샵 운영자가 선호하는 도매상가와 온라인쇼핑몰 운영자가 선호하는 도매상가가 확연히 나누어져 있다. 예를 들어 온라인쇼핑몰 운영자는 많은 도매상가 중에서 주로 청평화패션몰과 디오트에서 옷을 구입한다. 디자인도 트렌디하지만 무엇보다 가격이 저렴하기 때문이다. 그래서 이러한 도매상가들은 중국에서 수입한 의류를 많이 취급하고 있는 것으로 알려져 있다. 가두편집샵 운영자는 상대적으로 디자인, 원단, 봉제 등 모든 부문에서 국산을 고수하는 도매상가를 많이 찾는다. 이들 도매상가의 의류는 디자인, 원단, 봉제 등에서 우위를 보이지만 가격이 상대적으로 비싸다. 가두편집샵은 점포임대료, 인테리어비용, 인건비 등의 고정비 부담이 크고 구입해오는 의류의 가격이 상대적으로 비싸기 때문에 온라인쇼핑몰의 의류보다 가격을 높게 책정할 수밖에 없다. 제품은 분명이 다르지만 가격에 민감하고 트렌디한 디자인을 좋아하며 거래의 편의성을 중시하는 소비자층이 늘어나면서 품질은 좋지만 온라인쇼핑몰과 가격경쟁을 하기 어려운 가두편집샵은 점차 경쟁력을 잃어가고 있다.

5절 온라인 의류 소매상

5-1 개관

온라인 의류 쇼핑몰은 2000년대 초에 등장하였으며, 2000년대 중후반에 들어 본격적으로 활성화되기 시작하면서 지금까지도 지속적인 성장세를 보이고 있다. 또한 2010년대 들면서부터는 PC 기반의 유선 인터넷 쇼핑에서 스마트폰 기반의 모바일쇼핑으로 급속하게 이전되는 추세를 보이고 있다. 온라인 의류 소매상은 개인이 운영하는 소규모 온라인쇼핑몰, 대형 온라인쇼핑몰, 기업형 온라인플랫폼 등으로 나누어진다. 소규모 온라인쇼핑몰 운영자는 G마켓, 11번가, 옥션, 스마트스토어, 쿠팡, 티몬, 위메프 등의 오픈마켓이나 소셜커머스에 온라인쇼핑몰을 개설하고 주로 동대문패션타운 도매상가에서 구입한 의류를 판매한다. 2021년에 SSG닷컴, 롯데ON 등의 대기업 온라인 종합몰들이 오픈마켓 사업을 병행하면서 여기에 온라인쇼핑몰을 개설하는 운영자들도 생겨나고 있다. 소규모 가두편집샵 운영자와 마찬가지로 소규모 온라인쇼핑몰 운영자도 직접 도매상가에 가서 주문을 하거나 구매대행인을 통해 주문을 하기도 하지만 점차 신상마켓, 링크샵스, 골라라 등과 같은 B2B 플랫폼을 이용하는 운영자들이 많아지고 있다.

온라인쇼핑몰 운영자가 이러한 B2B 플랫폼을 이용하면 따로 사진을 찍을 필요 없이 도매상인들이 B2B 플랫폼에 올려놓은 의류 사진을 손쉽고 신속하게 다운로드해서 자신이 운영하는 온라인쇼핑몰에 올려놓고 판매를 할 수 있다는 장점이 있다. 이 유형의 온라인쇼핑몰 중에는 규모가 비교적 큰 온라인쇼핑몰들도 있다. 예를 들어 2004년에 설립된 '스타일난다'는 패션 트렌드에 대한 탁월한 안목을 바탕으로 주로 동대문의류 도매상가의 옷을 선별하여 구매한 후 판매함으로써 큰 성공을 거두었다. 2017년에 1,675억원의 매출액을 달성하였으며, 2018년에는 6,000억원에 프랑스의 화장품기업인 로레알에 매각되었다. 2010년 전후로는 기업형 의류 온라인플랫폼이 등장하기 시작하였다. 이는 많은 수의 디자이너 브랜드 혹은 소규모 온라인쇼핑몰들을 한 곳에 모아 놓은 대규모 의류 온라인쇼핑몰이다. 여기에서는 온라인 의류시장 성장의 배경, 온라인 의류 쇼핑몰 운영 형태의 변화, 기업형 의류 온라인플랫폼 등에 대해 상술한다.

5-2 온라인 의류시장 성장의 배경

우리나라 의류시장에서 오프라인 편집샵에서의 판매에 비해 온라인쇼핑몰에서의 판매 비중이 점차 증가하는 경향을 보이고 있다. 온라인 의류 쇼핑몰의 비중이 커지고 있는 데는 여러 가지 요인이 작용하고 있다.

첫째, 온라인쇼핑몰은 오프라인 편집샵에 비해 가격경쟁력이 훨씬 뛰어나다. 의류 온라인쇼핑몰 운영자는 동대문패션타운의 도매상가에서 구입한 의류를 구입가의 약 1.7배에 판매한다. 즉, 1만원에 구입한 의류라면 약 7,000원의 마진을 붙여 판매하고 있다. 이렇게 할 수 있는 이유는 쇼핑몰 개설 비용이나 운영 비용이 크지 않기 때문이다. 즉, 오프라인 매장의 개설에 따른 임대료, 인테리어비용 등에 대한 부담이 없고 배송이나 반품처리도 집에서 쇼핑몰 운영자가 직접할 수 있다. 배송이나 반품 수령도 경우에 따라서는 도매상인이 대신 해주기도 한다. 또한 특정 상품이 대박이 나서 주문량이 많아지면 도매상인이 가격을 할인해주기 때문에 마진폭이 크게 증가할 수도 있다. 그렇지만 오프라인 편집샵에서는 대박이 나는 경우가 거의 없기 때문에 할인을 받을 수 있는 경우도 거의 없다. 오프라인 편집샵에서 대박을 기대하기 어려운 가장 크 이유는 편집샵 운영자는 악성 재고에 대한 우려 때문에 많은 물량을 한꺼번에 구입할 수 없고, 따라서 인기가 있는 품목이라도 팔 수 있는 수량이 제한적이기 때문이다. 하지만 온라인쇼핑몰에서는 사진만 올려 놓고 주문을 받은 후에 구입을 해서 배송을 하기 때문에 재고에 대한 부담 없이 많은 물량을 소화해 낼 수 있다. 오프라인 편집샵을 운영하려면 임대료와 관리비, 직원 인건비, 인테리어비용 등 고정비를 부담하여야 하기 때문에 적어도 사입가의 2.5배를 판매가로 정해야 수익을 실현할 수 있다. 또한 온라인쇼핑몰 운영자는 악성 재고가 발생하였을 때 고정비의 부담이 적기 때문에 대폭 할인을 해서 비교적 쉽게 처리를 할 수 있지만 오프라인 편집샵 운영자는 고정비 때문에 대폭 할인을 하여 판매하면 손실이 발행하기 때문에 악성 재고의 처리도 수월하지 않다.

둘째, 지금은 인터넷, 스마트폰 등에 익숙한 10~30대가 온라인 의류 쇼핑몰의 주요 고객층이지만 시간이 지나면서 지금의 20~30대가 40~50대가 되면 그만큼 온라인 의류 쇼핑몰의 고객층도 대폭 확대되어 갈 것이다. 즉, 시간이 지날수록 온라인쇼핑몰의 고객층은 증가하고 상대적으로 오프라인 편집샵의 고객층은 축소될 것으로 예상된다. 현재 온라인 의류 쇼핑몰을 선호하는 계층은 주로 인터넷과 모바일 등에 익숙한 10~30대이기 때문에 온라인쇼핑몰의 의류도 이들이 선호하는 트렌디한 영캐주얼이 주류를 이루고 있다. 이에 따라 오프라인 매장에서는 상대적으로 40~50대를 대상으로 하는 의류를 많이 취급하고 있다. 하지만 앞으로 10년, 20년이 지나면 그때의 40대나 50대도 인터넷과 모바일에 매우 익숙하기 때문에 온라인 의류 쇼핑몰에서도 40~50대를 겨냥한 제품들을 많이 취급하게 될 것이고, 그렇게 되면 오프라인 편집샵은 더욱 더 위축될 것으로 보인다.

셋째, 옷을 통해 자신의 개성을 표출하고자 하는 욕구가 강하고 또한 자신의 스타일을 스스로 창출해 낼 수 있는 능력을 갖춘 MZ세대들의 젊은 소비층이 늘어나고 있는데, 이들은 자신의 개성을 표출하는데 훨씬 더 유리한 환경을 갖추고 있는 온라인 의류 쇼핑몰을 더 선호한다. MZ세대는 인지도가 높은 브랜드 의류를 선호하는 이전의 세대와는 상당히 다른 소비 특성을 보이고 있다. 즉, 이들은 비교적 저렴한 비용(예를 들어 5만원 이하)으로 옷을 통해 자신의 개성을 표출하기를 원하는 성향을 가지고 있다. 이들의 입장에서는 적은 비용을 들여 한 철을 즐겨 입을 수 있으면 그것으로 족하고 1년 후에는 그때의 유행이나 자신의 변화된 취향에 어울리는 옷을 골라 입는 것이 몇 년을 입어야 겨우 본전을 뽑을 수 있는 비싼 옷을 사 입는 것보다 훨씬 더 합리적이다. 또한 이들은 코디를 하는 것은 자신의 개성을 표출하는 중요한 수단이라고 생각하며, 이를 해내는 능력도 매우 뛰어나다. 즉, 자신에게 어울리는 셔츠, 자켓, 스커트 등의 적합한 컴비네이션을 입는 것을 좋아하고 또한 잘한다. 그런데 수많은 의류가 넘쳐나는 온라인 쇼핑몰은 이들의 성향에 부합할 수 있는 환경을 갖추고 있지만 오프라인 편집샵은 그렇지 못하다. 오프라인 편집샵의 장점은 매장 운영자가 일대일의 코디 서비스를 제공하는데 있기는 하지만 코디를 할 수 있는 의류의 종류가 매우 제한적이기 때문에 매장 운영자와 내방 소비자와의 취향이 비슷하지 않으면 내방 소비자가 마음에 드는 구매를 할 수 있는 확률은 온라인쇼핑몰에 비해 크게 떨어질 수밖에 없다.

5-3 온라인 의류 쇼핑몰 운영 형태의 변화

인터넷 상에서 의류를 판매하는 소규모 사업자가 크게 증가하면서 온라인 의류 쇼핑몰의 운영 형태도 다양하게 진화하고 있다.

첫째, 소규모 온라인 패션 쇼핑몰을 운영하는 사업자가 소매상에 머물지 않고 도매상인과 봉제공장에서 수행하고 있는 업무를 동시에 수행하는 사례들이 증가하고 있다. 즉, 디오트나 청평화패션몰과 같은 동대문패션타운의 도매상가에서 의류를 사입하여 소규모 온라인쇼핑몰에서 판매하는 사업자가 어느 정도 사업 기반이 잡히고 경험이 쌓이면 원가를 줄일 목적으로 직접 의류 제작에 나서는 경우가 많다. 본인이 꼭 디자이너 출신이 아니더라도 인터넷에 의류 제작에 관한 좋은 자료들이 워낙 많기 때문에 이러한 자료들을 참조하여 공부를 하면 큰 어려움 없이 생산 쪽으로 자신의 영역을 확장해 나갈 수 있다. 즉, 자신의 쇼핑몰에서 잘 팔리는 의류를 기준으로 원단이나 부자재 등에 변화를 주고 디자인에도 약간의 변화를 주면서 새로운 의류를 만들어내는 시도가 활발하게 이루어지고 있다. 디자인에 자신이 없으면 주변 지인들의 도움을 받아 디자인을 완성해서 업무를 진행할 수도 있다. 이러한 사업자는 원부자재상가에서 원단과 부자재도 구입하고 봉제공장에 샘플제작도 의뢰하면서 도매상인이 수행하고 있는 업무를 스스로 수행한다. 사업이 더욱 성공적으로 이루어지면 봉제공장을 차려서 스스로 생산을 하기도 한다. 이렇게 되면 기획, 디자인, 생산, 판매의 모든 과정을 자신 스스로 해결하는 이른바 수직적 통합을 이룬 온라인쇼핑몰을 운영하는 셈이 된다. 이러한 사업자들이 늘어나면 기존의 도매상인이나 봉제공장의 역할은 줄어들 수밖에 없다. 이러한 경향의 대표적인 예로 요가복 전문 온라인쇼핑몰 '안다르'를 들 수 있다. 2015년 요가 강사였던 신애련 대표가 설립한 안다르는 초기에는 신평화패션타운의 특수복 상가 등에서 사입을 하여 판매하였지만 사업의 규모가 커지면서 자체 브랜드를 개발하여 자사의 봉제공장에서 직접 생산을 한다. 즉, 규모가 작을 때에는 동대문패션타운 도매상가의 고객이었지만 규모가 커지면서 도매상가와는 소원해지는 것은 물론 어떤 면에서는 경쟁 관계에 놓이게 된다.

둘째, 소규모 온라인 패션 쇼핑몰들이 판매 경로의 다양화를 위해 자사몰을 운영하면서 동시에 자신보다 규모가 훨씬 더 큰 온라인쇼핑몰을 판매 경로로 이용하는 사례들이 많아지고 있다. 즉, 자신이 운영하는 자사몰을 소비자들에게 알리려면 시간과 비용이 많이 소요되기 때문에 판매 활성화를 조기에 달성하기 위해 소규모 온라인쇼핑몰들이 많이 모여 있는 사이트에서도 판매하는 예가 늘고 있다. 대표적인 동대문 의류 중심의 패션전문 연합 온라인쇼핑몰 업체로 지그재그, 에리블리, 브랜디 등을 들 수 있다. 예를 들어 지그재그는 무려 4,000개 이상의 온라인 여성패션 쇼핑몰들을 모아 놓은 연합 온라인쇼핑몰이다. 이런 연합 온라인쇼핑몰에서 판매가 이루어지면 소규모 쇼핑몰 운영자는 판매액의 10~20%를 수수료로 지급하여야 한다. 이러한 온라인 연합쇼핑몰은 다시 오픈마켓인 G마켓과 같이 사람들이 더 많이 모이는 사이트에 입점하기도 하고, 또 G마켓이 통째로 종합몰인 SSG닷컴 등에 입점을 하기도 한다. 즉, 소규모 온라인쇼핑몰을 운영하는 사업자의 의류는 자사몰뿐만 아니라 연합쇼핑몰, 오픈마켓, 종합몰 등 매우 다양한 경로를 통해 판매될 수 있다.

5-4 기업형 온라인쇼핑몰

2010년을 전후로 등장한 기업형 의류 온라인플랫폼은 많은 수의 디자이너 브랜드 혹은 소규모 온라인쇼핑몰들을 한 곳에 모아 놓은 대규모 의류 온라인쇼핑몰이다. 우리나라의 기업형 의류 온라인플랫폼은 '브랜드 기반 플랫폼'과 '동대문 기반 플랫폼'으로 나누어진다.

'브랜드 기반 플랫폼'은 플랫폼에 소속되어 있는 많은 수의 디자이너들이 각자 자신의 브랜드를 내세운 의류를 만들어서 판매하는 것을 위주로 하는 플랫폼이다. 무신사, W컨셉, 29CM 등이 '브랜드 기반 플랫폼'에 속한다. 예를 들어 기업형 온라인플랫폼 중에서 무신사에 이어 거래액 2위를 차지하고 있는 W컨셉은 대중들에게 별로 알려지지 않은 신진 디자이너들의 브랜드를 모아 놓은 여성의류 플랫폼으로 2021년을 기준으로 3,500여 개의 브랜드가 입점해 있으며, 그 중 80%가 디자이너 브랜드이다. 그런데 디자이너들은 자신이 디자인한 의류의 제작을 주로 동대문패션타운 인근의 봉제공장에 의뢰하여 제작하기 때문에 봉제공장은 '브랜드 기반 플랫폼'에서도 여전히 중요한 역할을 한다.

'동대문 기반 플랫폼'은 동대문 도매상가의 수많은 옷들 중에서 고객들의 취향에 부합할 것으로 판단되는 옷을 선별하여 판매하는 소규모 온라인쇼핑몰 운영자들이 모여 있는 플랫폼이다. 동대문 기반 플랫폼은 브랜드의 육성에는 관심을 두지 않으며, 소비자들의 취향에 어울리는 상품을 선별하는데 초점을 둔다. 지그재그, 에이블리, 브랜디 등이 '동대문 기반 플랫폼'에 속한다. 이 가운데 1위 업체인 지그재그는 2015년에 설립되었으며, 2021년 현재 4,000개 이상의 소규모 의류 온라인쇼핑몰이 입점해 있다. '동대문 기반 플랫폼'의 특징은 목표고객인 10~30대 여성고객을 대상으로 체형, 취향, 구매이력 등의 정보를 분석한 뒤 이를 바탕으로 고객이 좋아할 확률이 높은 옷을 추천하는 서비스를 제공하는데 있다. 이러한 작업을 수행하려면 데이터마이닝, 인공지능에 능숙한 많은 수의 IT 인력이 필요하고 그래서 이 유형에 속한 플랫폼들은 예외 없이 전체 인력의 30~50%를 IT 관련 인력으로 채용하고 있다.

기업형 온라인플랫폼 중에서 무신사는 남성복시장에서 독보적인 위치를 차지하고 있으며, 여성복시장에서는 지그재그, 에이블리, 브랜디 등의 3개 업체가 각축을 벌이고 있다. 2020년을 기준으로 무신사의 거래액은 1조 2,000억원, 지그재그 7,500억원, 에이블리 3,800억원, 브랜디 3,000억원에 달한다. 무신사는 2021년 3월을 기준으로 입점 브랜드가 6,000개를 넘어섰고, 회원수는 840만 명에 이른다. 지그재그는 맞춤형 추천의 선두업체로서의 이미지를 공고히 하고 있고, 에이블리는 인스타그램이나 블로그마켓을 운영하는 인플루언서를 많이 확보하고 있는 것으로 유명하며, 브랜디는 주문한 의류를 당일이나 다음날 새벽에 받아볼 수 있도록 하는 '하루배송' 서비스로 잘 알려져 있다. 기업형 의류 온라인플랫폼이 단기간에 엄청난 성공을 거둘 수 있었던 것은 차별화를 위한 노력을 꾸준히 기울였기 때문이다. 즉, 기업형 온라인플랫폼은 새로운 브랜드의 발굴, 새로운 상품추천 기법의 개발, 한정판 · 콜레보레이션 상품의 출시 등을 통해 '가치소비'를 지향하는 MZ세대의 취향에 부응하면서 경쟁력을 강화해가고 있으며, 그 결과 온라인 패션시장에서 패션 강자인 대형 제조업체, 백화점 등은 물론 쿠팡 등과 같은 거대 이커머스 업체들을 따돌리면서 기업의 규모를 키워가고 있다. 기업형 온라인플랫폼은 소속되어 있는 디자이너나 온라인쇼핑몰이 의류를 판매하면 매출액의 일부를 수수료 명목으로 수취하는데 이 수수료가 해당 플랫폼의 매출이 된다. 기업형 온라인플랫폼의 수수료율은 오픈마켓이나 소셜커머스의 수수료에 비해 높은 편이며, 특히 브랜드 기반 플랫폼에서 이러한 경향이 확연하다. 판매수수료율은 네이버 스마트스토어가 6%, 오픈마켓(G마켓, 옥션, 11번가)이 13%, 소셜커머스(쿠팡, 티몬, 위메프)가 10~15% 정도의 수준인데 반하여, 무신사 등 브랜드 기반 플랫폼의 수수료율은 공정거래위원회가 2020년 12월에 발표한 자료에 따르면 평균 26.7%에 달했다. 지그재그 등 동대문 기반 플랫폼의 수수료율은 업체마다 차이가 있지만 대체로 10~20% 수준이다.

6절 라이브커머스 운영자

라이브커머스 운영자들은 도매상가에 진열된 의류를 대상으로 생방송을 진행하여 고객들로부터 주문을 받은 후 도매상인에게 주문하는 방식으로 판매활동을 전개할 수 있다. 또한 자신이 원하는 디자인의 옷을 판매하기를 원하는 경우에는 프로모션업체에 생산을 의뢰하여 구입한 의류를 생방송을 통해 판매하는 활동도 전개할 수도 있다. 라이브커머스에 대한 상세한 내용은 '4장 도매상가의 구매대행인'에서 상술하였다.

12장

동대문패션타운 의류의 원산지

12장 동대문패션타운 의류의 원산지

1절 개관

현재 동대문패션타운의 도매상가에서 유통되는 의류의 원산지는 한국은 물론, 중국, 베트남, 미얀마 등 매우 다양하다. 시기적으로 살펴보면 동대문패션타운의 설립 이래 중국산 의류가 들어오기 시작한 2000년대 중반까지는 거의 전량이 우리나라의 봉제공장에서 생산되었다. 온라인쇼핑몰이 활성화되기 시작한 2000년대 중반부터 증가하기 시작한 중국산 의류는 그 품질이 상당한 수준에 오르면서 불량률이 급격이 낮아진 2017년 무렵부터는 동대문패션타운 전체의 의류판매량의 50% 이상을 차지할 정도로 증가하였다([글 12-1] 참조). 또한 중국산 의류의 가격이 상승하면서 동대문패션타운 의류의 원산지는 베트남, 캄보디아, 미얀마 등 인건비가 저렴한 국가들로 다변화하고 있다.

글 12-1 동대문패션타운과 중국

중국은 1990년대 중반부터 지금까지 줄곧 동대문패션타운과 깊은 관련을 맺어 오고 있다. 1997년에 발발한 외환위기는 중국의 상인들이 동대문패션타운에 진출하는 계기가 되었다. 보따리 상인으로 불리는 중국 구매대행인인 따이공(代工)은 가격이 저렴해진 동대문패션타운의 패션 의류들을 대량으로 구매하면서 동대문패션타운이 한국을 휩쓴 외환위기를 넘기는데 큰 역할을 하였다. 이들은 2017년에 발발한 사드 사태로 인해 중국정부의 엄격한 관리가 시작되기까지 동대문패션타운에서 활발하게 활동하였다. 이들이 물러난 자리에는 인터넷을 통해 동대문패션타운의 의류를 중국인 소비자들에게 판매하는 왕홍이 채워가면서 동대문패션타운 의류의 주요 수요처로서의 중국의 위상을 이어갔다. 일반소비자인 요커 또한 동대문패션타운의 활성화에 크게 기여하였다. 한류의 영향을 많이 받은 이들은 특히 동대문패션타운의 소매상가와 도소매 복합상가의 활성화에 크게 기여하였다. 요커도 역시 사드 사태를 기점으로 급격히 줄어들었으나 2020년 코로나19가 발발하기 이전까지는 시간이 지나면서 서서히 회복되는 추세를 보였다. 이처럼 동대문패션타운의 주요 수요처인 중국은 2000년대 중반 무렵부터는 의류의 공급처로서의 역할을 병행하기 시작하여 2010년대 후반에 이르러서는 한국산 의류의 물량을 넘어서는 물량의 중국산 의류가 동대문패션타운에서 유통되고 있다. 중국산 의류의 급격한 유입에는 온라인쇼핑몰의 성장에 따른 저가 의류에 대한 수요 증대, 중국 의류의 막강한 가격경쟁력과 품질 향상, 한국산 의류의 생산단가의 상승 등 여러 가지 요인들이 작용하고 있다. 이처럼 중국은 현재 동대문패션타운 의류의 주요 수요처인 동시에 주요 공급처라는 두 개의 위상을 동시에 가지고 있다.

2절 동대문패션타운 인근의 봉제공장

전통적으로 동대문패션타운 도매상가의 의류는 중국산 의류가 유입되기 시작한 2000년대 중반까지는 거의 전량이 봉제공장이라고 불리는 소규모 공장에서 생산되었다. 원래 봉제공장은 동대문패션타운의 전통상가 지역에 위치해 있었다. 예를 들어 1962년에 설립된 평화시장의 경우 1층에는 도소매상가가 있고, 2~3층에는 봉제공장이 있었다. 즉, 한 건물에서 판매와 생산이 같이 이루어졌다. 동대문에서 생산된 의류에 대한 수요가 증가하면서 상점에 대한 수요도 늘어나고 이에 따라 상가의 임대료가 크게 상승하면서 임대료를 감당하기가 힘들어진 봉제공장들은 1980년대 중반부터 동대문과 가까우면서 임대료가 비교적 저렴한 창신동, 충신동, 신당동, 이화동, 숭인동, 장충동 등지로 이전하게 되었다. 동대문패션타운이 더욱 성장하면서 동대문패션타운의 도매상가와 거래하는 봉제공장들은 청량리, 장안평, 경기도의 하남, 광주, 포천 등지까지도 확산되었다.

봉제공장이 이전한 지역에서는 큰 공장형 건물을 짓고 입주한 것이 아니라 주로 이미 있었던 주택이나 건물을 개조하여 공장을 만들었다. 즉, 봉제공장이 동대문에 있을 때에는 공장형 대형 건물에 위치해 있었던 반면, 이전 이후에는 소규모 건물이나 외관상 일반 주택과 다름없는 장소에서 의류의 생산이 이루어지게 되었다. 일부 공장들은 40~50명의 공원을 고용하기도 하였지만 2000년대 들어서면서는 인건비를 줄이기 위해 비교적 큰 공장들은 중국 등지의 해외로 많이 이주하였고, 작은 공장들도 인력을 더욱 감축하면서 가내수공업 형태를 띠게 되었다. 동대문 의류시장에 대한 통계청 자료에 따르면 약 7,000개의 봉제공장에서 약 30,000명이 종사하고 있는 것으로 조사되었으며, 따라서 평균적으로 한 봉제공장에서 약 4.3명 정도가 의류생산에 종사하고 있는 셈이다. 이들 공장 중에는 부부 2명이 운영하고 있는 공장들도 적지 않다. 봉제공장의 규모가 작다 보니 다양한 작업을 하기 어렵기 때문에 특화를 하고 있는 경우가 많다. 특화는 의류의 유형별(예를 들어 캐주얼웨어, 여성정장, 스포츠웨어, 남성정장, 유니폼, 유아동복 등)로 이루어지는데 하나의 유형에 특화하는 경우도 있고 2~3가지를 겸해서 하고 있는 경우도 있다. 또한 규모가 작기 때문에 공장 간의 협력관계가 매우 중요하다. 예를 들어 수주한 물량이 많지 않으면 자기 공장에서 처음부터 끝까지 완제품을 만들어 납품할 수 있지만 수주 물량이 많아서 자기 공장에서 모두 만드는 것이 불가능하면 수주 물량의 일부를 다른 공장에 하청을 주기도 하고, 혹은 자기 공장에서는 전체 작업의 일부만 하고 다른 단계의 작업은 다른 공장에 의뢰하는 방식으로 옷을 만들기도 한다. 또한 공장을 운영하지 않고 프리랜서로 일을 해주는 기술자들이 근처에 다수 거주하고 있기 때문에 일손이 부족하면 이들에게 일정한 보수를 제공하고 일을 맡기기도 한다. 이렇게 임시로 일하는 직공을 동대문에서는 '객공(客工)'이라고 부르는데 이들은 작업량과 작업의 유형에 따른 보수를 받고 일을 한다.

객공은 최근에 등장한 것이 아니라 동대문패션타운이 형성되기 시작한 시기부터 존재하고 있었다. 가장 주목을 해야 할 객공으로 '미싱사'

를 들 수 있다. 이들은 일당을 받는 것이 아니라 미싱 업무와 관련한 수입을 봉제공장과 나누는 방식으로 보수를 받으며 일을 한다. 수입을 나누는 비율은 양자 간의 협의를 통해 정해지지만 일반적으로 미싱사가 가져가는 비율이 봉재공장이 가져가는 비율보다 훨씬 더 크다. 예를 들어 봉제공장의 사장이 장당 1,000원의 공임으로 일감을 가져왔을 경우에 미싱사가 가져가는 금액은 600~700원, 즉 60~70%에 이른다. 미싱사가 봉제공장에서 일을 하는 경우에는 60%, 일감을 집으로 가지고 가서 일을 하는 경우에는 70% 정도가 미싱사의 몫이다. 봉제공장 사장은 나머지 30~40%를 가지고 재단사, 미싱보조 등의 직원들에게 월급도 줘야 하고, 관리비와 월세도 내야 하며, 자신도 생활을 해야 한다. 또한 미싱사는 일을 하다가 근무환경이나 근무조건이 마음에 들지 않으면 아무런 불이익을 당하지 않고 하던 일을 그만 두기도 하고, 일을 해야 하는 기간에도 개인적인 급한 일이 생기면 며칠씩 자리를 비울 수도 있다.

이처럼 봉제공장과 미싱사의 관계에서 미싱사는 절대적인 갑의 위치에 있다. 이렇게 된 데는 미싱사의 숫자가 감소하고 있다는 데 가장 큰 원인이 있다. 미싱사의 수입이 적지 않음에도 불구하고 이를 배우려는 젊은이들이 거의 없다. 이는 미싱을 가르쳐주는 곳이 드물기 때문이기도 하지만, 미싱사로서의 근무 여건이 좋지 않기 때문이기도 하다. 예를 들어 동대문패션타운 도매상가의 개점 및 폐점시간은 봉제공장의 근무여건을 악화시키는 측면이 있다. 봉제공장의 주고객인 밤시장 도매상가는 밤 8~9시에 문을 연다. 아침 9시에 근무를 시작한 봉제공장은 도매상가에 배송을 해줘야 할 물량이 있으면 저녁 6시에

퇴근을 하지 못하고 밤 8시, 9시까지 기다렸다가 갖다 주어야 한다. 이러한 상황들이 근무 여건을 악화시키고 있는 것이다. 그래서 시간이 지날수록 숙련된 미싱사의 숫자는 점차 줄어들 수밖에 없고, 이로 인해 미싱사의 몸값이 점점 더 오르는 것이 지금의 현실이다. 사정이 이렇기 때문에 인건비를 줄이기 위해 공장의 규모를 줄여 가족끼리 운영하는 생계형 혹은 가내수공업형 봉제공장들이 늘어난다.

이처럼 우리나라의 봉제공장이 소규모화하고 있는 데는 인건비를 줄여야 하는 봉제공장의 절박함이 큰 몫을 하고 있다. 우리나라의 봉제공장은 규모가 작기 때문에 대량생산을 할 수 없고, 따라서 생산원가의 측면에서는 약점을 지니고 있다. 그렇지만 우리나라의 봉제공장은 다양한 의복에 대한 소량의 주문에는 매우 탄력적으로 대응할 수 있다는 장점이 있다. 봉제공장의 운영자는 대체로 상당히 숙련되어 있고, 특정 분야의 의복에 특화하여 공장을 운영한다. 새로운 디자인의 의복에 대한 주문이 들어오면 큰 공장처럼 생산라인의 설비를 교체한다거나 공장 직원들에 대한 교육을 별도로 해야 할 필요가 없기 때문에 봉제공장 운영자는 소량의 주문을 받은 의복을 순발력 있게 생산을 해낼 수 있다. 1990년대 이후 한국 소비자들의 패션에 대한 의식수준이 높아지면서 다품종 소량생산의 필요성이 커지기 시작했는데 이러한 변화는 영세 봉제공장에게 자신의 약점을 최소화시키고 강점을 최대화시킬 수 있는 여건을 제공하였다.

3절 중국의 광동성

3-1 개요

2000년대 중반에 들면서 동대문시장에서 유통되는 의류의 원산지가 급속하게 다변화되었다. 이렇게 된 가장 큰 이유는 온라인쇼핑몰이 활성화되면서 저가 의류에 대한 수요가 급증하였기 때문이다. 중국산은 물론이고, 중국에서의 인건비가 상승하면서 베트남, 캄보디아, 미얀마, 심지어 아프리카 지역에서 생산된 의류들도 들어오고 있다. 중국산 의류의 증가 현상은 2010년대 중반 이후부터 두드러지게 나타나고 있다. 대략 2016년까지는 중국산 의류의 불량률이 매우 높았기 때문에 한국의 도매상인들이 중국산 의류를 꺼리는 경향이 많았다. 왜냐하면 불량이 난 것도 문제이지만 불량으로 인한 손실의 대부분을 한국 도매상인들이 떠안아야 했기 때문이다. 즉, 중국의 봉제공장은 납품한 의류가 명백한 불량품임에도 불구하고 불량임을 인정하지 않는 경우가 많았고, 한국의 도매상인이 이를 법률적으로 해결하려고 하면 이런저런 이유로 다시는 중국에 들어가기가 힘들어질 수도 있었기 때문에 마지못해 손해를 떠안을 수밖에 없는 경우가 종종 발생했다.

그런데 2017년 무렵부터는 중국의류의 불량률이 급속히 낮아지고, 한국의류와 거의 식별이 안될 만큼 품질이 향상되면서 중국산 의류의 유입이 급속도로 증가하였다. 정확한 통계는 없지만 2020년을 기준으로 동대문에서 취급되는 전체 물량의 50% 이상이 중국산일 것으로 추정되고 있다. 특히 온라인쇼핑몰 업체가 주고객인 낮시장 도매상가에서는 60~70% 정도가 중국산 의류일 것으로 추정되고 있다. 중국산 의류는 주로 광동성(广东省)의 광저우(广州)에 위치한 도매시장에서 들어오고 있다. 홍콩 및 마카오와 인접해 있는 중국 동남부의 광동성은 1978년에 시작된 개혁개방의 최대 수혜 지역으로 정부의 강력한 지원과 천혜의 지리적 이점 등을 바탕으로 급속히 발전하였으며, 특히 이 지역의 의류산업은 정부의 9대 중심 사업 중의 하나로 선정되어 발전해 왔다. 그 결과 현재 광동성은 중국 의류산업의 최대 거점 기지로서의 위치를 점하고 있다.

광동성의 의류산업 단지는 세 가지 유형으로 나누어질 수 있다. 첫째는 선전(深圳), 차오저우(潮州) 등지를 중심으로 형성된 중고급 브랜드의 생산이 이루어지는 지역이고, 둘째는 중산(中山), 난하이(南海) 등지의 외곽 지역을 중심으로 형성된 주문받은 의류를 생산하는 소규모 공장으로 이루어진 생산 단지이며, 셋째는 광저우(广州)나 동관시(东莞市)의 후먼(虎门) 등지와 같이 도매거래를 발판으로 이루어진 의류산업 단지이다. 이러한 의류산업 단지 가운데 동대문패션타운과 가장 관련이 깊은 곳은 도매상가가 발달해 있는 광저우이다. 광동성의 성도인 광저우는 중국에서 의류 도매시장이 가장 잘 발달되어 있는 지역이다. 싼시두(站西路, 의류 도소매시장), 쉬산항(13行, 중고가의류 도매시장), 궤이화강(桂花岗, 가죽제품전문 도매시장), 중다(中大, 원부자재 도매시장), 샤허(沙河, 중저가의류 도매시장) 등의 10여 곳에 동대문패션타운과 비견되는 규모의 의류 및 원자재 도매상가가 형성되어 있다([글 12-2] 참조).

글 12-2 광저우 짠시루 도매시장의 유어스광저우 도매상가

한국의 도소매상가 관리운영 전문업체인 문인터내셔널(Moon International)은 2016년 한국 상인들이 많은 광저우의 짠시루(站西路)에 200여 명의 동대문 상인들과 함께 유어스광저우(U:US广州)라는 이름의 상가를 설립했다. 원래 유어스는 2006년에 문인터내셔널이 동대문패션타운에 설립한 도매상가였는데 2018년에 서울시로 운영권이 넘어갔고, 명칭도 DDP 패션몰로 바뀌었다. 즉, 동대문패션타운에서 시작된 의류 도매상가 '유어스'는 정작 한국에서는 없어지고 중국에서만 운영되고 있는 셈이다. 쉬산항 및 샤허와 함께 광저우의 3대 의류 도매시장 중의 하나인 짠시루는 유어스광저우가 설립될 무렵만 해도 한국상인들이 가장 많이 찾는 의류 도매시장이었지만 의류의 가격이 상승하면서 그 자리를 쉬산항과 샤허에 내주게 되었다. 짠시루는 원래 도매시장이었는데 의류의 가격이 상승하면서 도매와 소매를 병행하는 시장으로 변모하였다. 이곳에는 훼이메이(汇美), 유어스광저우, 리오화(流花), 티엔마(天马), 바이마(白马) 등 15여 개의 상가가 있다. 유어스는 9층 높이의 호텔을 10층에 공원이 있는 건물로 리모델링을 하면서 시작되었으며, 400여 개의 점포로 구성되어 있다. 1~4층은 여성의류, 5~8층은 남성의류를 취급하고 있고, 액세서리, 신발 등을 취급하는 상점들도 입주해 있으며, 9층은 식당가로 운영되고 있다. 전체 상인 중에서 약 절반이 한국인 상인들인데, 이 중에는 원래 있었던 한국인 상인들도 있지만 많은 수가 인근 상가에서 장사를 하다가 옮겨온 상인들이다. 이 건물의 4층은 한국인 상인들이 특히 많이 모여 있다. 이들은 동대문패션타운에서와 마찬가지로 직접 디자인한 옷을 도매시장 인근의 봉제공장에서 생산하여 판매하며, 이들 중 많은 수가 봉제공장을 직접 운영하고 있다. 유어스광저우의 설립시에는 동대문패션타운의 유어스와 유기적인 관계를 맺으면서 운영을 하려는 의도가 있었지만 동대문패션타운의 유어스가 없어지면서 지금은 거의 중국고객을 상대하는 영업이 이루어지고 있다.

광저우에는 도매상가만 있는 것이 아니라 생산공장들도 많이 있다. 그런데 광저우의 의류공장은 숫자는 많지만 규모는 작고, 광저우 도매상가에서 반경 5~10km 거리에 위치해 있다. 이런 면에서 광저우의 도매상가는 우리나라의 '동대문패션 생태계'와 매우 닮아 있다. 이러한 광저우 인근의 봉제공장과 광저우 도매상가와의 관계는 동대문패션타운에서의 도매상가와 봉제공장과의 관계가 유사하다. 다만 땅값이 비싸기 때문에 생산단가가 높고, 그래서 소량 생산인 경우에는 인근의 봉제공장을 이용하지만 많은 수량을 생산할 때는 광저우에서 약 60km 떨어진 동관시(东莞市)에 위치한 라인공장들을 많이 이용하고 있다.

3-2 한국인 상인들의 사업전개 유형

광동성의 광저우나 동관 등지를 찾는 한국인 상인들은 동대문패션타운의 도매상인, 온라인쇼핑몰 회사 직원, 규모가 비교적 큰 매장을 운영하는 의류 소매상인, 중대형 브랜드 의류 제조업체 직원 등 매우 다양하다. 이들 한국인 상인들이 중국에서 사업을 전개하는 유형도 매우 다양하다. 이러한 유형을 크게 생산과 사입의 두 가지로 나눌 수 있다. '생산'은 한국에서 디자인한 옷을 중국의 봉제공장에서 생산하여 들여오는 것을 의미하고, '사입'은 중국 광저우의 의류 도매상가에서 판매하고 있는 옷을 구매하여 들여오는 것을 의미한다. 비율로 보면 생산보다 사입이 훨씬 더 많이 이루어지고 있다. 이러한 현상에 대해 혹자는 "2017년 이후에 동대문패션타운의 중국인 보따리 상인은 급격히 줄어들고 있는 반면, 중국 광저우 의류 도매상가에서는 한국인 보따리 상인이 급격히 늘고 있다"고 표현하기도 한다. 그런데 중국인 보따리 상인들은 대개 중국 중간상들의 구매대행인인 반면, 광저우를 방문하는 한국인 상인들은 구매대행인이 아니라 의류를 생산하거나 구입하여 본인이 직접 마진을 붙여 판매하는 형태의 활동을 전개한다는 점에 차이가 있다. 중국 의류시장에서의 한국인 상인들의 사업 전개 유형을 세분해서 기술하면 다음과 같다.

첫째, 동대문패션타운의 도매상인이 이미 확정된 디자인의 옷을 중국에서 생산을 해서 들여오는 경우이다. 이 경우에 도매상인은 적당한 봉제공장을 찾아 생산을 한 후 통관절차를 거쳐 동대문패션타운의 도매상가에 위치한 자신의 매장으로 옷을 들여오게 된다. 생산량이 소량이면 배송이 편리하고 다양한 의류를 제작할 수 있는 광저우의 신시(新市), 판위(番禺), 더캉루(德康路) 등지의 봉제공장에서 생산하지만 생산량이 많거나 공임이 많이 드는 의류를 생산할 때에는 생산비가 저렴한 지역의 공장을 찾게 된다. 동관(东莞), 항저우(杭州), 대련(大连), 단동(丹东) 등의 순으로 광저우에서 먼 지역에 위치한 공장일수록 생산비가 감소한다. 하지만 거리가 멀어질수록 물류비가 더 들기도 하고 원단 수급이 원활하지 않을 수 있으며, 품질을 보장받을 수가 없을 수도 있기 때문에 더 많은 위험을 부담하여야 한다. 항저우의 경우에는 다양한 원단이 생산되고 있기 때문에 특정 원단의 수급이 중요한 경우에 많이 찾게 되는 지역이다. 중국에서의 생산비도 꾸준히 상승하고 있기 때문에 베트남 등 동남아 지역에서 생산을 하려는 도매상인들도 늘고 있다. 베트남에는 대량생산을 하는 라인공장들이 많이 있는데, 베트남에는 원단시장이 없기 때문에 원단은 주로 항저우에서 육로를 통해 들어오고 있다. 중국에서 생산을 하려는 경우에 가장 중요한 것은 한국에서와 마찬가지로 실력이 있고 신뢰할 수 있는 봉제공장을 찾아내는 일이다. 중국의 봉제공장은 디자인을 가져다주면 패턴 작업과 샘플제작은 물론 원부자재의 수급까지의 모든 생산 과정을 책임지고 수행해준다. 한국의 봉제공장도 패턴 작업과 샘플제작은 해주지만 원부자재 수급은 봉제공장이 아닌 도매상인이 고용한 디자이너가 수행하는 것과는 좀 다르다. 그런데 이러한 모든 작업을 차질없이 수행해줄 수 있는 공장을 찾아내는 것은 매우 어려운 일이다. 가깝게 지내는 도매상인들 간에도 자신이 거래하는 봉제공장을 알려주지 않는 것은 오래된 관행이다. 그래서 도매상인들은 시행착오를 거쳐가며 적합한 봉제공장을 찾아야 하는 어려움이 있다.

둘째, 동대문패션타운의 유통전문 도매상인, 스스로 디자인을 하기가 어려운 온라인쇼핑몰 업체, 비교적 큰 규모로 소매점포를 운영하는 소매상인 등은 주로 광저우의 도매상가에서 의류를 구매해서 들여온다. 한국인 상인들이 가장 사입을 많이 하는 도매시장으로는 쉬산항(十三行)과 샤허(沙河)가 있다. 쉬산항은 품질이 좋고 가격도 비교적 비싼 의류를 취급하고 있으며, 2010년대 후반부터는 광저우 최고의 도매시장으로 발돋움했다. 동대문패션타운의 밤시장 도매상인이나 큰 규모로 편집샵을 운영하는 소매상인들이 주로 이곳에서 의류를 구입한다. 대표적인 쇼핑몰로는 여성복 도매시장인 신중궈다샤(新中国大厦)가 있다. 신중궈다샤는 20층 주상복합 건물로 1층부터 8층까지 상점들이 입주해 있다. 가장 장사가 잘되는 층은 2~3평의 매장들로 구성된 4~6층이다. 이 도매상가는 입찰 방식으로 매장의 운영권을 분양한다. 장사가 잘되는 6층에서 2~3평 매장의 운영권을 따려면

2019년을 기준으로 5년 계약에 최소 10억원을 줘야 한다. 운영권을 입찰받은 사람은 다른 사람에게 운영권을 되팔 수도 있고 임대를 줄 수도 있는데, 임대를 줄 경우 월 임대료가 무려 5천만원에 이른다. 샤허는 중저가 의류로 유명한 도매시장이다. 그래서 동대문패션타운의 낮시장 도매상인이나 온라인쇼핑몰 업체는 쉬산항보다는 이곳을 훨씬 더 많이 찾는다. 샤허에서는 바지, 내의, 아동복, 여성복, 남성복 등 다양한 의류들을 매우 저렴하게 구입할 수 있다. 한국인 상인들은 난청(南城), 완자(万佳), 진마(金马) 등 3개의 도매상가를 주로 찾는데 이 가운데에서도 진마상가의 가격이 가장 저렴하다. 한국인 상인들이 중국의 도매상가를 찾는 주된 이유는 가격이 저렴하다는데 있지만 그 이외에 재주문과 관련한 이유도 있다. 다품종 소량생산을 하는 우리나라의 도매상인은 주문이 늘어나면 봉제공장에 재주문을 하여 빨리 의류를 확보하여야 한다. 그런데 한국에서는 막상 똑같은 원단을 구입하려고 하면 원단이 없는 경우가 많다. 왜냐하면 우리나라의 원단상인이 팔리지 않을 수 있다는 위험까지 감수하면서 한 종류의 원단을 다량으로 확보해 놓는 경우는 거의 없기 때문이다. 사정이 이렇다 보니 도매상인은 주문을 받고 선금까지 받아 놓은 상태에서 주문한 고객에게 의류를 보내주지 못하는 상황에 빠지게 된다. 즉, 판매를 하지 못하게 되었음은 물론 고객의 신뢰가 상실될 수 있는 상황에 처해진다. 그런데 중국의 도매상인들은 적은 수량의 주문을 받아주는 것은 물론 원단을 대량으로 확보하고 있어 언제든 재주문이 들어오면 어렵지 않게 대응을 해주는 경우가 많다.

셋째, 중대형 브랜드 의류 제조업체들은 물론 온라인쇼핑몰 업체들

중에서도 광저우에 디자인 사무실을 차려 놓고 중국인이 디자인한 옷을 역시 광저우에 있는 공장에서 생산을 한 후 한국에 들여오는 사례가 늘고 있다. 이러한 방식의 생산은 디자이너와 봉제공장의 국적만 다를 뿐 동대문패션타운의 디자인 도매상인들이 수행하고 있는 의류 생산 방식과 완전히 동일하다. 동대문패션타운 낮시장의 주요 고객인 온라인쇼핑몰 업체들이 낮시장 도매상가를 찾지 않고 중국 도매상가에서 의류를 직접 사입하거나 아예 중국에 디자인 사무실을 차려 놓고 자신의 업체에 어울리는 의류를 생산해 들여오는 현상은 동대문패션타운의 낮시장 도매상가에게는 매우 위협적인 요소가 되고 있다.

넷째, 중국에 직접 가기가 어려운 온라인쇼핑몰 업체나 오프라인 의류 편집샵 업체들은 중국에 거주하는 구매대행인들을 통해 의류를 구매하여 들여오기도 한다. 광저우 의류시장에도 동대문패션타운에서와 마찬가지로 많은 수의 구매대행인들이 활동하면서 중국인은 물론 외국인에게도 구매대행 서비스를 제공하고 있다. 이들은 광저우의 의류들을 블로그 등에 올려놓고 주문을 받기도 한다. 영상기술의 발전으로 한국에서도 얼마든지 선명하게 중국에 있는 의류를 볼 수 있기 때문에 이러한 방식의 거래도 늘어나고 있다.

다섯째, 이미 완성된 디자인이나 샘플을 바탕으로 생산은 중국에서 하고 싶은데 적당한 봉제공장을 찾지 못하고 있는 브랜드 의류업체나 온라인쇼핑몰 업체들이 신뢰할 만한 봉제공장들을 잘 알고 있는 현지인이나 한국인에게 생산과 관련한 업무들을 의뢰하는 경우도 있다. 이 경우에 봉제공장에서 샘플이 만들어지고 이에 대한 생산 의뢰 업체의 수용이 이루어지면 곧바로 주문과 생산이 이루어지고, 이렇게 만들어진 의류가 한국에 들어와 팔리게 된다.

광저우 도매상가 의류의 경쟁력은 가격과 품질에 있다. 한국산에 버금가는 품질을 가진 옷을 통관 비용과 물류비용을 모두 포함해서도 국내에서 조달할 때 비해 많게는 50%까지 저렴하다. 그렇지만 한국에서 조달할 때에는 모든 것이 길게 잡아도 1주일이이면 충분하지만 중국에서 들여올 때에는 1개월 정도 소요되는 것이 단점이라고 할 수 있다. 이렇게 한국에 들어온 중국 제품들 가운데 일부는 이른바 '라벨갈이'라는 과정을 통해 한국산으로 둔갑하여 동대문 지역에서는 물론 백화점에서도 판매되는 불법행위가 이루어지기도 한다. 이러한 풍토는 중국산 제품을 비싸게 구입한 소비자에게 피해를 입히는 것은 물론, 봉제공장과 도매상인에게도 큰 피해를 입히고 있다. 한국의 봉제공장은 주문 물량 감소로 고통을 당하는 것은 물론, 값싼 중국산에 대항하려는 도매상인의 납품가격 인하 요구로 수익성이 악화되는 이중고를 겪고 있다. 또한 참신한 디자인을 통해 경쟁력을 확보해 왔던 도매상인들도 저가의 중국산에 밀리면서 어쩔 수 없이 광저우에서 의류를 사다가 파는 유통 도매상인으로 전환하는 현상도 두드러지게 나타나고 있다.

13장

B2B 온라인 패션 플랫폼

13장 B2B 온라인 패션 플랫폼

1절 B2B 온라인 패션 플랫폼의 성장 배경

동대문패션상가의 도매상가는 1999~2002년의 전성기를 지난 이후에도 내수는 줄었으나 외환위기 시기에 등장하여 동대문패션타운에서 의류 등을 대량으로 구입해가는 따이공이 여전히 존재하였을 뿐만 아니라 온라인쇼핑몰이 활성화되면서 전반적으로 호황이라고 할 수는 없지만 그렇다고 큰 타격은 받지 않았다. 그런데 2017년 사드 배치에 대한 보복의 일환으로 중국정부가 요커의 한국 입국을 제한하고 또한 2019년 1월 1일부터는 따이공에게도 사업자등록과 관세신고를 의무화하는 전자상거래법이 실행되면서 동대문패션타운에서 요커는 물론 따이공의 숫자도 크게 줄어들었다.

2017년부터는 따이공의 빈자리를 중국인 소비자를 대상으로 라이브 커머스를 통해 의류를 판매하는 중국인 왕홍들이 채워주기 시작했다. 하지만 그 영향이 모든 도매상가에 골고루 그리고 충분히 미친 것을 아니었다. 즉, 라이브커머스가 도매상인들에게 많은 희망을 주었고, 또한 일부 도매상가에게는 큰 도움이 되었던 것은 사실이지만 많은 상가들은 여전히 상당한 어려움을 겪고 있었다. 그러다가 라이브커머스가 한창 성장 과정 중에 있던 2020년에 코로나19가 덮치면서 동대문패션타운은 그야말로 셧다운에 가까운 충격을 받았다. 매출은 급감하고 공실률은 치솟았다. 특히 소매상가는 도매상가보다 더 큰 충격을 받으면서 거의 모든 소매상가의 공실률은 50%를 넘겼고, 패션TV에 입주해 있던 롯데피트인은 2020년 말에 철수하였으며, 굿모닝시티는 공들였던 영화관, 웨딩홀, 테마파크, 볼링장 등의 대형 매장들이 줄줄이 철수하면서 결국 매각을 추신하고 있다. 도매상가들도 소매상가에 비해 정도는 덜 했지만 매출의 급감을 견디지 못하고 떠나는 도매상인들이 속출했다.

이러한 상황을 목도하면서 도매상가의 상인들은 온라인을 통한 판매가 생존을 위한 유일한 방안이라는 것을 절감하게 되었다. 도매상인들은 코로나19 이전부터 이미 온라인 판매를 경험하고 있었다. 라이브커머스가 2017년에 처음 도매상가에 등장하였을 때에는 어설프게 보였지만 시간이 지나면서 한 매장에서 두세 시간에 수백만원에서 많게는 수천만원어치의 의류가 판매될 수 있다는 것을 알게 되었고, 또한 2013년에 출시된 신상마켓이나 2015년에 출시된 링크샵스와 같은 B2B 온라인 패션 플랫폼을 통해서는 직접 만나지 않아도 많은 수의 소매상들과 거래를 할 수 있다는 것을 알게 되었다. 그러나 코로나19 이전에는 여전히 오프라인적인 문화가 강한 동대문패션타운에서 여태까지의 판매 방식을 유지하는 구성원들이 그렇지 않은 구성원에 비해 훨씬 더 많았다. 하지만 코로나19 발발 이후에는 사고방식이 크게 달라질 수밖에 없었다. 즉, 온라인 거래는 시대의 대세일 뿐만 아니라 동대문패션타운에서 생존해 나가기 위해서는 적극적으로 수용해야만 하는 대상으로 여기게 된 것이다. 또한 구성원들은 코로나19가 완전히 소멸된다고 하여도 여전히 온라인을 중심으로 하는 거래가 주류를 이루는 사회가 될 것이라는 것을 확신하게 되었다. 이러한 분위기를 타고 도매상인과 소매상인을 연결시켜주는 B2B 온라인 패션 플랫폼은 코로나19 발발 이후에 더욱 빠른 속도로 확장해 나가고 있다.

B2B 온라인 패션 플랫폼의 성장은 동대문패션타운에 큰 변화를 가져오고 있다. 첫째는 수십년간 아날로그적인 거래관행에 익숙해 있던 도매상인들로 하여금 적극적으로 디지털적인 거래에 참여하도록 만들고 있다는 점이다. 즉, 소매상인들과의 대면접촉에 의한 현금 판매에 익숙해 있던 도매상인들이 사진을 찍어 온라인 플랫폼에 올리는 작업을 자발적으로 하고 있고, 또한 대금결제도 현금이 아닌 인터넷뱅킹과 같은 전자결제 수단을 많이 사용하게 되었다는 점이다. 이는 B2B 플랫폼 업체들의 노력의 결과이기도 하지만 동대문패션타운에도 온라인이 중심이 되는 세상이 도래하기 시작하였다는 것을 증명해주는 것이기도 하다. 둘째, 동대문패션타운에 디지털적인 수단을 이용한 거래 자료의 축적이 이루어지기 시작하였다는 점이다. 즉, 아직 대다수의 도매상인이 참여하고 있다고 보기는 어렵지만 디지털 데이터가 거의 전무하였던 동대문패션타운에 도매상인, 소매상인, 주문일자, 주문내역, 거래금액 등에 대한 정확한 거래기록이 남겨지고 있다. 이러한 정보가 동대문패션타운의 발전을 위해 어떻게 활용될 수 있을 것

인가에 대해서는 앞으로 심도 있는 논의가 이루어져야 하겠지만 데이터가 축적되기 시작하였다는 사실 자체만으로도 상당히 고무적이라고 할 수 있다.

2절 B2B 온라인 패션 플랫폼

2-1 개관

2000년대에 들어 인터넷이 활성화되면서 도매상인과 소매상인을 인터넷으로 연결시키면 동대문패션타운의 생산성을 크게 증가시킬 수 있다는 논의가 많이 이루어졌다. 그러나 가시적인 성과가 금방 이루어지지는 않았다. 2000년대 중반에 들어서면서 몇몇 대기업이 동대문에 진출하여 온라인 플랫폼 사업을 전개하려고 하였지만 결실을 보지는 못하였다. 어떤 대기업은 동대문패션타운의 의류를 데이터베이스화하려고 노력하였지만 하루에도 수천 개씩 쏟아지는 신상으로 인해 업무에 부하가 걸리면서 이를 감당하지 못하고 철수 결정을 내리고 말았다. 또다른 대기업은 동대문패션타운을 전진기지로 삼아 중국 시장을 내상으로 의류부분의 O2O 사업을 전개하고자 하였으나 여러 가지 기술적인 어려움으로 중단되고 말았다.

그러다가 2010년대에 들어 온라인쇼핑, 그 중에서도 특히 모바일쇼핑이 엄청난 속도로 성장하면서 도매시장에서도 인터넷은 필수불가결한 수단이라는 인식이 확산되었다. 이러한 배경에서 동대문패션타운에서 실무 경험을 쌓은 젊은 사업자들이 B2B 온라인 패션 플랫폼을 구축하기 시작하였다. 도매상을 대상으로 하는 온라인 패션 플랫폼은 도매상과 소매상을 연결해주는 B2B 플랫폼과 도매상과 소비자를 연결해주는 B2C 플랫폼으로 나누어질 수 있다. B2B 온라인 패션 플랫폼은 2013년 신상마켓이 출현한 이래 6~7개의 플랫폼이 등장하였으나 치열한 경쟁을 거치면서 2021년 말 현재 신상마켓(2013), 링크샵스(2015), 골라라(2021) 등의 3개 업체가 두각을 나타내고 있으며, 도매상과 소비자를 연결해주는 B2C 플랫폼은 2022년 현재 여러 스타트업들이 다양한 유형의 모델링을 바탕으로 시장에 진입하고 있다.

2-2 신상마켓

신상마켓은 국내 1위의 B2B 온라인 패션 플랫폼으로 2011년 설립된 스타트업인 딜리셔스의 김준호 대표가 2013년 9월에 론칭하였다. 설립 후 4~5년간은 도매상인들의 참여부진으로 고전을 면치 못하였지만 2010년대 후반에 들면서 본격적인 성장을 시작했다. 그 결과 2017년에는 직원의 수가 10명도 안 되었지만 2021년에는 200명 이상으로 늘어났다. 신상마켓은 2021년 10월을 기준으로 1만 개 이상의 도매업체와 약 12만 개의 소매업체가 가입되어 있다. 일주문량은 약 15만 건이며, 누적 거래액은 2020년 4월에 1조원을 달성했고, 2020년의 주문액은 4,300억원에 달했다. 또한 확보한 누적 투자액은 2020년에 255억원에 달했다. 도매상인들은 직접 신상마켓에 신상을 업로드할 수 있다. 도매상인은 자신이 승인한 소매상인들에게만 신상을 공개할 수 있기 때문에 신상이 카피되는 것을 효율적으로 막을 수 있다. 소매상인은 제품 유형별(여성의류, 남성의류, 여성신발, 남성신발 등), 도매상가별 검색을 할 수 있고, 도매상가별 검색에서는 층별, 점포호별 검색도 가능하다. 또한 소매상인은 자신이 거래하고 있는 도매상가의 신상들만 모아서 볼 수도 있다. 도매상인들이 신상마켓에 올리는 상품수는 하루에 약 3만5천 개이며, 누적 등록 상품수는 약 3천만 건에 달한다.

신상마켓은 도매상인에게 판매수수료를 부과하지 않는다. 이러한 점에서 15~30%의 판매수수료를 부과하고 있는 오픈마켓이나 소셜커머스 등과는 다르다. 즉, 도매상인은 신상마켓 플랫폼을 통한 판매액이 얼마가 되든지 관계없이 수수료를 내지 않는다. 그래서 도매상인의 입장에서는 사진을 올리는 수고만 하면 거의 무료로 새로운 판매채널을 이용할 수 있다. 신상마켓은 설립 이래 2019년 7월까지는 판매 수수료를 받지 않았을 뿐만 아니라 결제, 사입, 배송 과정에도 전혀 개입하지 않는 순수한 플랫폼 사업자였다. 그래서 신상마켓은 거래와 관련한 수입은 전혀 없었고, 모든 수입을 광고에만 의존했다. 광고는 도매상인은 소매상인들이 볼 수 있는 공간에 배너광고를 올리는 형태로 진행된다. 광고비는 얼마나 잘 노출이 되는 위치인가에 따라 천원, 이천원에서부터 수십 만원에 이르기도 한다. 도매상인이 신상마켓을 통해 소매상으로부터 주문을 받은 뒤에 이루어지는 결제, 사입, 배송의 과정은 오프라인에서 주문을 받아 이루어지는 형태와 동일하다. 주문한 상품에 대한 결제는 소매상인이 도매상인에게 계좌이체를 하거나 사입삼촌이 주문상품을 수거하면서 소매상인이 맡긴 현금을 전달하는 형태로 이루어진다.

또한 배송도 사입삼촌에 의해 직접 이루어지기도 하고 택배회사에 의뢰하는 형태로 이루어지기도 한다. 그런데 신상마켓은 2019년 4월에 160억원의 투자를 유치한 것을 계기로 수입원을 다변화하기 위해 2019년 7월에 '신상배송 서비스'를 도입했다. 이는 주로 고정적으로 거래하는 사입삼촌이 없는 소매상을 대상으로 하는 서비스로 구매가 이루어지는 도매점포의 수와 관계없이 구매금액의 3.3%를 받고 사입을 해주는 서비스이다. 배송은 우체국 택배로 이루어지는데 밤 10시 이전에 주문된 상품은 다음 날까지 배송해준다. 또한 도매상인이 스스로 사진을 올려야 하는 번거로움을 덜어주기 위해 의류의 촬영, 보정, 업로드 서비스를 제공하는 '신상초이스' 서비스도 같이 운영하고 있다. 2021년 초에는 '신상배송 서비스'를 업그레이드한 '딜리버드'라는 이름의 풀필먼트 서비스를 론칭했다. 딜리버드는 소매업체의 쇼핑몰에 주문이 들어오면 도매상인으로부터의 구입, 검수, 포장, 배송 등 모든 과정을 대행해준다. 신상마켓은 이 서비스의 활성화를 위해 물류시스템의 고도화에 많은 투자를 하고 있다. 이 서비스는 2021년 1~5월을 기준으로 2020년 동기 대비 사입금액이 약 12.6배 증가하였으며, 2021년 9월에는 일본 고객이 주문 후 3~4일이면 물건을 받아 볼 수 있는 '일본특송 서비스'를 오픈했다. 그런데 이러한 서비스들이 모든 거래에 대해 이루어지는 것은 아니고 원하는 소매상만을 대상으로 이루어진다. 많은 소매상들은 이미 거래하는 사입삼촌을 가지고 있고, 이러한 경향은 규모가 큰 소매상일수록 강하다는 점을 감안하면 사입, 배송 등과 관련된 서비스가 기존에 사입삼촌들이 하고 있는 일을 짧은 기간 내에 대체하기는 쉽지 않을 것으로 예상된다. 신상마켓의 경영진들도 신상마켓이 사입삼촌을 대체하는 서비스는 결코 아니며 기존의 사입삼촌들도 신상마켓을 사용하고 있다는 점을 강조하고 있다.

신상마켓은 2020년대 들면서 글로벌 사업의 확장에 많은 노력을 기울이고 있다. 신상마켓은 2020년 말에 블록체인 기술 기반의 글로벌 B2B 플랫폼인 '큐브(QuuBe)'를 운영하고 있는 '큐텐(Qoo10)'과 제휴를 맺고 '큐브'에 신상마켓 계정을 개설하였다. 큐브에는 큐레이팅팀이 있는데 큐레이팅팀은 신상마켓에 올라와 있는 상품 중에서 해외소비자의 트렌드에 맞는 상품을 선정하여 큐브에 올려놓고 프로모션 활동을 전개한다. 큐텐은 G마켓의 창업자인 구영배 대표가 2010년에 싱가포르에서 창업한 회사이며, 큐브는 한 · 중 · 일 3국의 상품을 아시아 전역을 대상으로 판매하는 글로벌 사이트이다. 큐브의 신상마켓 사이트를 통해 주문이 들어오면 신상마켓의 딜리버드팀이 도매상인으로부터 구입한 상품을 검수하고 포장한 후 큐익스프레스(Qxpress)의 한국물류센터에 보낸다. 큐텐은 이를 받아 통관 절차를 포함한 해외 현지까지의 배송을 책임진다. 물류전문 기업인 큐익스프레스는 큐텐의 관계사로 한국을 비롯한 싱가포르, 일본, 중국, 미국 등 11개국의 19곳에 물류센터를 가지고 있으며 큐텐, 아마존, 이베이, 라쿠텐 등 이커머스 업체를 대상으로 글로벌 물류 서비스를 제공하고 있다. 이러한 시스템을 통해 동대문패션타운의 노매상인들은 라이브커머스나 따이공을 통하지 않고도 중국, 일본 등지의 소비자들에게 의류를 판매할 수 있다.

2-3 링크샵스

2015년에 서비스를 시작한 B2B 온라인 패션 플랫폼인 링크샵스는 2012년 7월에 설립된 에이프릴에 의해 구축되었다. 에이프릴은 2017년에 사명을 '링크샵스'로 개명하였다. 링크샵스는 동대문패션타운 전 상가 사입 가능, 소량 사입 가능, 100만 개 이상의 상품, 8천 개 이상의 도매매장, 도매가와 동일한 가격 등을 장점으로 하고 있으며, 월평균 주문액은 약 220억원에 달한다. 링크샵스는 2015년에 국내외 벤처캐피털로부터 40억원을 유치했으며, 2018년 9월에는 역시 벤처캐피털로부터 115억원의 투자를 추가로 유치했다.

같은 B2B 온라인 패션 플랫폼이지만 링크샵스의 운영 방식은 신상마켓의 운영 방식과 차이가 있다. 첫째, 신상마켓에는 동대문패션타운의 도매상인은 물론, 남대문시장이나 지방 도매상가 도매상인들의 상품도 많이 올라와 있지만, 링크샵스는 동대문패션타운 도매상가의 상품이 거의 대부분을 차지한다. 둘째, 신상마켓은 2019년에 신상배송 서비스를 도입하기는 하였지만 기본적으로는 도매상과 소매상을 이어주는 순수한 플랫폼 업체에 가까웠던 반면, 링크샵스는 설립시부터 소매상으로부터 수수료를 받고 주문, 결제, 사입, 배송, 정산 등 거래의 모든 과정을 대행해주는 데서 출발했다. 그 결과 적어도 2019년까지는 신상마켓의 주 수입원은 광고비였던 반면 링크샵스의 주 수입원은 수수료였다. 링크샵스의 수입은 소매상인이 링크샵스의 인터넷 사이트 혹은 앱을 이용해 도매상인으로부터 의류를 구매했을 때 발생하는 수수료에서 나온다. 소매상인은 거래액의 3%, 도매상인은 거래액의 1%, 해외에 거주하는 소매상인은 8%의 수수료를 지불한다.

링크샵스에서의 구체적인 거래과정은 다음과 같다. 소매상인은 '단골 브랜드' 기능을 이용하면 주거래 도매점포의 상품을 바로 확인할 수 있으며, 상품을 검색한 후 마음에 드는 상품의 종류와 수량을 입력하고 주문을 한다. 주문이 이루어진 후 결제는 링크샵스가 시스템을 통해 중개를 하는 방식으로 이루어진다. 결제는 신용카드도 가능하고 계좌이체도 가능하다. 소매상인의 주문 정보는 주문을 받는 즉시 해당 도매상인에게 플랫폼을 통해 전달된다. 결제가 이루어지면 링크샵스의 사입팀에 소속된 사입삼촌이 링크샵스에서 제공하는 '삼촌앱'이 장착된 스마트폰을 들고 소매상이 주문한 상품과 수량을 보면서 도매상가를 돌며 주문한 상품을 수거한다. 사입삼촌은 상품을 수거하면 그 정보를 바로 삼촌앱에 입력을 한다. 이런 방식을 통해 의류를 주문한 소매상은 앱을 통해 주문현황을 거의 실시간으로 확인할 수 있고, 그 외에도 입고 여부, 미송수량, 배송상황 등을 조회할 수 있다. 또한 사입삼촌은 주문한 상품의 재고가 항상 준비되어 있는 것은 아니기 때문에 확보하지 못한 상품에 대해서는 예상되는 물량 확보 날짜와 배송날짜를 입력하여 소매상인이 알 수 있도록 해준다. 즉, 소매상인은 '실시간 확인 서비스'를 통해 소매상인이 사입삼촌의 상품 수령 여부, 상품의 현재 위치, 미수령 상품의 예상 수령 시기 등의 정보를 실시간으로 확인할 수 있다. 도매상가에서 수거가 끝나면 수거한 상품을 도매상가 인근의 자사 물류창고로 운반한다. 그러면 배송을 담당하는 직원들이 이 상품들을 소매상인별로 정리한 뒤 택배로 배송한다. 이처럼 링크샵스는 플랫폼이면서 사입대행을 적극적으로 수행하는 형태의 사업모델을 가지고 있다. 링크샵스의 사입수수료는 구매비용의 3.3%이다.

2-4 골라라

골라라는 플랫폼을 활용하여 해외에 동대문패션타운의 의류를 판매하는 것을 목적으로 하고 있는 회사로 2020년 10월에 설립되었다. 이를 위해 2021년 1월에 PC웹과 모바일앱 형태의 글로벌 패션 도매 플랫폼인 '골라라'를 출시하였다. 이 플랫폼의 특징은 플랫폼에서 거래하는 주체들로부터 수수료를 받지 않는다는 점이다. 즉, 해외 바이어들에게는 도매상가의 의류를 수수료를 붙이지 않고 도매가에 수입을 할 수 있도록 하고 있으며, 도매상인에게도 입점수수료나 판매수수료를 받지 않는다. 골라라는 출시 1년이 안된 2021년 11월 기준으로 등록상품 30만 개, 중화권, 미국 등 6개국 국적의 해외바이어 확보 등의 성과를 거두었다.

골라라는 2021년 9월에 MD렌즈를 인수하여 MD렌즈가 가지고 있는 기술들을 흡수함으로써 골라라의 기능을 더욱 강화시켰다. MD렌즈는 2019년 8월에 와이즈패션에 의해 개발된 B2B 온라인 패션 플랫폼이며, 2021년 말 현재 MD렌즈를 통한 연간 거래액이 1조원을 넘고 있다. 2016년 8월에 설립된 와이즈패션은 패션 부문에 적용될 수 있는 소프트웨어의 개발과 공급을 주업으로 하고 있는 회사이다. MD렌즈는 도매상인이 올린 많은 수의 의류 사진을 대상으로 AI(인공지능)와 빅데이터 분석을 통해 구매자가 원하는 상품을 실시간으로 찾을 수 있도록 하는 비주얼 기반 검색 서비스를 제공한다. 골라라는 이러한 기능을 흡수하여 자사의 고객인 국내 소매상인이나 해외바이어가 자신이 원하는 스타일의 의류 사진을 업로드하여 검색을 요청하면 1분 이내의 짧은 시간에 유사한 스타일의 의류와 해당 의류를 판매하는 도매상인을 찾을 수 있도록 하는 서비스를 제공하고 있다.

글 13-1 도매상인과 소비자를 연결시킨 B2C 온라인 패션 플랫폼 동글

동글(donggle)은 2020년 4월에 동대문패션타운의 도매상인이 소매상인이 아닌 소비자에게 도매가로 의류를 판매하는 B2C 온라인 패션 플랫폼이다. 소비자는 월 5,500원의 구독료를 내면 도매가에 온라인 결제 및 사입 수수료 10%를 포함한 가격에 도매상가의 의류를 구매할 수 있다. 이러한 가격은 시중가 대비 약 절반의 수준이다. 또한 동글은 소비자가 여러 매장에서 구입을 해도 배송비는 한 번만 결제하면 되는 묶음배송 서비스를 제공하고 있다. 동글은 도매상인들이 동글에 가입을 하고 상품을 올리기만 하면 사입, 배송, CS 등 모든 업무는 동글이 대행해주기 때문에 도매상인이 통신판매사업자로 등록하지 않아도 온라인 판매를 할 수 있다는 장점이 있다. 또한 도매상인은 동글을 통해 직접 많은 소비자들을 대상으로 판매할 수 있기 때문에 소매상인들의 선택을 받지 못해 쌓인 악성 재고를 처리하는데 매우 유용하게 활용할 수 있다. 동글은 이러한 점을 감안하여 한정수량을 24시간 동안 한시적으로 판매하는 '타임딜'을 출시하여 도매상인들이 재고상품을 처리하는데 도움을 주고 있다.

골라라의 가장 큰 특징은 국내시장보다는 해외시장 진출에 더 많은 관심을 가지고 있다는 점이다. 이의 일환으로 네이버가 개발한 메타

버스 플랫폼인 제페토에서 세계의 MZ세대들이 골라라 플랫폼의 상품을 경험할 수 있도록 하기 위해 자사 브랜드 프로모션 콘텐츠를 출시하였다. 또한 골라라는 향후에 동대문패션타운을 비롯한 K-패션을 플랫폼을 통해 해외바이어에게 알림은 물론, 동대문패션타운의 '패스트 패션' 생산능력을 활용하여 해외소비자를 위한 개인형 맞춤생산까지 확장하는 것을 목표로 하고 있다.

참고 문헌

1장 동대문패션타운의 연혁과 형성 과정

서울경제, "[변화하는 동대문] 대한민국 의류 유통의 메카, 동대문 상권 100년의 발자취," 2015년 12월 1일.

조선일보, "역사 1905년 설립 광장시장이 모태," 1997년 4월 29일.

2장 도매상가

동대문패션도매시장, "벨포스트, 남성복 핫 플레이스로 뜬다," 2019년 3월 15일, 제11호.

동대문패션도매시장, "동대문 패션도매시장 완전정복," 2019년 4월 15일 제12호.

디인사이트, "퀸즈스퀘어, 온라인 비즈니스로 중국 시장 공략," 2019년 12월 1일.

매일경제, "에이피엠 스타일(apM style), 4월 20일부터 릴레이 라이브 방송 진행," 2021년 4월 23일.

박우혁 (2020), "동대문 패션시장 원조 #평화시장," Dstory, May, p.8.

박우혁 (2020), "동대문상권 유일 아동복 전문상가 #엘리시움," Dstory, September, p.8.

박우혁 (2020), "40년 전통의 가방 전문 도매상가 패션남평화 전국 가방 유통 70% 책임… 진 등 남성캐주얼도 핫플," Dstory, June, p.8.

서울시역사박물관 (2011), 동대문시장 : 불이 꺼지지 않는 패션 아이콘, 서울생활문화자료.

아이뉴스24, "동대문 밤시장도 '라이브커머스'로 매출 '쑥쑥'," 2020년 8월 4일.
어패럴뉴스, "동대문 도매 패션몰 'DWP' 오는 4월 그랜드 오픈," 2017년 1월 26일.
어패럴뉴스, "'동대문 유어스' 9월 중국 오픈," 2016년 7월 5일.
정보통신신문, "에이피엠 코인, 모바일 앱 '에이피엠 멤버스' 베타 서비스 런칭," 2021년 8월 17일.
주간조선, "중국에도 수출된 동대문 유어스 쇼핑몰… 서울시 때문에 망하나," 2427호, 2016년 10월 12일.
패션인사이트, "apM, B2B로 '동대문 패션 메카' 명성 되찾는다," 2021년 5월 1일.
한국섬유신문, "한국 패션유통, 中 알리바바와 전략적 동반자 관계로," 2019년 5월 31일.
한국섬유신문, "코로나 폭탄 맞았지만… 그래도 동대문은 뛴다," 2021년 7월 2일.
Blockinpress, "동대문 쇼핑몰 'apM 코인' 11월 나온다… 중국 · 동남아 진출 교두보," 2019년 9월 10일.
Dstory, "남성복은 어디가면 볼 수 있나요?," June, 2020, p.6.
Dstory, "제일평화시장 4월 27일 정식 리뉴얼 오픈," May, 2020.
Dstory, "신평화시장: 동대문패션타운 조성에 중추적 역할 담당," February, 2020, p.4.

4장 도매상가의 구매대행인

매일경제, "하루 500억 매출 中 왕홍… 동대문에 전용 방송기지," 2019년 4월 25일.
머니투데이, "中 왕홍 '쇼핑방송' 인기에… 불 꺼지지 않는 동대문," 2019년 7월 1일.
씨엘오, "체험 동대문 사입삼촌의 현장(상)," 2016년 12월 11일.
씨엘오, "체험 동대문 사입삼촌의 현장(하)," 2016년 12월 23일.

위키리크스한국, "동대문시장, 알리바바 '타오바오 라이브' 방송…'왕홍' 中 모바일서 '동대문 패션' 알려," 2018년 12월 30일.

이데일리, "동대문 '사입삼촌' 따라가보니," 2017년 7월 1일.

조선일보, "동대문 새벽시장 누비는 '사입삼촌'… 밤새 도매상 150여 곳 훑어," 2016년 4월 30일.

패션포스트, "모바일 巨商? '동대문 왕홍' 추적기," 2019년 2월 11일.

한국섬유신문, "중국 온라인시장 향해 진격하는 '동대문 패션'," 2018년 11월 23일.

한국무역신문, "'중국 전자상거래법' 우리에게 약인가, 독인가," 2019년 2월 15일.

한국섬유신문, "2019년, 15억 中 시장 '쯔보(直播, 중국에서 라이브 방송으로 상품을 파는 판매자) 경제'의 문이 열린다," 2019년 1월 4일.

MBC News, "[투데이현장] 관광객 대신 BJ? 동대문시장에 무슨 일이…" 2019년 2월 8일.

39电商创业, "淘宝开直播需要多少钱?是按月收费吗?, "2019年 9月 9日.

鱼摆摆网, "淘宝开通直播要收费吗?淘宝直播平台怎么收费," 2019年 3月 25日.

5장 소매상가

동타닷컴, "동대문시장 변화 시나리오," 2004년 11월 19일.

일요신문, "동대문 유명 패션상가 '굿모닝시티' 공실 두고 '집안싸움'," 2019년 6월 28일.

조선비즈, "현대백화점면세점, 동대문 두타에 2호점 개점…'20~30대 겨냥'," 2020년 2월 20일.

쿠키뉴스, "'스페셜포스VR: ACE', 동대문 '일루션월드VR' 진출," 2018년 6월 22일.

Dstory, "굿모닝시티 매각될까… 투자회사 매수의향서 접수," May, 2021

6장 원부자재상가

국제섬유신문, "동대문 원단상가 비어간다," 2019년 4월 15일.
매일경제, "[동대문종합시장] 30년 전통 국내최대 혼수상가," 1999년 3월 15일.
서울역사박물관 (2011), 동대문시장 : 불이 꺼지지 않는 패션 아이콘.
이철영, "동대문은 내 운명," Dstory, April, 2020.

7장 동대문신발도매상가

동아일보, "텅텅빈 商街(상가)아파트 店鋪(점포)," 1968년 7월 30일.
동아일보, "동대문 신발도매," 1990년 1월 17일.
동아일보, "국내 최대규모 신발 전문매장 '東門(동문)상가'," 1987년 9월 4일.
동아일보, "[수도권/그 골목엔 뭔가 있다]〈21〉청계천 수족관 상가," 2009년 4월 27일.
동아일보, "성수동 신발공장 다시 떴다," 2007년 1월 19일.
동아일보, "중국 경공업제품 수입 급증," 1992년 11월 16일.
서울역사박물관 (2011), 창신동; 공간과 일상, p.54.
월간조선, "[르포] 경제위기의 처절한 현장," 2008년 12월.
이투데이, "[기로에 선 지천명 아파트]②창고로 전락한 '한때 최고급 주상복합' 동대문상가," 2021년 5월 21일.
조선일보, "동대문(東大門)신발상가 점포 천(千)여 개 '싸게 팝니다'," 1991년 6월 3일.
조선일보, "동대문신발상가 1,400여 가게 밀집 세계적 규모," 1993년 12월 6일.
중앙일보, "동대문신발상가 캐릭터 상품 취급," 2002년 2월 23일.
중앙일보, "동대문신발도매상가 알뜰소비자 발길 는다," 1993년 11월 8일.
중앙일보, "[시장은 살아있다] "별의 별 신발… 없는게 없어요"," 1999년 6월 11일.
철이 꿈을 좇는 방랑자, "동대문신발도매상가(시장)의 역사와 현재," 블로그,

2015년 6월 8일.
홍서진 (2009), 도심 조직과 경관을 고려한 청계천변 주상복합 계획안, 건국대학교 건축전문대학원 석사학위 논문.

8장 동대문패션타운의 경기변동

김경민, "동대문시장의 분화 : 도매와 소매 그리고 원도매와 중도매," 2019년 6월 10일, 303호.
매일경제, "'추석 대목?…우린 길거리에 좌판이라도 깔아야할 판' 벼랑끝 동대문 자영업자 만나보니," 2021년 9월 22일.
매일신문, "[中 '사드 보복' 지역 산업 비상] 中 바이어 줄자… 제직업체 매출 1년 새 반토막," 2017년 9월 13일.
여성신문, "경기불황, 동대문의 '선택'은…," 2005년 5월 12일.
중앙일보, "깐깐해진 중국 … 눈감아주던 보따리상 박스도 찢어 검사," 2017년 2월 24일.
티티엘뉴스, "서울역사박물관 분관 청계천박물관… 동대문패션의 시작, 평화시장 기획 전시 개최," 2019년 8월 23일.
한겨레, "전국서 가장 비싼 상가는? 청평화시장," 2012년 12월 27일.
한경비즈니스, "[상권지도⑫] '동대문의 밤' 장악한 중국 바이어," 2015년 12월 28일.
한국경제, "'유커'에 백화점 · 동대문 웃었다… 명동은 '한산'," 2012년 1월 24일.
한국경제, "공실률 늘고 임대료는 큰폭 하락 : 수수료 매장 방식 확산," 2004년 4월 26일.
한국경제, "동 · 남대문 패션 中수출 '빨간불'… 보따리상 발길 '뚝'," 2000년 9월 27일.

10장 봉제공장 의류의 제작과정

비에스투데이, "[바로 그 골목-④] 유행 선도하는 글로벌 패션시장 동대문,

그 뒤에 있는 '창신동'," 2018년 4월 9일.
이코노미조선, "[김경민의 서울탐방 13] 패스트패션의 원조 동대문," 292호, 2019년 3월 25일.

11장 봉제공장 의류의 유통경로

비즈한국, "다 무신사만 해? 패션 플랫폼 인수합병에 입점업체 '수수료 공포'," 2021년 6월 2일.
조선비즈, "압도적 1위 없는 여성 패션 쇼핑몰, 에이블리 vs 지그재그 vs 브랜디 각축," 2021년 6월 14일.

12장 동대문패션타운 의류의 원산지

동대문패션타운관광특구협의회 (2014), 동대문백서 : 동대문 패션클러스터 발전전략.
동아닷컴, "광저우에 밀린 'K패션 메카' 동대문," 2019년 5월 16일.
동아닷컴, "의류공장들도 눈물… 80%가 '주문 줄었다'," 2019년 5월 16일.
동아닷컴, "'동대문패션 절반, 메이드 인 차이나'…독창성 사라지며 발길 '뚝'," 2019년 5월 16일.
매일경제, "동대문 베낀 광저우 옷이 서울 점령…K패션 생태계 흔들," 2019년 6월 25일.
박훈 (2017), 동대문 패션시장 구조고도화 전략, 산업연구원 정책자료 2017-290, p.58.
패션포스트, "광저우를 가다 – 광저우는 동대문의 경쟁상대가 아니었다," 2019년 7월 22일.

13장 B2B 온라인 의류 플랫폼

더벨, "'신상마켓' 딜리셔스, 동대문 패션 업고 스케일업," 2019년 8월 27일.
동아비즈니스리뷰, "판매처 쑥쑥…관리비 뚝뚝…동대문을 주름잡다," 276

호, 2019년 7월 1호.
박우혁, "손 안으로 들어온 동대문 패션도매시장," Dstory, July, 2020, p.4.
박우혁, "동대문도매시장 기반 B2C 쇼핑 플랫폼 '동글'," Dstory, May, 2021, p.8.
박우혁, "동대품 패션, 온라인 플랫폼 타고 글로벌 진출 'GO'," Dstory, Nov., 2021, pp.4–5.
서울경제, "동대문 살린다, 글로벌 패션 도매 마켓 (주)골라라 15억원 투자 유치," 2021년 6월 21일.
아주경제, "동대문 의류 누구나 도매가에 구입한다… 쇼핑 플랫폼 '동글' 론칭," 2020년 5월 4일.
조선비즈, "동대문 옷 전 세계에 파는 서경미 링크샵스 대표 '월 100억원 넘게 거래'," 2018년 11월 17일.
중앙일보, "'보따리상은 잊어라'… 랜선 타고 세계시장 뚫는 동대문 패션," 2021년 1월 7일.
포브스, "김준호 딜리셔스 대표, '신상마켓' 앱으로 동대문을 사로잡다," 201908호, 2019년 7월 23일.
패션비즈, "신상마켓 · 링크샵스 · 골라라 3社 동대문 디지털화 주역, 이제 세계로!," 2021년 10월 1일.
한경비즈니스, "'1인 마켓 · 데이터' 입고 진화하는 동대문 패션시장," 2019년 제1216호 (2019.3.18~2019.3.24).
Dstory, "딜리버드, 일본 특송 서비스 오픈," Sep., 2021, p.15.
Dstory, "골라라, 온라인 통해 동대문 의류 전 세계 수출," Nov. 2021, p.6.
IT조선, "큐익스프레스, 코차이나 포워딩 부문 인수," 2021년 1월 6일.
ZDNetKorea, "B2B 패션플랫폼 신상마켓, 160억원 투자 유치," 2019년 4월 25일.

| 지은이 |

박찬욱 교수는 서울대학교 경제학부에서 학사 및 석사학위를 취득하고, 미국 인디애나대학교(Indiana University)에서 마케팅 전공으로 경영학 박사학위를 취득하였다. 귀국 후 제일기획 마케팅 연구소에서 3년간 근무하면서 마케팅전략, 광고전략, 다이렉트마케팅전략 등과 관련한 업무를 수행하였으며, 1995년부터 경희대학교 경영대학에서 교수로 재직하고 있다. 주요 관심분야는 고객관계관리, 영업, 유통, 소비자행동 등이다. 저서로는 우리나라 최초의 CRM 서적인 데이터베이스마케팅(1996)을 비롯하여 금융기관의 데이터베이스마케팅(1999), 모바일마케팅(2002), 한국적CRM 실천방안(2005), 고객관계 구축을 위한 영업관리(2017), 중국의 신소매 유통혁명(2018), 고객관계관리(2019), 한국의 소매유통(2021) 등이 있으며, 국내외의 유명 학술지에 영업, 유통, CRM, 광고, 소비자행동 등을 주제로 하는 다수의 학술논문을 발표하였다. 1995년 이래 금융, 제조, 서비스 등 다양한 기업들에서 마케팅, 영업, CRM 분야의 자문교수 및 사외이사를 역임하였다. 또한 한국CRM협회의 초대회장과 한국CRM학회의 회장, 한국영업관리학회 회장 등도 역임하였다. 현재는 유통분야의 변화와 발전에 대한 조사와 연구를 꾸준히 하면서 특히 온라인 유통에 관한 좋은 책과 논문을 쓰기 위해 노력하고 있다.

| 감수 |

CLUSTERING corp.의 박혁준 대표는 'Fashion Design Cluster'라는 명칭의 패션-디자인 관련 산업에 대한 데이터의 수집 및 분석 활동을 하는 한편, 'DongDaeMun Cluster'라는 명칭으로 동대문 지역에 특화된 로컬 비즈니스를 운영 중이다. 분화살롱 성성㈜의 임선미 대표는 현재 분화 콘텐츠 관련 커뮤니티 비즈니스를 중심으로 활동을 전개하고 있다.

동대문패션타운의 역사와 현황

2022년 5월 20일 1판 1쇄 인쇄
2022년 5월 25일 1판 1쇄 발행

지 은 이 | 박찬욱
감 수 | 박혁준 · 임선미
발 행 인 | 이수영
발 행 처 | 도서출판 청람
서울시 마포구 독막로 288(대흥동, 세양상가 109호)
전 화 | 02) 3272-2601~2
팩 스 | 02) 3272-2603
이 메 일 | crbooks@daum.net
홈페이지 | www.crbooks.co.kr
등 록 | 2000년 8월 26일 제6-0509호

ISBN 978-89-5972-877-0 93320 [정가 18,000원]